다중지능에 의한 유아교육 프로그램

한국적 스펙트럼 프로젝트의 이론과 활동편

안영진 지음

창지사

머리말

이번에 출간하게 된 본 책은 미국의 교육 현장에 적용된 학습 활동의 사례들을 번역한『프로젝트 스펙트럼』의 시리즈에서 벗어나 우리나라의 실정에 맞게 연구하고 적용하여 실험한 것으로, 한국적 스펙트럼 프로젝트는 현대 교육에 최첨단 다중지능을 활용하여 유아교육 프로그램을 만든 것으로 유아와 교사들에게 혁신적인 교육 효과를 기대할 수 있을 것이다.

간단히 프로젝트 스펙트럼을 설명하면, 하버드 대학의 Project Zero팀에 의하여 10여년간 연구되어진 교육 프로그램으로써 유아교육의 혁신이라고 할 수 있다. 1984년부터 1993년까지 거의 9년여의 연구를 거쳐 나오게 된 프로젝트 스펙트럼은 유아들과 초등학교 1학년을 대상으로 다중지능 이론에 기초한 교육과정 활동으로 많은 학자들과 현장 교사들이 함께 고민하고 연구하고 많은 실험을 거쳐 탄생하게 되었다.

프로젝트 스펙트럼은 프로그램이나 일련의 지식 위주의 활동이 아닌 유아의 다양한 능력에 대한 인식의 중요성을 강조하고 자연스러운 상황 속에서 수업 현장에서의 동기를 인식하고 유아의 강점(뛰어난 지능의 영역)을 확인하며 유아의 잠재력과 개별적 학습 지도를 할 수 있는 최고의 교수방법 중 하나임을 저자는 확신한다.

지난 15년 이상 유아교육에 몸 담아오면서 어떤 교육 프로그램이 유아의 교육 현장에서 가장 적합하게 적용될까를 늘 생각했다. 또한 유아의 잠재능력을 개발하고 발전시킬 수 있는 이론 적용을 위한 더 좋은 프로그램에 대한 갈망으로 하버드 대학 Project Zero 팀의 Mara Krechevsky와 대담하여 많은 연구과정을 직접 의논하고 더 나아가 미국의 교육 현장(대학 및 학교, 센터, 박물관 등)을 돌아보며 많은 생각을 하게 되었다.『프로젝트 스펙트럼』의 세 권의 번역을 마친 후, 저자는 한국적 스펙트럼 프로젝트의 개발과 보급을 위해 교육 현장의 교사 및 예비 교사들과 협력하여 연구를 진행하여 왔다. 우리나라의 실정에 맞게 적용하고 실험한 내용으로 현장의 교사들에게 좀 더 도움을 주고자 「2007년 개정 유치원 교육과정」을 비롯한 한국의 유아교육현장에 맞게 연구하여 출간하게 된 것이다. 또한 곧이어 출간하게 될 『한국적 스펙트럼 프로젝트 활동과 평가』는 현장에서 유아 개개인의 강점영역을 파악하여 수업하며, 연구한 것이다. 이는 유아가 스스로 미래의 모습을 설계함에 있어서도 중요한 역할을 할 수 있으리라 확신한다. 또한 이를 위하여 교사들은 끊임없이 연구하여야 할 것이고 이러한 과정을 통해 더 나은 교육적 효과가 기대될 것이다.

본 책의 내용을 간단히 요약하여 소개하면 1부 이론편에서는 이론과 그 이론이 적용될 때 어떠한 변화가 일어나는지에 관하여 기술하였고 2부 활동편에서는 유아를 위한 실제적인 활동을 다루고 있다. 이론편의 1장은 스펙트럼의 등장배경과 영역별 발달 이론, 스펙트럼의 특징을 소개하며 2장은 유아의 능력을 이해하기 위해 능력평가에 대한 대안적 관점과 영역별 발달과 평가에 대해 논의한다. 3장은 다양한 학습영역을 소개하고 스펙트럼 학습센터의 운영방법 및 강점영역의 확인과 피드백, 교과학습으로의 확장을 다루고 있으며 4장은 스펙트럼 활동의 확장으로써 유치원과 아동박물관의 연계 및 도제교육의 응용과 실천을 소개한다. 5장은 스펙트럼의 현장 연계와 연계의 구축에 대해 다룬다. 또한 활동편에서는 동작, 언어, 수, 과학, 사회, 시각적 예술, 음악, 자연으로 나누어 실제 활동을 소개하고 있다.

유아는 누구나 행복해지기 위한 노력을 본능적으로 한다. 그것은 새로운 교육방법에 흥미를 가지며 각자의 독특한 개성과 특별함을 가지고 있다는 의미라고 할 수 있다. 우리는 유아들의 그러한 노력과 흥미를 마주하며 경이로움을 느끼곤 한다. 이러한 독특한 유아 개개인에게 과연 교사로서 또는 연구자로서 우리는 무엇을 제공해 주어야 할 것인가를 고민하게 된다. 이에 가장 중요한 것은 보다 발달에 적합한 교육을 제공하고 유아 자신들이 자신의 가치로움과 능력을 마음껏 펼칠 수 있는 교육의 장을 제공하는 것이 우리가 할 일이라는 생각이 든다.

본 책은 바쁘고 힘든 시기에 이루어졌으나 이제 한국적 스펙트럼 프로젝트의 기초를 마련하였다는 생각에 뿌듯한 마음이 든다. 동시에 앞으로 많은 일을 해야 한다는 생각에 가슴이 설레고 또 한편으로는 어깨가 무거워진다. 출판을 앞두고 부족함이 많아 부끄러움이 여전하나 이 또한 학문적 성장을 위한 과정으로 생각하고 더욱 열심히 연구하는 새로운 계기로 삼을 것이다. 지난 번역서를 출판할 때와 마찬가지로 은사 및 여러 선배님, 동료 학자들의 관심 있는 비판과 함께 격려와 성원을 보내주시면 큰 힘이 될 것이다. 이 책이 나오기까지 주위 여러분의 도움을 받은 바가 크다. 바쁜 와중에도 연구를 함께 해주신 그림유치원, 뿌리유치원, 양지유치원의 교사들과 원장님께 감사드리며 편집 부분에 있어 도와주신 이화영 원장님과 마무리까지 함께 걱정하고 도와주신 김유미 선생님께도 깊은 감사를 드리고 한양여자대학 유아교육과 조교선생님들과 기타 여러 유치원의 교사들과 원장님께도 감사를 드린다. 그리고 항상 함께 하는 우리 가족들과 창지사 사장님 또 여러 번의 수정과 편집을 도와주신 창지사 편집부 여러분께도 감사를 드린다.

단풍을 기다리는 가을,
행원 동산에서 저자 안영진

차 례

1부 이론편

2부 활동편

다중지능에 의한 유아교육 프로그램
한국적 스펙트럼 프로젝트의 이론과 활동편

1부

이론편

1장

스펙트럼이란?

1. 스펙트럼의 등장배경

> 영희는 그림 그리기에 열중한다. 철수는 본인의 느낌을 몸으로 표현하는 데 여념이 없다. 민주는 동화책을 읽으며 옆에 있는 친구에게 얘기해 준다. 호식이는 퍼즐 맞추기에 몰입하고 있어서 친구가 불러도 듣지 못한다. 수경은 시소게임을 통해 무게와 균형의 관계를 탐색 중이다.

위의 사례는 어느 교실의 한 장면이다. 유치원에는 다양한 능력의 아이들이 모여 있다. 어떤 유아는 몸으로 표현하는 능력이 뛰어나고 어떤 유아는 음악을 통하여 자신의 느낌을 표현하고 또 다른 유아는 그림을 통하여 자기 자신을 나타내기도 한다. 그러나 아직 우리의 교육환경은 이렇게 다양한 능력을 가진 유아들의 잠재력을 발굴해서 키워주기 위한 여건이 조성되어 있지 않다. 정규 교육과정을 실시해야 하고 매달 구체적인 교육방안을 구성하여 모든 유아들에게 제공하고 그에 따라 활동하게 한다. 이와 같이 일률적인 교육방식과 교육내용을 지속하다보면 유아들의 개성과 특성을 발견하여 한 분야의 전문가가 되도록 도와주는 길은 너무 멀기만 하다.

지금까지 우리 교육은 획일적이고 수월성 위주의 교육이 주류를 이루었다. 또한 말로는 유아들의 다양한 능력개발을 외치면서도 실상 수업장면에 들어가 보면, 아이들의 개성과 창의성이 무시되고 아이들의 질문에 일일이 답하기 어려운 교사는 그들의 질문과 호기심을 무시해 버리게 된다. 이러한 경험들은 우리가 인지하지 못하는 사이에 유아들에게 부정적인 경험으로 축적되고 다음부터는 호기심을 발휘하거나 창의적이고 개방적인 질문들을 회피하게 한다. 교육현장에서 발생하는 이러한 문제점들이 비단 교사의 잘못만은 아니다. 그렇다고 학부모의 잘못도 아니다. 가장 큰 원인은 전통적인 학교공부를 모든 아이들이 따라야만 하는, 개성이나 재능에 상관없이 해야 하는 획일적인 교육방식 때문이라고 할 수 있다.

유아들이 전통적인 학교수업에서 부진하다고 그 아이들의 능력을 과소평가하지는 않는가? 유아기부터 능력이 떨어진다고 서열을 매기고 쉽게 실패자로 낙인찍지는 않는가? 유아들이 성인이 된 후에 어떻게 변화될지 상상해 본 적이 있는가? 유아들의 특수한 재능들을 발견하고 발전시키기 위해 교사들은 어떠한 노력을 하였는가? 수학 · 과학과 같은 과목에서 우수한 성적을 거둔 아이들이 성인이 되어 사회에 진출할 때도 우수한 성인으로 인정받는가? 무수한 질문들이 지금의 공교육에 대한 숙고를 하게 한다.

오늘날 한국은 공교육의 질에 대한 폭넓은 관심 속에서 학교의 재구조화에 대한 논의가 한창이다. 사실 이러한 논의와 논쟁은 작년에도 재작년에도 십 년 전에도 있어 왔다. 사실 많은 부분에서 교육에 대한 논의가 있었고 변화도 되었지만, 대학입시제도가 그렇듯, 우리가 몸으로 느끼는 변화는 별로 없다. 올해부터는 '교원평가제'를 전면적으로 실시한다는 제도 아래 교사는 교사대로, 학부모는 학부모대로, 교육 행정가들은 교육 행정가들대로 말이 많은 것이 사실이다. 이러한 논쟁들 역시 좀 더 교육의 질을 높이고 내실화를 꾀하기 위한 노력의 일부분이라고 볼 수 있다. 그러나 더욱 중요한 것은 이러한 외부에서 보이는 평가보다는 실제 교육의 내용과 교사와 학생의 역동을 살펴보고 관심을 가질 필요가 있다. 공교육에 알맞은 표준화된 교육과정을 실시하다 보니, 아이들의 능력과 개성과 잠재력에 알맞은 교육, 즉 다양한 교육을 시도해 보고 실천해 볼 수 있는 기회는 거의 없다.

물론 유아기와 아동기를 거쳐 청소년기에 이르기까지 한 사회의 구성원으로서 살아가기 위해 필요한 기초교육과정까지 문제를 삼는 것은 아니다. 읽기, 계산하기, 쓰기, 말하기 등과 같은 기본교육은 한 사회의 시민이 되기 위한 시민교육의 기본이기도 하다. 그러나 이러한 기초교육과정 역시 너무나도 현실과는 동떨어져 있는 방식으로 진행된다는 데 있다. 더하기, 빼기와 같은 기초연산에 미숙한 아이들이라고 할지라도 그들과 친근한 실제 환경 속에서 셈하기를 시켜보면 매우 다른 경우들이 나타난다. 즉, 5+3, 5−3은 능숙하게 할 수 없을지라도, "사과 5개가 있어, 동생이 3개를 가져갔어, 그럼 너는 몇 개를 먹을 수 있지?"와 같이 친숙한 맥락에서의 셈하기는 능숙하게 잘하는 아이들이 있다는 것이다. 이는 맥락 속에서의 학습, 도제학습 등과도 연결될 수 있는데, 여기서 말하고자 하는 것은 한 사회에서 생산적이고 가치롭게 여겨지는 많은 능력들이 있고 이는 획일화된, 탈맥락화된 교실환경이 아닌 그들의 잠재력을 잘 발휘할 수 있는 환경을 조성해 주면 얼마든지 발견하고 발전시킬 수 있다는 것이다. 또한 수학이나 과학을 잘 하는 아이들과 마찬가지로 음악이나 미술, 체육 등을 잘 하는 아이들도 동등하게 사회에서 인정해야 하며 이러한 아이들이 자신들의 재능을 마음껏 발휘하고 발달시킬 수 있도록 교육환경, 사회환경이 바뀌어야 한다는 점이다.

모든 아이들이 똑같은 방법으로 똑같은 것을 학습할 수 있는 것은 아니다. 어떤 아이들은 춤과 노래를 통해서, 어떤 아이들은 글을 통해서, 어떤 아이들은 사회적 관계를 통해서 자신들의 잠재적 능력을 발휘한다. 사실 유아의 다양한 잠재능력에 대한 관심이 높아짐에 따라 많은 연구들이 수행되어 오고 있는데 (Gardner, 1983, 1993; Sternberg, 1985), 이들의 공통된 주장은 "인간의 능력이 모두 다양하다는 것"이다. 따라서 교육을 보다 더 획일적으로 만들고 싶어하는 사람들은 유아들의 개인차가 얼마나 중요한 것인지, 그들의 잠재적 능력을 조기에 발견하여 교육하고 발달시키는 것이 얼마나 흥분되고 사회에 공헌하는 일인가에 주의를 기울일 필요가 있다.

최근에는 초등학교의 경우 필답시험에 대한 서열화가 없어지기는 했지만, 아이들을 세심하게 관찰하고 그들이 한 학기 또는 1년 동안 어떠한 변화를 보였는가에 대한 구체적인 프로파일을 제시하는 학교는 찾아보기 힘들다. 필자의 주변에도 유치원, 초등학교에 다니는 아이를 둔 학부모들이 많이 있으나, 그들이 보여준 자녀의 생활통지표는 매우 짧고 형식적이고 일관된 문구로 가득 차 있는 것을 발견할 수 있다. 그나마 유치원의 경우에는 좀 더 다양하고 구체적인 프로파일이 제공되는 곳도 있기는 하다. 한 아이의 발달과정, 변화과정, 그리고 그들이 어떠한 영역에 특별히 관심을 갖고 주의를 기울이는지를 관찰하고 분석하고 피드백을 주기 위해서는 교사의 정신적, 시간적 노력이 상당히 필요하다. 또한 이와 더불어 그러한 환경도 조성되어야 하는 것은 두말할 여지가 없다. 만일 우리가 필답시험에 약한 아이들에게 관심을 기울이는 데 게을리하여 다양하고 광범위한 잠재능력을 간과한다면, 많은 아이들이 좌절과 절망, 슬픔과 부적응의 세월을 보내게 될지도 모른다. 반면에 우리가 세심하게 관찰하고 주의를 기울여서 유아기에 개별 아이들의 특성, 즉 음악, 예술, 운동, 사회성 등의 영역에서 잠재력을 발견하고 이러한 능력들을 발휘할 수 있는 교육환경을 제공해 주어 모든 아이들이 자신의 학습목표에 도달할 수 있도록 해 준다면, 아이들 개개인은 물론이고 지금은 상상하지 못할 사회적 공헌과 발전에 기여하는 일이 될 것이다.

지금으로부터 십여 년 전에 우리는 Howard Gardner의 『Frames of Mind』(1983, 1993)을 통해 다중지능 이론을 접하게 되었고 이러한 이론을 실제 교육에 접목하여 발전시킨 Harvard 대학 Project Zero팀의 「프로젝트 스펙트럼」을 접하게 되었다. 프로젝트 스펙트럼에 대한 각종 서적과 자료, 인터넷 자료 등을 찾아보면서, 유아교육과 학생들과 유치원 교사들에게 그들이 구축한 스펙트럼 활동을 시도해 보고 평가해 보고 분석하면서 스펙트럼의 효과를 하나씩 알게 되었다. 이런 와중에 스펙트럼의 본 고장에 직접 방문하여 견학하는 기회가 있어서 2004년도에 9월 10~25일에 방문하여 미국에서 실제적으로 시행되고 있는 스펙트럼 유치원과 CHIILDREN CENTER, 과학박물관을 관찰하고 관련 연구자들과의 간담회를 통하여 스펙트럼의 강점을 더 깊이 알게 되었다(부록참조). 다시 한국으로 돌아와 아이들의 개별적인 강점들을 찾아내고 구체화하기 위한 노력은 더욱 심도를 가하여 다양한 영역에서 다양한 아이들의 강점을 파악하고 한국 상황에서의 특성들을 발견하고 체계적으로 정리하는 시간들을 2004년 10월부터 현재까지 해왔다. 공교육은 학령기가 올라가면서 자율적인 학습운영체계가 어려워진다는 현실 속에서 먼저 어린이집, 방과 후 교실, 유치원부터 시작하여 다양한 연령층의 아이들을 대상으로 스펙트럼 활동을 시작하였으며 상당한 양의 연구축적물이 쌓이게 되었다. 아마도 스펙트럼의 최대 강점은 기존의 보편적이고 표준화된 검사들과 비교해 볼 때, 인간의 다양하고 광범위한 영역들을 독립적으로 정확하게 측정할 수 있는 교육과정과 평가방법을 갖고 있다는 데 있을 것이다.

많은 시행착오도 있었고 미국과 다른 한국문화의 특성도 있었고 기존의 교육과정과 다른 점 때문에 곤란한 상황에 부딪치기도 했었지만, 오랜 시간 우리를 믿고 따라온 유치원 교사와 원장님들, 그리고 유아교육 전공 학생들과 연구자들 덕분에 4세 이후의 유아들의 강점을 파악하고 평가하고 발달시키는 데 필요한 활동안과 평가방식을 구축할 수 있었다. 아직 우리 사회에서 몬테소리나 레지오 에밀리아 유아교육처럼 스펙트럼 활동이 널리 보급된 것이 아니어서 이에 대한 전문적인 지식을 갖고 있는 교사들이 거의 없었기 때문에, 유치원 원장과 교사교육부터 실시하였다. 또한 도제교육방식을 응용하여 지역사회와 교실을 연결하여 유치원과 슈퍼마켓의 연계, 유치원과 아동박물관과의 연계 등을 통해 지역사회와 유치원, 그리고 원아들 간의 관계를 긴밀하게 발전시켰다. 그 결과 많은 유치원들이 스펙트럼 활동에 관심을 갖게 되었고, 힘들지만 스펙트럼에 기반한 유아교육활동에 전념하는 교사와 유치원이 생기게 되었다.

유아교육의 대안적인 접근으로써의 스펙트럼을 연구하고 시도할 때마다 많은 장벽에 부딪치게 되었지만, 십수 년이 지난 지금에 돌이켜보면, 기존의 교육적 개념의 틀을 깨고 인간의 다양성에 대한 이해의 틀을 새롭게 구축한다는 것이 얼마나 어려운 일인지, 그리고 얼마나 보람된 일인지를 새삼 느끼게 된다. 지금도 스펙트럼에 대한 연구과 활동은 지속되고 있으며, 다양한 영역에서의 활동과 잠재력을 일깨워 주기 위한 교육내용을 구성하기 위해 유치원 교사들과 연구자들의 노력이 지속되고 있다. 개별 유아들의 강점을 구체화하고 그들의 잠재력을 초기에 발견하여 발달시킬 수 있도록 교사의 지원, 교육내용의 지원, 교육환경의 지원, 그리고 학부모의 지원이 필수적이라고 할 수 있다. 무엇보다도 유아의 잠재력과 다양성을 인정하는 사회적인 풍토의 변화가 뒷받침되어야 할 것이며, 이러한 변화를 위해 지금도 우리들은 끊임없이 노력하고 있다.

2. 영역별 발달 이론과 스펙트럼

지능연구의 변화경향을 역사적으로 유형화하는 것이 쉬운 일은 아니다. 지능이 연구되기 시작한 이래 지금까지 100여 년 동안 많은 변화가 있어 왔고 지능에 대한 정의 또한 학자들마다 다양하다. 지금까지 지능에 대한 연구를 살펴보면 크게 두 가지 관점으로 분류할 수 있다. 그 두 가지 관점은 1900년대부터 시작해 지능 이론과 측정을 주도해 온 심리측정적 접근과 1980년대 이후에 기존의 지능 이론에 대한 비판에서 출발하여 1980년대부터 현재에 이르기까지 활발하게 논의되고 있는 대안적 지능 이론이다.

심리측정적 접근은 지능연구에 있어서 가장 오래되고 영향력 있으면서도 가장 많은 비판을 받아왔다. 심리측정적 접근은 지능이란 타고나는 것으로 비교적 변화하지 않는 특징이라고 믿고 여러 검사들 간의 상관을 기초로 요인분석을 실시하여 지능검사 점수에 관찰 가능한 변인을 찾고 그 요인의 개인차와 관련하여 지능을 이해하려는 접근이다. 이러한 접근은 지능의 위계모형을 전제로 그 정점에 지능의 일반요인(general factor)을 두고 그 아래에 하위요인으로 특수요인(specific factor)들을 상정한다. 그 위계의 유형이 학자들마다 조금씩 다르기는 하지만 위계모형이라는 공통점이 있다. Spearman(1904)에 따르면 g요인은 수용능력과 라틴어와 음악처럼 본질적으로 다른 분야들 사이의 논리적인 관계를 적용하는 것을 표현하는 능력이다. 비록 그들의 정의가 나름대로 세부적이기는 하나, 후속되는 심리측정 학자들은 일반적으로 지능을 통합된 능력이나 능력들의 집합체(반응에 걸리는 시간, 감각적 식별력과 같이 논리적인 관계들을 인식하고 기억하는)로 생각했다. 이러한 접근방법은 인간의 지능을 환경과 상호작용하는 것으로 보지 않고 고립적이고 독립적으로 작용하는 것으로 보았다는 데 한계를 갖고 있다.

이와 같은 탈맥락적 지능개념에 한계를 느끼고 1980년대부터 지능에 대한 대안적 접근이 시도되었는데, 이러한 접근의 가장 큰 특징은 기존의 학업적 성취를 중시하는 학문적 지능의 개념에서 벗어나 지능을 다양한 개인의 환경과 문화를 고려하여 사회적 맥락 속에서 발휘되는 정신력의 개념으로 폭넓게 이해하려는 경향이다. 이렇게 '탈IQ'를 시도하는 대표적인 지능 이론으로 Gadner(1998)의 다중지능 이론(multiple intelligence theory)을 들 수 있다. Gardner는 기존의 지능이 능력위주의 학문적 지능개념만으로 구성된 것에 대한 한계점을 지적하고 다양한 지능영역을 소개한다. Gardner(1983)는 각종 검사 간 상관관계의 연구를 토대로 하여 지능을 개념화하는 심리측정적 지능 이론을 보충하는 다중 지능 이론(multiple intelligences)을 제안하였다. 그는 뇌상해자에 대한 신경학적 연구, 신동, 자폐증 환자, 백치, 천재, 학습 장애아 등 천재와 결손자에 대한 기술, 다양한 문화권의 다양한 종족과 그들의 생활 등에 관한 인류학적 보고, 기타 지능에 관한 문학적 기술 등 광범위한 자료를 종합하여 적어도 여덟 가지의 비교적 독립적인 지능이 있다는 이론을 제시하였다. 이 다중지능 이론을 구성하는 여덟 가지 지능은 다음과 같다.

언어적 지능 (linguistic intelligence)

언어적 지능은 시인이나 문학 작가가 사용하는 미묘한 뉘앙스에서도 나타나고, 반대로 언어사용이 불가능한 실어증 환자에서도 나타난다. 이것은 우리가 흔히 일컫는 언어분석력, 복잡한 어문자료를 이해하는 능력, 은유를 이해하는 능력을 포함한다.

음악 지능 (musical intelligence)

모차르트와 같은 천재에게서 볼 수 있는 능력이며 장한나와 같은 유아에게서 볼 수 있는 능력이다. 어린 유아의 음악 재능을 개발할 때 음악 재질이 이미 '프로그램' 되어 있어서 환경이 그것에 영향을 미치도록 기다리고 있는 것처럼 보인다.

논리 · 수학 지능 (logical-mathematical intelligence)

수학 천재에게 나타난다. 복잡한 추리를 해야 하는 분자생물학이나 고에너지 물리학의 이론화 과정에서도 보인다. 수학연산이나 상징적 논리는 모두 이 지능을 요구한다.

공간 지능 (spatial intelligence)

특유의 공간능력을 보여주는 건축가나 공학자에게서 볼 수 있다. 로댕이나 피카소 등의 특출한 능력에서 추리해 낸 것이다. 숨은 그림을 찾고 공간 속에서 사물을 머릿속으로 그 위치를 바꾸고 돌려서 그것을 진술할 수 있는 능력이다.

신체운동 지능 (bodily-kinesthetic intelligence)

뛰어난 운동경기자, 무용가, 마술사에게서 볼 수 있는 능력이다. 그들은 자신의 신체를 거의 완벽하게 인식하고 조절할 수 있다.

개인 이해 지능 (intrapersonal intelligence)

개인 이해 지능이란 자기 자신에 대한 객관적 이해 및 지식과 그에 기초하여 잘 행동할 수 있는 능력이다. 자기 자신에 대한 정확한 이해, 자기 내면의 기분, 의도, 동기, 기질, 욕구 등에 대한 이해능력뿐 아니라 자기통제와 자기관리 능력과 자존감을 유지하려는 의지와 노력이 포함된다.

대인 지능 (interpersonal intelligence)

타인의 기분, 의도, 동기, 감정을 지각하고 구분할 수 있는 능력이다. 사회적 지능(social intelligence)의 하나인 대인 지능은 집단 응집력, 지도력, 조직력, 결속력 등의 사회적 능력은 이 지능에 해당된다.

자연 지능 (natural intelligence)

자연 지능은 다양한 꽃들이나 풀, 돌과 같이 식물, 동물들을 구분하는 능력과 환경의 특징을 사용하는 능력을 말한다. 3~4세의 유아가 어른들보다 공룡을 잘 인식하는 경우가 이러한 능력이 발달된 예라고 할 수 있다.

다중지능 이론에서 가장 강조하고 있는 것은 '인간 지능의 다원성' 이다. 개인마다 지니고 태어나는 지능의 구성이 다를 수 있으며 이를 바탕으로 개개인마다 서로 다른 지능의 구성요소들이 계발된다고 하였다(이숙정, 2001).

지적 능력은 타고난 것이며 불변한다는 믿음을 기초로 한 심리측정적 이론들은 모든 지능 이론 중 가장 비발달적인 성향을 띤다. 재능있는 유아의 선별을 위해 사용되는 지능검사나 표준화된 프로그램들은 창의성, 동기, 예술적인 능력, 또는 어떤 한 분야에서 특출한 수행을 보여주는 능력들을 발견할 수 없다는 한계점에도 불구하고 여전히 보편적으로 사용되고 있다. Feldman(1994)은 Gardner와 마찬가지로 지능의 발달경향성, 다양한 지능 영역의 존재 등을 주장하며 영역별 발달 이론을 발전시킨 저명한 발달심리학자이다. 그는 많은 동료연구자들과 함께 개개인들의 노력을 통해서 최소한 어떤 한 분야에서는 뛰어날 수 있다는 점과 이러한 재능을 구체화할 수 있는 포트폴리오나 전시회와 같은 평가방법의 연구를 통하여 유아의 지능 발달과 평가에 대해 연구하고 있다. 스펙트럼 활동에서도 Gardner의 연구 못지않게 Feldman의 연구는 많은 영향을 주었다.

Feldman(1980, 1994)의 영역별 발달 이론(nonuniversal theory)에서는 개인의 인지변화와 인지발달을 위해서는 개별적인 노력과 주변의 자원이 요구된다고 강조한다. 이 이론의 핵심적인 가정은 "유아와 어른이 추구하는 활동이 반드시 발달적이어야 할 필요는 없다"는 것이다. 영역별 발달 이론은 개인마다 다른 여러 다양한 활동 '영역들'이 있고, 그것들은 각기 다른 성공을 보장해 준다. 피아노를 치는 것과 경제 이론을 아는 것을 예로 들어보자. 이 활동들은 어느 정도의 수준에 도달하기 위해서는 추상적인 사고를 필요로 하기 때문에 발달적이다. 그러나 그것들은 모든 사람들이 그것들을 완벽하게 수행하기를 원하지 않는다는 면에서는 특수하다. 영역별 발달 이론은 우리가 활동하고 있는 대부분의 시간을 특수한 영역에서 전문성을 추구한다는 점을 주장한다. 만일 우리가 특수한 영역에서 전문성의 수준에 도달하기 위해서 사람들이 어떻게 선택하고, 참여하고, 추구하고, 성취하는가를 이해하고자 한다면 모든 유아들이 기본적으로 가장 진보된 발달 단계에 도달한다는 근본적인 보장은 없다는 틀이 필요하다(Chen et al., 1998).

영역별 발달 이론에 따르면, 유아들은 영역, 지식과 기술을 통해서 일련의 단계들을 거치는 과정을 갖는다(그림 1.1 참조). 이러한 영역들은 대상 영속성과 같은 보편성으로부터 나온 영역의 발달 성취를 나타낸다. 보편에서 특수로의 발달과정을 살펴보면 형식적으로 가르칠 필요가 없으나 자동적으로 발달되는 언어와 같은 범문화적(pancultural)인 것 · 문화의 모든 구성원들은 어느 정도의 수준에 도달한다고 기대되는 일기, 쓰기, 계산하기와 같은 문화적(cultural)인 것 · 특별한 재능, 특성 또는 전문성과 관련된 법칙들과 같은 기본적인 규율(discipline based) · 전문성이 표현되거나 부가적인 훈련을 요구하는 유기적인 화학작용이나 특허법에서와 같은 색다른(Idiosyncratic) 것 · 존재하는 영역의 한계를 넘어선 코르크 마개의 발명이나 모던 댄스의 창조같이 독특한(unique) 것으로 구분된다(Chen et al., 1998).

다시 한번 정리하자면, Feldman의 영역별 발달 이론은 프로젝트 스펙트럼이 발달할 수 있는 지적인 노력을 결정하는 데 이론적 틀을 제공하였다. 스펙트럼이란 보편적인 문화적 영역에서 시작하여 특수하고 구체적인 영역까지의 보편에서 특수로의 중간영역을 아우르고 있다. 한 사회에서의 셈하기와 글쓰기, 말하기 등과 같은 표준화된 교과목들 대부분은 문화적인 영역에 포함된다. 그러나 개별 아이들의 기질과 잠재적 능력, 그들의 비범함과 유능감은 이러한 교육과정에서는 파악할 수 없으므로 우리 유아교육자들이 관심을 갖고 연구하고 교육해야 할 부분은 유아의 잠재능력을 찾아내고 구체화하려는 노력이라고 생각한다.

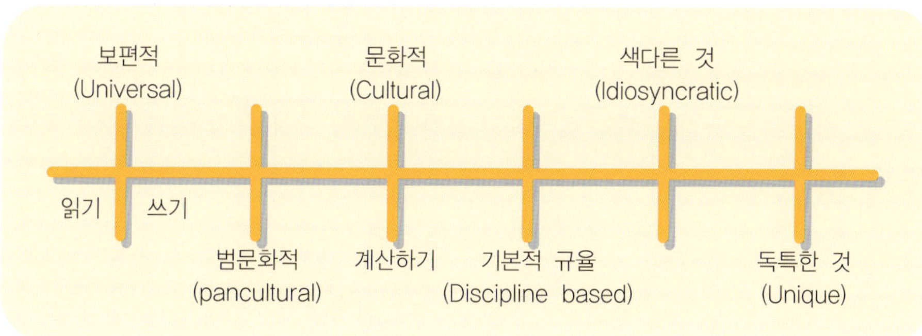

[그림 1.1] 보편에서 특수로의 연계 (출처 : Chen et al., 1998)

영역별 발달 이론의 최우선의 목표 중 하나는 전이(transition)를 이해하는 것으로, 이것은 유아들이 전문성을 획득하기 위해 한 단계에서 다른 한 단계로 발달하는 개인의 발달과정 방법이다(Feldman, 1980, 1994, 1986). 스펙트럼은 유아의 특수한 강점영역을 구체화하는 것뿐만 아니라, 그들의 강점영역을 어떻게 발달시킬 것인지에 대한 다양한 환경과 정보를 제공해 주는 것이다. 영역별 발달 이론에 따르면, 다중 지능은 스펙트럼이 유아의 강점을 측정하려고 하는 영역의 틀을 짜는 데 도움을 줄 수 있다. 스펙트럼의 영역들은 7개의 지능을 직접적으로 지도를 그리지 않고 유아들에게서 지능들 그 자체가 명백해질 수 있는 방법들을 반영한다(Chen et al., 1998). 또한 이러한 지능들은 고립적으로 존재하지 않는다. 윷놀이 게임을 한다든지, 또는 라디오 부품을 조립하는 등 아이들은 전형적으로 하나의 과제를 수행하는 데 몇 가지의 지적능력을 동원한다. 그리고 공간지각능력과 같은 하나의 지능은 여러 가지 다른 영역들, 예를 들어 시각예술 영역, 기계와 도구 영역 등과 연계될 수 있다. 이러한 지적능력들은 교사와 학부모 그리고 유아 자신에 의해서 다양한 방법으로 계발되고 확장될 수 있다.

3. 스펙트럼의 특징

스펙트럼을 시작한 후 몇 년 동안 우리는 스펙트럼 활동을 다양한 환경에 적용해 보았다. 연구자, 대학교수, 유치원 교사, 보육원 교사, 예비 교사 등으로 이루어진 우리 연구진들은 다양한 연령의 유아들에게 한국적이면서도 스펙트럼 본래의 특성을 유지할 수 있는 활동을 고안하여 교육 프로그램에 응용해 왔다. 이러한 경험들을 통해 스펙트럼 교육활동과 평가가 다음과 같은 특징들이 있음을 발견할 수 있었다.

● 스펙트럼은 기존의 협소한 '지능'의 개념을 확장시킨다.

스펙트럼은 다중 지능과 마찬가지로 기존에 전형적인 지능의 개념을 더욱 확장하여 언어 및 논리-수학적인 발달뿐 아니라 기계조립, 시각예술, 동작 영역 등까지 지능의 개념을 확장한다. 또한 스펙트럼 접근의 주요한 특징 중 하나는 과학적인 이론에 바탕을 두고 있다는 것이다. 비록 스펙트럼이 유아의 전 발달영역을 총괄하고 있는 것은 아닐지라도 기존의 인지영역보다는 더 많은 그리고 다양한 영역들을 다루고자 노력한다.

● 스펙트럼은 학습과 평가를 동시에 수행한다.

스펙트럼 접근의 가장 큰 장점 중의 하나는 학습과 평가를 분리하지 않고 유아들이 학습하는 과정을 관찰하고 기록하면서 평가도 동시에 이루어지는 방식을 택하고 있다는 점이다. 많은 교사들이 학습과 평가를 철저히 구분하는 기존의 학습과 평가방식을 택하고 있다. 그러나 이미 알고 있듯이 맥락에 기반하지 않은 평가는 제대로 된 평가라고 볼 수 없다. 스펙트럼은 이러한 맥락에서 인지적 능력을 평가하는 틀을 제공한다. 스펙트럼 평가는 유아들의 강점을 탐색하고 기록하고 관찰을 거듭하면서 유아 개개인의 발달과 변화 포트폴리오를 구성하여 유아들의 특별한 자질을 구축하는 데 도움을 준다.

스펙트럼은 교실의 범위를 확장한다.

스펙트럼 활동은 기존의 교실 범위를 확장시킨다. 스펙트럼 활동은 단지 유치원에서 이루어지는 교실활동에 국한되지 않고 다양한 영역들에 대한 탐색과 활용을 위해 교실은 다양해질 수 있다. 교사들은 자신들의 교실활동 센터에 지능의 다양한 영역들을 구축할 수 있고 악기와 녹음기 그리고 뜀틀과 같은 운동교육장비도 갖출 수 있다. 또한 다양한 교실 외 활동 역시 스펙트럼 확장활동을 위해 유용하다.

스펙트럼은 유아들의 강점을 강조한다.

스펙트럼 접근에서 중요한 것은 유아들 개개인의 강점을 확인하고 계발한다는 점에 있다. 스펙트럼 교육체계는 유아의 강점에 대한 시각을 잃지 않도록 지속적으로 사고하는 틀로써 작용한다. 그러나 모든 유아들이 어느 한 영역에서 영재가 될 수 있음을 가정하는 것은 아니다. 모든 유아들이 기계를 분리하고 재조립하거나 퍼즐 맞추기를 하는 과정에서 전문가가 되지는 않을 것이다. 그러나 스펙트럼 접근은 모든 유아들이 적어도 한 개 이상의 영역에서 또래집단 아이들에 비하여 뛰어난 강점을 갖고 있을 것으로 확신한다. 이러한 강점영역 찾기는 유아들의 성공경험과도 연결되어 학령기 유아의 자아존중감, 동기유발 등을 일으키는 중요한 정서적 자원이 된다.

스펙트럼은 '영재아'에 대한 개념을 변화시킨다.

모든 유아들이 각각 몇몇 영역에서 강점을 가진다면, 이러한 능력을 발달시킬 수 있는 프로그램들이 제공되어야 한다. 그러나 이러한 특별 프로그램들이 전형적으로 두각을 나타내는 유아들에게만 적용되는 것은 아니다. 유아들의 잠재적 능력을 확인하기 위해서는 교사들의 인내와 끈기, 그리고 다양한 프로그램의 적용을 통해 유아들이 잠재성을 발휘할 수 있도록 도와주는 과정이다. 예를 들어, 언어적 능력이 부족한 유아들은 발달적으로 미숙하거나 언어발달을 촉진시켜 줄 수 있는 가정환경의 부재에서 올 수도 있다. 따라서 공교육에서 실시되는 다양한 교육프로그램들은 보다 민감한 교사들에 의해 끊임없이 제공되어야 한다.

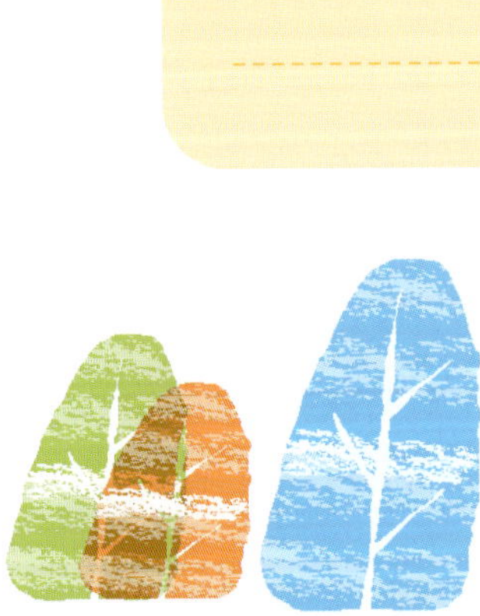

2장

유아의 능력 이해하기

유아기의 발달에는 개인차가 있다. 다음의 두 가지 사례를 보면서 발달의 개인차에 대하여 생각해 본다.

> 3년 7개월된 영희는 20명으로 구성된 예비학교 학급에서 가장 어리다. 그러나 영희는 자신있고 주저함이 없는 태도로 각 스펙트럼 활동에 참여한다. 영희는 독창적인 움직임으로 서로 다른 종류의 음악에 비범한 민감성을 나타낸다. 전통음악을 들으면서 영희는 엉덩이를 앞뒤로 우아하게 움직이고 어깨를 들썩이면서 풍부한 표현력을 보이며 춤을 춘다. 음악이 더 빨리 연주되면, 영희는 비트에 맞추어 머리와 팔을 움직이면서 몸 전체를 움직인다. 다른 아동들이 춤을 추지 않을 때에도 영희는 방에서 자유롭게 움직이며 자신만의 춤을 계속 춘다.
>
> 영희는 체육활동에도 유사한 능력을 보인다. 영희는 자신의 학급 친구들에게 새로운 체조동작을 선보여 주고 친구들이 구르거나 공중회전에 도전해 보도록 부추긴다. 야외 장애물 코스에서 영희는 신속하게 균형대를 걸어가고 장애물을 쉽게 뛰어넘어 돌아다닌다.
>
> 집단시간에 영희는 노랫말을 종종 잘 파악하고, 명확하고 큰 목소리로 노래를 부른

다. 스펙트럼 음악 창작활동에서 영희는 '생일 축하합니다' 노래를 부르는 동안에 템포를 지속적으로 유지하면서 곡조를 맞춘다. 음악 지각활동에서 영희는 익숙한 곡조로부터 미묘하게 틀린 부분을 정확하게 알아내고, 각각 몇 개의 음조(tune)만을 듣고 다른 두 개의 음조를 알아낸다. 확실히 영희는 노래 부르는 것에 큰 즐거움을 느껴서 이야기하기 시간에도 대부분의 이야기를 노래로 표현한다.

철수는 영희의 학급 친구이며, 스펙트럼 학급 2년차이다. 철수는 예술, 숫자, 논리적 추론 분야에 감정을 나타내며 특히 시각예술에 비범한 표현능력을 나타낸다. 철수의 그림에는 정교하고도 두드러진 세부묘사를 포함하고 있고, 도화지에다 주의 깊게 자신의 모습과 형태들을 그려나간다. 철수는 자신의 작품을 상상력이 풍부한 주제들로 채운다.

어떤 그림에는 모자에서 나온 두 마리의 토끼를 가지고 있는 마술사와 태양 대신 광대의 머리가 그려져 있다. 어떤 그림은 야구 모자 속에서 달리기를 하는 두 마리의 거북이가 그려져 있다. 철수는 또한 자신의 관점을 비범하게 자유자재로 구사하는 능력을 보여준다. 철수는 종종 사람과 동물무리를 그리면서 자신의 생각과 다른 그림을 그리기도 한다. 어떤 그림은 쓰레기 속의 자동차를 묘사하고 있지만, 우리에게 보이는 자동차 부분은 단지 연기 연통뿐이다. 또 다른 그림에서는 쥐구멍을 향해 달려가는 쥐를 고양이가 쫓고 있는데, 여기서도 고양이의 큰 아랫배 부위와 앞다리만 강조하였다.

다음은 철수가 제대로 이해하고 있음을 보여준다. 덧셈과 뺄셈 기술을 촉진시키는 게임을 하면서 철수는 여러 정류장에서 장난감 버스에 오르락 내리락하는 사람(figure)을 계속 기억하기 위해 색 조각들을 사용한다. 철수는 어른들을 나타내기 위해 초록색 모형을 사용하고 아동들을 나타내기 위해 파란색 모형을 사용한다. 조각들이 없을 때조차도 철수는 얼마나 많은 사람들이 버스를 타는지 정확하게 계산해 낼 수 있다. 보물찾기 게임 시간에 철수는 서로 다른 색깔의 깃발(colored flags) 아래 숨겨진 보물들을 어디에서 찾을지에 대해 정확하게 예측해 낸다. 게임 후, 철수는 어떤 보물상자가 항상 비어 있을지에 대해 좀 더 추리하여 보물상자에 담긴 물건들의 배치에 적용되는 규칙을 성공적으로 알아낸다.

일반적으로 스펙트럼 활동에 관한 철수의 접근은 진지하고 초점이 잡혀 있지만, 다소 시험적(tentative)이다. 예술분야에 있어서 철수는 처음의 그리기 작업이 자신이 의도한 효과를 내지 않으면, 종종 색칠이나 그림을 다시 작업한다. 해가 갈수록, 철수는 좀 더 풍부하게 자신의 생각을 탐색할 수 있도록 해주는 어른들과 대화를 자유롭게 할 수 있다.

철수와 영희의 이러한 특성들을 구별짓는 것은 무엇인가? 한 가지 중요한 것은 훌륭한 교사란 자신의 학급에서 활동하는 아이들에게 다양한 학습자료와 교구들을 다양하고 풍부하게 제공한다는 것이다. 미술 교사는 미술 활동을 할 수 있는 자원들을 풍부하게 제공하기 위해서 창의적이고 손쉽게 아이들이 사용할 수 있는 자원들을 만드는 데 많은 시간을 부여한다. 반면 체육 교사는 아이들의 신체발달뿐 아니라 정신건강을 위해서 위험하지 않게 몸의 근육을 활용하여 건강에 유익한 활동들을 고안해 낸다. 반면 음악 교사는 다양한 악기들을 아이들에게 제공하며 아이들이 다양한 장르의 음악을 접할 수 있도록 음악회에 가거나 공연비디오를 보여줄 수 있다. 아이들에 대한 끊임없는 관찰을 통하여 어떤 아이들이 어떤 특정영역에서 잠재적인 능력을 보이는가를 기록하고 평가하여 축적된 자료를 갖고 있다. 그럼에도 불구하고 일반적으로 교사들은 아이들의 음악이나 운동, 미술, 체육 영역에서의 강점들을 좀처럼 언급하지 않는다. 오히려 아이들의 언어능력, 수학능력, 과학능력 등에 초점을 맞추고 그러한 방면에서 뛰어난 아이들을 칭찬하고 강화하는 경향이 있다. 아이들의 지적능력을 기존의 보편화된 언어 및 수리 능력으로 보려는 경향이 강하기 때문으로 볼 수 있다. 그러나 필요한 것은 다양한 영역에서 아이들의 활동 그 자체를 관찰하고 평가하여 특정영역에서 뛰어난 아이들을 발견하고 그들의 강점을 강화시킬 수 있도록 교사들이 적극적으로 수업에 참여하고 평가하는 것이 필요하다는 점이다. 필답식으로 이루어지는 평가를 제외하고 공교육환경 안팎에서 현실세계에 적응할 수 있는 다양한 평가 틀이 필요하다. 이러한 점에서 스펙트럼은 교사들이 유아와 자신의 일, 그리고 일을 통한 성과물에 대해 새로운 방식으로 생각하도록 고려하고 있으며, 유아의 잠재적 능력을 파악하고 그들이 사회에서 자신의 잠재적 능력을 확인하고 발전시켜 나갈 수 있도록 도와주는 기반이 될 것이다.

1. 능력평가에 대한 대안적 관점

현재 지능을 측정하기 위한 많은 검사들은 20세기 초기에 구안된 것들이며, 그 중 가장 대표적인 것이 Alfred Binet가 프랑스 정부의 요청을 받아 학교생활을 잘 할 수 있는 유아들과 치료가 필요한 유아들을 구분하기 위해서 지능검사를 제작한 것이다. 이러한 검사는 미국으로 건너와 스텐포드-비네 지능검사로 개발되었으며, 우리가 잘 알고 있는 IQ검사로 발전되었다. 이 검사는 정신연령과 신체연령의 비율로 산출되며 언어능력, 수리능력, 공간지각 능력 중심의 협소한 지능영역을 측정하고 있다. 그러나 지금까지 표준화된 검사들이 뛰어난 능력을 가진 아이들을 발견하는 데 유용하였지만, 이러한 검사에서 자신의 능력을 발휘하지 못하는 또는 이러한 검사에 적응할 수 없는 다양한 능력에 강점을 가진 아이들은 어떻게 측정할 수 있는가? 즉, 지금까지의 지능검사 유형으로는 다양한 장점이 있는 아이들은 자기 자신들의 잠재된 능력들이 무엇인지에 대해서 알아볼 수 있는 기회조차 거의 갖지 못했다고 볼 수 있다. 비록 IQ 검사가 성취보다는 내적 능력을 측정하는 것이라고 하여도 학교교육에 적응하지 못하는 유아들은 학교에 잘 다니는 유아들보다 낮은 점수를 나타내는 경향이 있다(Ceci, 1990).

더구나 이러한 지능검사들은 문화적 보편성의 특성을 갖고 있기 때문에, 사회문화적으로 다양한 지능발달 경향을 제대로 내포하고 있지 못하다는 한계점이 있다. 한 문화에서 실시하는 지능검사지로 능력을 측정하기 위해서는 거기에 표현된 단어나 문장의 친숙함이 요구되며, 그 사회 주류문화의 사회문화적 관습에 익숙해야 한다. 이러한 문제점은 오랫동안 지능 및 인지심리 학자들이 지적해 온 것이다. 지능검사는 맥락에서 벗어난 정신적인 기능을 수행하는 개인적인 능력을 요구한다. 다양한 분야에서 전문가는 일상에서 사용하는 적절한 기술(옷을 재단하는 것, 슈퍼마켓에서 장 보는 것, 또는 논쟁에서 그들의 권리를 주장하는 것)을 공식적으로 측정하는 데는 실패해 왔다(Carraher & Schliemann, 1988; Lave, 1980; Rogoff & Lave, 1984; Scribner, 1986). 게다가 문제를 해결하는 데 개인적으로 사용하는 많은 특성(결정, 상상, 리더십, 사회적 이해)들은 지능검사로 알 수 없다. 표준화된 검사의 다른 유형들은 유아들이 학습한 것을 측정하도록 고안되어 있으나, 그것들은 지능검사가 그랬던 것처럼 똑같은 한계점을 보여주고 있다. 일반적으로 표준화된 검사들은 선택형 문제이고 컴퓨터로 점수가 매겨지며, 그래서 단 하나의 '정답'만이 허용된다. 창의적이고 상상력이 풍부한 유아들 또는 문제에 대해여 깊이 생각하는 유아들은 그 검사를 빨리 끝내지 못한다. 문제들은 탈맥락적으로 표현되어 있고 미래에 실제로 요구되는 높은 수준의 사고와 문제해결 기술들보다는 사실들의 기억을 더 강조한다(Chen et al., 1998).

이와 비교해 볼 때, 스펙트럼 평가는 모든 아이는 하나 이상의 영역에서 강점을 계발할 수 있는 잠재능력이 있다는 가정에서 출발한다. 특히 학령 전기의 유아들에게 초점을 두고 있는 스펙트럼 프로젝트는 수리과학적인 문제와 일상생활에서의 실제적인 문제 모두를 포함하여 교육하고 평가한다. 스펙트럼 프로젝트는 지능의 초기 지표들에 대한 탐색에서부터 시작되었지만, 그 정당성은 더 많은 부분에서 확인되었다(Gardner · 문용린 · 유경재 역, 2009). 실제적으로 아이들에게서 여러 가지 핵심적인 지능의 영역들을 탐색할 수 있었고 실험결과 그러한 영역들이 아이들의 재능 계발과 확장에 매우 중요한 부분임을 입증할 수 있었다.

비록 표준화된 지능검사가 여전히 학령기 아이들의 지적능력을 파악하기 위한 도구로 사용되고 있기는 하지만, 수년 전부터 우리 사회에서 초등학생의 집단 지능검사의 실시는 공식적으로 실시되지 않고 있다. 이러한 검사의 폐단이 너무 크다는 것을 알고 있기 때문이다. 만일 학교에서의 학업성취가 표준화된 검사를 실시한 결과에 의해 판단된다면, 선행학습의 폐단은 점점 더 커질 것이다. 지금도 학교에서 수행하는 학업능력을 의심하고 불신하는 경향이 확산되어 가고 있으며, 학교에서 실시하는 학습자료들을 하루라도 더 빨리 학습시키려는 학부모들의 열성 때문에 수차례에 걸친 선행학습이 사교육 시장을 방대하게 키워왔고 그 속에서 학부모는 학부모대로 아이들은 아이들대로 헤어나오지 못하고 있는 것이 사실이다. 이러한 현상은 공교육과 교사에 대한 불신으로 이어져, 유치원시기부터 국제중학교나 특목고등학교의 입시를 준비하는 현상을 쉽게 관찰할 수 있다.

그러나 과연 우리 아이들의 잠재능력은 제대로 파악하고 있는지, 학령전 유아기에 어떠한 교육을 시켜야 아이들이 제대로 발달할 수 있는지 등에 대해 제대로 생각해 본 적이 있는가? 유아기 초기의 아이들을 교육하는 데 있어서 가장 강력하고 전문적인 방법은—NAEYC(National Association for the Education of Young Children)—학문 중심의 유아교육과정과 교수법들에 기초하여 명확한 정책적인 설명이 제공되어야 한다는 것은 잘 알고 있는 사실이다(Bredekamp, n.d.). NAEYC의 '발달적으로 적합한 실제'에서는 어린 유아들이 그들만의 고유한 흥미를 표현할 수 있는 기회를 제공해 주고, 이러한 흥미들이 발달될 수 있도록 주변의 어른들에 의해서 지원됨으로써 보다 더 폭넓고 자유로운 경험들이 축적되어야 한다고 주장한다. 아이들에게는 어떠한 수행도 미리 기대하거나 조작해 줄 수 없으며, 다른 아이들과의 경쟁 또한 요구되지 않는 동시에 유아들 자신들만의 발달속도로 성장해 갈 수 있도록 교육환경을 조성해 주어야 한다.

스펙트럼은 아이들의 지능 프로파일을 밝혀내기 위한 혁신적인 시도이며, 10여 년 동안 이러한 방법을 시도하고 현장에 적용하면서 스펙트럼 활동과 평가의 수많은 장점들을 인식하게 되었다. 유아기에는 지능의 발달이 최대한의 속도로 이루어지는데, 이 시기 동안에 나타나는 유니크한 능력들을 인식하고 아이들의 관심과 흥미에 접목하여 학업성취를 최대한 끌어올릴 수 있도록 교육활동을 제공하고 교육환경을 만들어 주는 것이 가장 중요할 것이다. 또한 이러한 활동을 그때그때 평가할 수 있는 대안적인 평가방법을 발전시키는 것도 중요하다. 지금까지의 연구결과를 토대로 Gardner(2009)가 제안한 스펙트럼 평가의 장점을 요약하면 다음과 같다. 첫째, 스펙트럼 검시는 맥락이 있는 유의미한 게임을 통해 아이를 검사에 참여시킨다. 둘째, 스펙트럼 검사는 교육과정과 평가 사이의 경계가 뚜렷하지 않다. 셋째, 스펙트럼 검사는 언어적인 '렌즈'나 논리수학적인 '렌즈'를 통하여 지능을 평가하지 않고 대상지능을 직접 평가함으로써 지능을 공정하게 측정한다. 넷째, 스펙트럼 검사는 유아의 강점이 잘 보이지 않는 도전적인 영역까지도 검사대상으로 한다.

그동안 전기법, 일화법 등을 통하여 유아들을 연구했다면, 우리는 보다 발전된 과학적 평가자료의 축적을 통한 새로운 평가방법을 구축하는 데 궁극적인 목적이 있다. 우리는 지금도 보다 자연스러운 평가환경을 통하여 모든 아이들이 자유롭게 학습하고 자신의 강점영역에서 성공할 수 있는 다양한 개별적인 교육방법과 평가에 중점을 두면서 아이들을 위한 새로운 교육환경의 제공을 위해 노력하고 있다.

2. 영역별 발달과 평가

스펙트럼 평가는 언어와 수학뿐만 아니라 운동, 시각 예술, 음악, 과학, 사회적 이해를 포함하고 있다(부록 A 참조). 각 영역은 적어도 두 가지 이상의 핵심능력들을 측정한다. 예를 들어, 과학영역에서는 자연적, 기계적 능력을 검사하고 사회영역에서는 대인관계 및 사회적 역동에 대해 측정한다. 스펙트럼 활동을 수행하는 동안 아이들 개개인의 "작업 유형"의 중요성이 대두되었다. 구체적인 작업 유형은 [표 2.1]에 제시되어 있다.

[표 2.1] 작업 유형 목록

유아 ____________ **관찰자** ____________

활동 ____________ **날 짜** ____________

당신이 관찰하는 동안 어떤 작업 유형이 특징적인지 표시하시오. 확실할 때만 표시하시오. 각 쌍 중에 하나만 표시해야 합니다. 가능한 설명과 일화를 적고, 어떻게 유아가 활동에 접근하는지 가장 잘 묘사하는 일반적인 어구로 쓰시오. 두드러진 작업 유형에 별 표시(*)를 하시오.

유아는

기꺼이 활동에 참여하는	________	지속적인	________
활동에 참여하기 꺼려하는	________	과제에 의해 좌절된	________
자신있는	________	충동적인	________
시험적인	________	사려깊은	________
장난스런	________	천천히 작업하는	________
진지한	________	빨리 작업하는	________
집중력 있는	________	얘기하기 좋아하는	________
산만한	________	조용한	________

시각적 ________ 청각적 ________ 근육 운동 감각적 ________ 단서에 반응한다.
계획적인 접근을 보인다.
개인적 힘을 활동에 많이 사용한다.
내용에서 유머를 찾는다.
예기치 않은 방법으로 소재들을 활용한다.
수행에 자부심을 보인다.
사소한 일에 사려 깊은, 조심스러운
소재들에 대해 호기심이 있다.
'정확한' 답에 대한 관심을 나타낸다.
어른과의 상호작용에 주의를 기울인다.

평가 시행

앞에서도 언급했듯이, 많은 유치원의 교육 프로그램들은 유아들을 평가하는 데 과학적이고 체계적인 평가체계를 갖고 있지 못하다. 즉, 여전히 일화적이고 전기적인 질적 평가방법에만 의존하고 있어서 보다 발전되고 과학적인 형식화된 체계가 필요하다. 이를 위해 스펙트럼 평가는 몇 가지 새로운 평가도구들을 만들었다.

[표 2.2] 스펙트럼 평가 범주들

운 동

- 창조적 운동 측정 : 격주에 한번 활동운동 교육과정에 의해 부가되어지는
- 신체(athletic)운동 측정 : 장애물 코스

언 어

- 창작 이야기 측정 : 이야기판 활동(Storyboard Activity)
- 이야기 기술 측정 : 리포터 활동(Reporter Activities)

과 학

- 자연주의자(naturalist) 측정 : 발견영역(Discovery Area)
- 논리적 추론 측정 : 보물사냥 게임
- 가설-검증 측정 : 가라앉기와 뜨기 활동(Sink and Float Activity)
- 기계조작 측정 : 조립활동

수 학

- 셈(Counting)/전략 측정 : 공룡 게임
- 계산/기호법 측정 : 버스 게임

시각예술

- 예술 포트폴리오 : 1년 내내 구조화된 유아들의 작품 모음

사 회

- 사회적 분석 측정 : 교실 모델
- 사회적 역할 측정 : 또래 상호작용 대조표(Peer Interaction Checklist)

음 악

- 창작(production) 측정 : Happy Birthday, 새로운 노래들(Up in the Air, Animal Song)
- 지각(Perception) 측정 : Pitch Matching Game, 노래인지(Song Recognition)

작업 유형

- 작업 유형 대조표

출처
Krechevsky, M.(1998). 프로젝트 스펙트럼 : 유아 평가 핸드북 [Preschool Assessment Handbook]. 개정판. NY : Teachers College Press.

앞에서 살펴보았던 Feldman의 영역별 발달 이론을 잠시 살펴보자면, 보편성에서 특수성까지(universal-to-unique)의 발달 연속체로 유아들을 평가해 볼 때, 스펙트럼은 개인에게 있어서 독특한 강점과 경향에 초점을 맞추며, 학문-중심적(discipline-based) 영역이나 다른 영역으로 확장될 수 있다. 스펙트럼 활동은 우리 사회에서 의미 있게 여겨지는 성인의 역할과 이러한 역할을 습득하고 내재화하는 데 필요한 능력들을 발달시키기 위한 방법이다. 스펙트럼은 유아들의 인지 능력과 잠재적 능력을 평가하기 이전에 다양한 영역에서 유아들이 활동할 수 있도록 다양한 정보와 자료들을 제공해야 한다는 점에 초점을 두고 있다.

[표 2.3] 스펙트럼 관찰기록지의 예

유아 ____________ **관찰자** ____________

나이 ____________ **날 짜** ____________

1. 학급에서 놀 때, 어디서 가장 많은 시간을 보내는지 적어 주세요.
   그것이 당신이 좋아하는 활동입니까? 왜죠?
   그 장소가 이미 다른 유아들로 차 있다면 어떻게 합니까?
   어디로 가는지 적어주세요.

2. 여기에 당신이 _____을 가지고 놀았던 게임들의 몇 가지 그림들이 있어요.
   가장 잘 하는 게임은 어떤 것입니까? 왜죠?
   가장 어려운 게임은 어떤 것입니까? 왜죠?
   게임들 중 좋아하는 게임은 어떤 것입니까?

3. 다음과 같은 놀이를 할 때 학급에서 언제나 누구하고 노는지 적어주세요.
   놀이장소에서의 다른 유아들을 살펴봅시다.
   블록놀이(Blocks)
   연극놀이(Dramatic Play)
   예술(Art)
   물탁자(Water Table)
   쓰기판(Writing Table)

이 지점에서, 유아에게 다음 질문을 하기 전에 자석판의 모형(figure)을 되돌려 줄 것을 요청하세요.

출처
Krechevsky, M.(1998). Project Spectrum : Preschool Assessment Handbook. 개정판. NY : Teachers College Press.

3장 스펙트럼 학습센터

스펙트럼 학습센터는 다음과 같은 특징을 갖고 있다(Chen et al., 1998).

> (1) 유아들에게 다양한 범위의 학습영역을 소개한다.
> (2) 유아의 강점영역을 확인하고 지지해 준다.
> (3) 전반적인 학업수행을 향상시키기 위해 유아의 강점을 이용한다.

1. 다양한 학습영역 소개

스펙트럼 활동에서는 유아들이 다양한 지적영역에서 활동할 수 있게 하기 위해서 스펙트럼 학습센터(spectrum learning center)를 고안했다. 스펙트럼 학습센터에서 다루어지는 영역들은 언어, 수학, 자연과학, 기계조작, 구성, 예술, 사회적 이해, 음악, 운동이다. 각 학습센터는 문구점 등에서 살 수 있는 재료 또는 교사들이 직접 만든 재료, 그리고 재활용된 재료들로 다양하다. 예를 들어, 음악 학습센터는 타악기, 소리기억장치, 녹음기, 여러 장의 CD를 교구로 준비할 수 있고, 기계조작과 건축 학습센터는 나무탁자, 오래된 컴퓨터, 고장난 시계나 연필 깎기, 블록, 집 짓는 장난감 등이 재료가 될 수 있다. 이처럼 다양한 도구와 재료들이 스펙트럼 활동에 활용될 수 있다.

또한 스펙트럼 학습센터의 구조는 매우 유연해서 모퉁이, 탁자 또는 그 영역과 관련한 활동을 수행하는 장소와는 별도의 다른 영역의 교실이 있을 수도 있다. 또는 '선택시간' 이나 좀 더 구체화된 기간 동안 유아들이 사용할 수 있는 영역과 관련한 재료들을 가지고 있을 수 있다. 사실, 스펙트럼 학습센터 방법이 교육에서 새로운 개념은 아니다. 실제로 스펙트럼 학습센터는 다양한 특성을 가진 여러 가지 초기 유아기 프로그램에서 사용된 학습센터와 몇 가지 특징들을 공유하고 있다. 손수 만든 재료를 사용한다는 것, 소집단 활동, 선택적 참여가 그것이다(Chen et al., 1998).

무엇보다도 스펙트럼 학습센터의 가장 큰 특징은 다중지능 이론과 영역별 발달 이론에 기반하고 있다는 것이다. 이러한 이론적 기반은 다양한 영역에서 유아들의 강점을 찾아내고 이를 체계적으로 발달시키는 데 무엇보다도 중요하다. 스펙트럼에서는 학습센터에서 유아의 활동들을 발전시키기 위해서 구체적인 8개 핵심능력을 제안한다. 핵심능력이란 '유아들이 각 지식영역의 과제를 성공적으로 수행하는 데 필요한 능력 또는 인지기술' 이다. 음악영역의 경우, 핵심능력은 음악적 지각, 제작, 작곡을 포함한다. 구체적으로 설명하자면 음악적 지각은 소리의 강약(크고 낮은)에 관한 민감성과 관련되고 속도와 리듬 유형에 대한 민감성, 음조를 구별하는 능력, 서로 다른 악기의 소리를 식별할 수 있을 뿐만 아니라 음악양식도 식별하는 여러 능력들이다.

이러한 핵심능력은 학습센터에서 활동하는 유아들의 학습 과정과 평가 둘 다에서 매우 중요한 역할을 한다. 교사들은 각각의 핵심능력들을 촉진할 수 있는 다양한 활동들을 유아들에게 제시해야 하고, 또한 이러한 활동을 유아들이 수행할 때 관찰하고 기록하여 강점을 파악할 수 있는 구체적인 평가방법이 제시되어야 한다. 결과적으로 스펙트럼 학습센터는 풍부한 학습자료와 특정영역에서의 활동들을 제공할 뿐 아니라, 유아들이 제공된 학습자료들을 탐구하거나 활동에 참여할 때 자연스럽게 교사의 관찰을 안내하는 역할도 함께 하게 된다.

우리들의 실험결과 학습센터 활동에서 유아들의 반응은 매우 흥미로웠고 적극적이었다. 학습센터에서 유아들은 매우 즐거워했고, 타인에 의해 강요된 활동이 아닌 본인들의 의지로 선택해서 하는 활동이니만큼 그들의 반응도 매우 적극적이었다. 유아들의 눈에는 호기심과 탐구심으로 가득찼고 서슴없이 교사들에게 궁금한 점들을 물어보고 해결하려 하고, 자신들의 영역에 친구들을 초대하곤 했다. 자연스럽게 협력학습이 이루어지는 광경을 목격할 수 있었다. 교실에 들어갔을 때 우리는 자주 "와, 스펙트럼은 너무 재미있어요!", "선생님! 우리가 스펙트럼의 기계조립활동을 하고 있어요!", "선생님! 오늘은 어떤 새로운 스펙트럼 활동이 열리나요?", "야호! 스펙트럼 너무 좋다!"

스펙트럼 학습센터에 있는 동안에 대부분의 유아들은 열심히 적극적으로 활동에 참여했다. 유아들은 그 기간 동안 때로는 음량이 오르락 내리락 하는 힘 있는 목소리로 다른 유아들에게 그들의 작업에 대해서 이야기했다.

음식수업을 진행하면서 유아들의 관심은 어떻게 빵이 부풀까? 어떤 재료가 빵을 부풀리게 할까? 라는 호기심이 문제로 제기되었다. 아이들의 호기심을 충족시키고 재미있는 과학의 원리를 알아보는 수업을 함께 하면서 빵을 먹기만 하고 당연하다고 생각한 것이라고 생각한 아이들이 빵에 대해 관찰하고 탐구하고 실험으로 알아보는 과정에 빵을 부풀게 하는 이스트와 파우다에 대해 알게 되고 어떤 재료가 빵을 만들 때 사용되는지, 어떤 영양소가 빵에는 들어 있는지 등 호기심과 흥미 있는 부분을 알게 되었다. 아이들은 수업을 통해 이스트에게 거품의 변신 뽀글이로 이름을 지어주고 빵을 함께 만들어봄으로써 과학실험은 즐거운 수업의 연장이라는 새로운 모습을 보여준 기회가 되었다.

학습센터 시간에 유아들이 학교를 좋아하는 것을 보고 교사들도 대체로 기뻐했다. 그러나 교사들은 또한 시간과 운영상의 다른 문제와 싸워야 했고, 스펙트럼 활동의 방향에 대해 오리무중이었다. 교사들은 자주 다음과 같은 질문을 했다. "미치지 않고서야 다양한 활동들을 어떻게 동시에 감독할 수 있겠어요?", "유아들에게 학습센터에서의 하루 일과를 어떻게 보다 효과적으로 마치게 할 수 있어요?", "유아들에게 그들의 강점과 흥미를 확인하는 데 도움을 주기 위해 어떻게 학습센터의 역량을 키울 수 있을까요?", "유아의 학습센터 경험을 어떻게 그들의 학업으로 연결시킬 수 있을까요? :

몇 달 안 되지만 교사들의 수행전략과 유아들의 적극적인 반응을 보고 우리는 첫 번째 목표인 학습영역의 다양한 범위를 소개하고 유아들을 참여시키기를 달성했다고 믿었다. 그러나 이제 좀 더 나아가야 할 때라는 것을 우리는 알고 있었다.

2. 학습센터의 운영방법

교사들은 처음에 학습센터를 소개하고 각 문제들을 다루는 방법들을 훑어보고 독립적인 과제수행의 규칙들을 알아보고, 유아들이 활동할 수 있도록 도와주며, 동시에 새로운 활동들에 대한 계획을 세우기 위해 노력한다. 스펙트럼 접근을 처음 실행하기 위해서는 많은 시간과 노력이 필요하다. 실행과정을 용이하게 하기 위해서 스펙트럼 교사와 연구자들이 자주 만나서 토론하고 문제들에 대해서 서로 정보를 나눈다. 규칙보다는 '도움이 되는 힌트(helpful hint)'를 고려해보아야 한다. 정보들은 다른 상황에서도 유용하게 사용되어질 것이다.

플로우(Flow)는 어떤 활동에 몰두하는 상태를 가리키는 긍정적인 개념으로 Key 부속 유치원에서는 한국의 학습센터를 플로우(Flow)활동센터라 지칭한다. 즉, Key 부속 유치원의 플로우(Flow)활동센터는 한국의 학습센터와 동일한 개념이다. Key 부속 유치원에서 플로우(Flow)활동센터(학습센터)를 고안한 목적은 7가지 지능개발과 관련된 활동을 제공하기 위함이며 여기에서는 유아들이 다양한 방식으로 탐구하도록 퍼즐, 게임, 조작물 등을 사용하는 자유놀이를 제공한다.

1 오리엔테이션 기간

① 유아가 독립적으로 활동할 수 있게 되기 위해서는 7~8개월 정도의 공식적인 오리엔테이션 기간이 필요하다.
② 교사의 지시적인 대집단 활동은 오리엔테이션 기간에 적합하다.
③ 오리엔테이션 기간을 갖는 목적
  - 유아가 학습센터에서 선택하고 수행하는 활동 및 그 절차를 알 수 있다.
  - 모든 영역에서 유아가 특별히 관심이 있는 것에 대해 탐구할 수 있는 기회를 일찍 가질 수 있다.
  - 교사들이 유아의 강점과 흥미를 일찍 파악할 수 있다.

2 활동의 실행

① 학습센터를 교실의 구조에 맞게 다양한 방식으로 구성한다.
② 교사는 유아가 현재 학습하고 있는 것에 대한 다른 측면들을 탐구하게 하거나, 학교에서 지금까지 보지 못했던 자료들을 제공해 준다.
③ 새로운 활동을 소개할 수 있다.
④ 전문가나 교사들을 초청할 수 있다.
⑤ 오리엔테이션 기간 동안에는 교사들이 특정한 영역에 유아를 배정할 수도 있다.
⑥ 유아들이 하고 싶은 활동들을 선택할 수 있는 기회를 제공해 줄 수 있다.
⑦ 유아들이 모든 영역에서 탐구할 수 있는 기회를 갖도록 하는 것이 목표이다.

3 교실의 구성

① 과학과 미술 영역이 가까이에 있는 것이 정리하기 쉽다.
② 언어와 사회 영역은 학습자료들을 함께 나누어 쓰기 때문에 가까이에 위치해 있는 것이 좋다.
③ 운동과 음악 영역은 둘 다 음악 녹음기와 도구들을 함께 사용하므로 가까이에 있는 것이 좋다.
④ 음악과 운동 학습센터는 공간이 허락한다면 소음을 제거하기 위해서 다른 영역으로부터 멀리 떨어져 있는 것이 좋다.

4 규칙 세우기

① 유아 스스로 결정하고 자신을 조절하는 것이 스펙트럼 교실의 목표라고 하여도 교사가 교실 구성과 운영 방향을 제시해 주고 규칙들을 제공해 준다면 유아는 보다 더 쉽게 목표에 도달할 수 있다.

② 오리엔테이션 기간 동안 교사는 각 센터에서 지켜야 할 일반적인 규칙을 만들기 위해 유아와 함께 브레인스토밍을 할 수 있다.

③ 교사는 유아에게 규칙은 우리가 활동하는 데 도움을 주고, 규칙이 부당하다면 바뀔 수도 있다는 말을 할 수 있다.

④ 규칙은 보통 안전하게 활동하고, 자료를 함께 나누며, 교대로 사용하고, 참가자들을 제한하며, 소음을 제거하고, 깨끗하게 하기 위해서 필요하다.

5 미니학습

① 미니학습은 보통 학습센터를 사용하는 것과 관련된 특정한 주제를 다루는 것으로 5~10분 정도의 간단한 토론이다.

② 유아들에게 규칙과 절차를 설명해 주고 학습과정에서 그들의 역할을 이해하는 데 도움을 준다.

③ 교사들은 몇 가지 질문을 하면서 유아가 참여와 책임감에 대한 의미를 이해할 수 있도록 한다.

6 활동 지도자와 협동학습

① 교사는 유아가 활동 지도자로서 역할을 바꾸어 볼 수 있도록 할 수 있다.

② 다음의 지도자가 연속해서 활동을 지도할 수 있도록 도움을 준다.

③ 리더십의 경험은 유아가 교실환경에서 어떤 일을 수행하고 자신들의 가능성을 어떻게 보여줄지, 또한 자아존중감을 키우는 데 도움을 준다.

④ 교사는 유아가 그들의 강점영역에서 활동을 이끌어 가도록 해주거나 기본적인 규칙들에 대해 리더의 역할을 돌아가면서 할 수 있도록 해준다.

⑤ 리더 활동이 계속되면 교사는 학습센터 시간 동안 협동학습 방법을 사용할 수 있다.

⑥ 협동학습은 긍정적인 상호작용을 증진시키기 위하여 소집단 학습활동에

참여하는 유아들에 대한 교사의 전략이다.

이러한 학습방법은 Key 부속 유치원의 파즈(Pods)활동 중 하나이다. 파즈(Pods)는 한국교육과정의 특별활동(특활)과 비슷한 것으로 심화학습이 이루어지도록 도와주며 1명의 교사에 12~16명의 유아들로 학기초에 구성되어 학기 내내 계속되는 활동이다. 파즈(Pods)활동은 견학, 현장학습, 지역사회 활동, 특활, 소풍 등과 연계되어 이루어진다. Key 부속 유치원의 파즈(Pods)활동 예로는 방과 후 프로그램(Extended Day Program), 수요일 오후 프로그램(Wednesday Afternoon Programs) 등이 있다.

7 나누는 시간

① 활동을 되돌아보는 것(reflection)은 개인적인 과정들이 가능함을 보여준다.

② 교사들은 '나누는 시간'을 5~10분 정도 할애해 준다.

③ 나누는 시간은 유아가 각각의 과제를 살펴볼 수 있고, 그것에 대해 질문하고 토론하고 스펙트럼 활동 시간 동안에 할 수 있는 프로젝트를 위한 새로운 아이디어들을 발전시킬 수 있는 기회를 주는 것이다.

④ 유아들이 자신의 사고를 표현하고 다른 아이들과 상반되는 자기의 가설을 시험해 볼 수 있게 해 준다.

⑤ 유아들이 나누는 시간을 처음 가질 때 교사는 기본이 되는 규칙들을 제시해 주는 간단한 문제를 토의해야 한다.

- 유아들이 어떻게 분명하고 조리 있게 서로 질문을 할 것인가?
- 다른 사람이 발표할 때 왜 잘 들어야 하는가?
- 어떻게 다른 사람의 감정을 다치지 않게 의견을 표현하는가?

유아의 강점 기록

① 스펙트럼 접근법의 가장 큰 특징은 각 유아가 소유하고 있는 인지적인 강점 유형을 확인하는 것이다.

② 유아의 강점영역을 구체화하고 상세히 기록하는 것은 이 접근법을 효과적으로 사용하는 결정적인 방법이다.

③ 교사가 유아의 흥미와 능력에 대한 특별한 관찰과 과제를 수행하는 데 많은 도움을 준다.

1 교사의 관찰

① 유아의 활동을 관찰하여 기록하는 방법이다.
② 클립보드에 포스트잇을 붙여 놓고 한 관찰표(tag)당 하나의 코멘트를 적게 하는 것이다.
③ 유아의 프로파일을 만드는 데, 학부모와의 면담자료를 구성하는데, 또는 유아의 지적 프로파일에 잘 맞게 교육적으로 '처치'하는 데 유용하게 사용되어질 수 있다.
④ 교사는 각 영역에서 활동하는 유아를 관찰하여야 한다.

2 유아들의 포트폴리오

① 유아의 활동들을 모아놓은 포트폴리오는 하나 또는 그 이상의 영역에서 각 유아의 강점, 노력, 과정, 그리고 성취에 관해 기록하는 하나의 방법이다.
② 1년 내내 유아의 능력발달을 포착할 수 있다.
③ 유아들 자신의 연구 형태를 보여 줄 수 있다고 한다.
④ 학습자로서 유아의 특질을 보여준다고 한다.
⑤ 유아의 선택과정과 작품의 질을 판단하는 데 도움을 준다.
⑥ 각각의 유아를 구별할 수 있게 해 주고, 개개인의 특별한 사례와 유아 각각의 능력을 살펴볼 수 있는 기회를 제공해 준다.

유아의 학문적 수행 증진시키기

① 강점영역을 구체화하는 것과 기록들은 학습적인 문제들로 고민하는 유아를 도와주는 데 중요하다.
② 유아의 강점을 살려주는 것은 중재의 내용을 다양화하고 유아의 기초적인 기술을 습득하는 데 교사들이 도움을 줄 수 있는 대안적인 방법들을 제공해 준다.

③ 스펙트럼 접근의 장기적인 목적

- 1학년 동안에 위기의 유아에게 접근하는 교사의 능력을 신장시킨다.
- 교실수업에 기초한 도움을 제공함으로써 과외수업과 같은 특별한 서비스의 필요를 감소시키는 것이다.

④ 스펙트럼 접근법은 모든 상황에 추천할 수 있는 것이 아니다.

- 교사들이 학습적인 영역에 강하게 초점을 맞출 때 효과적으로 실행될 수 없다.
- 심각한 정서적, 신체적, 또는 학습에 문제가 있는 유아들에게는 적절하지 않다.

⑤ 스펙트럼 접근의 한계를 인식하는 것은 스펙트럼 접근의 성공적인 실행을 위해서 중요하다.

플로우(Flow)는 자신의 능력 내에서 과제가 수행될 때 일어나는 것이다. 이러한 플로우(Flow)활동센터를 통한 교육적 효과는 자기 동기화, 자기 검증, 자기자신감, 자기존중감, 실험정신, 문제해결, 사고 및 집중 기술, 계획능력, 연결능력, 듣기 기술, 규칙을 따르는 능력, 암기화, 빠른 회상, 인내와 이해력, 사고와 행동의 통합, 상상력, 결정능력, 이완능력 등이다.

3. 강점영역 확인과 피드백

유아들의 강점을 확인하는 데 일차적인 관심을 두고 있다. 처음에 스펙트럼 학습센터를 운영할 때 교사들은 학습센터에 대해서 의문과 두려움을 갖고 있었으며, 과연 기존의 유아교육 프로그램들과 어떠한 것이 다를까, 과연 성공할 수 있을까 라는 의구심을 갖고 있었다. 그러나 한 주, 두 주, 한 달, 두 달, 시간이 흘러가면서 스펙트럼 학습센터에 대한 장점을 찾게 되었다. 혹시 문제에 부딪치더라도 교사들이 협의하여 최선의 해결책을 찾으려 노력하였다. 학습센터의 운영방식에 대한 논의, 다양한 학습센터를 동시에 제공할 것인지에 대한 논의, 혹은 매일 하루에 1가지씩만 돌아가면서 제공할 것인가에 대한 논의, 스펙트럼 학습센터를 자신의 교실에 만들 것인가 아니면 유치원의 어느 한 장소를 지정하여 만들 것인가에 대한 논의, 아이들에게 얼마만큼의 선택권을 줄 것인가에 대한 논의 또는 스펙트럼 전문가들에게 어떠한 자문을 구할 것인가에 대한 논의 등등 다양한 문제점들을 해결하기 위해서 교사들은 노력하였다. 이러한 모든 활동들이 유아들의 강점영역을 찾기 위한 방법이며 강점을 확인하고 어떻게 지지하고 발전시켜 줄 것인가의 문제와도 연결되기 때문에 스펙트럼 활동에서 매우 중요한 부분이라고 할 수 있다.

유아들의 강점을 확인하는 데 관심을 둔지 얼마 안 되어 몇 명의 교사들로부터 낙관적인 이야기를 듣기 시작했다. 김민희 교사는 다음과 같은 보고서를 제출했다.

> "영숙이가 수학 학습센터에서 나를 정말 놀라게 했다. 솔직히 내가 그 유아에 대해 갖고 있던 생각은 매우 활발하고 수에 대해 무관심한 유아라는 것이었다. 왜냐하면 그 유아가 가만이 앉아있는 것을 거의 보지 못했으며 또 교실에서 그 어떤 것에도 흥미를 거의 보이지 않았기 때문이다. 그런데 그게 아니었다!"

교통기관에 대한 수업을 하면서 가족과의 나들이에 대한 이야기가 전개되었다. 무엇을 타고 갈까요? 라는 주제에 아이들이 알고 있는 교통기관에 관한 토론이 진행되면서 수의 덧셈과 뺄셈을 아이들이 관심을 가지고 활동할 수 있는 방법으로 버스게임을 영숙이를 포함한 아이들과 함께 만들었다. 게임판과 버스 5대, 사람을 함께 만들고 버스가 정류장에 섰을 때 타고 내리는 사람을 더하거나 빼기를 하면서 자연스럽게 수와 친숙해지고 쉽게 연산할 수 있는 방법을 찾아보았다. 처음에는 수에 힘들어하던 영숙이도 게임으로 자연스럽게 다가설 수 있었으며 조금씩 수에 사신감이 생겼나.

꽃잎반 교사는 학기초에 "아무것도 아는 것이 없는" 유아로 묘사했던 철민의 괄목할 만한 발전을 이야기했다.

학급에 기계와 건축 조작 학습센터를 소개한 날 철민은 교사가 가르쳐준 모든 도구들의 이름을 알았고, 그뿐만 아니라 몇 번은 질문에 대답하기 위해 손을 들어서 교사를 놀라게 했다. 꽃잎반 교사의 질문에 철민은 반에 있는 몇 가지 도구들의 사용법을 제시했다. 기계조작 영역에서 공부를 할 때 그는 다시 한번 훌륭한 기술과 능력을 보여주었다. 예를 들어, 대부분의 성인에게도 도전적 과제인 시계분해 꽃잎반를 분해하여 조립하는 데 단지 5분밖에 걸리지 않았다.

철민이 기계조작 영역을 할 때 그의 사회적 기술 또한 매우 달라 보였다. 꽃잎반 교사가 초기에 보고했던 것처럼 그는 이제 말썽만 부리는 유아는 아니었지만, 여전히 또래와 거의 상호작용을 하지 않는 상태였다. 그는 주위 사람에게 수동적인 반응을 보였고 종종 주변을 배회하거나 지겨워 하는 것처럼 보였다. 그러나 기계조작 영역에서 시계를 분해하는 방법을 생각해 내지 못하는 여자 유아 두 명을 도와주었다. 도움이 거절당했을 때, 철민은 친절하게 "이것을 분해해서는 안 돼. 그걸 열어."라고 조언했다. 이후에도 여자 유아들과 함께 작업했다. 심지어 여자 친구 한 명에게 그 과제를 완료하기 위해 도와달라고 요구하기도 했다.

스펙트럼의 창시자이자 연구자인 Chen과 그의 동료들은(1998) 스펙트럼 활동에서 아이들의 강점을 확인하고 계발하기 위한 다양한 방법들을 제안한다. 예를 들어, 기계조작과 건축에 관심이 있는 유아들을 지원하기 위해 교사들은 프로젝트 기간 내내 학습센터를 열어 놓았고 자주 학습재료들을 교체해 주었다. 교사들은 또한 유아들에게 더 많이 그 영역을 탐구하게 하고, 새로운 과제를 그들이 학습한 경험을 다른 사람과 공유하게 하고, 학교강당 벽이나 부모를 위한 오픈 하우스 때에 창작물을 전시하도록 격려한다. 유아의 강점을 키우는 또 다른 기법은 유아를 그 영역의 활동리더로 삼는 것이었다. 유아에게 그 학습센터의 친구들을 지도하고, 그들을 위한 재원으로서의 역할을 하며, 재료나 청소를 관장하고 차기 지도자를 훈련시키는 것을 돕도록 권장하는 것이다.

유아의 강점영역에 대하여 교사들이 해야 할 중요한 점은 부모들에게 자신의 아이들에 대한 정보를 제공해 주는 것이다. 이는 유치원에서뿐 아니라 가정에서도 부모들이 자녀들의 강점영역을 계발시킬 수 있도록 촉진하기 위함이다. 교사들이 학부모에게 정기적으로 구체적이고 세밀한 유아의 강점 사례를 써 주고 이에 대한 피드백을 다시 받는 것은 매우 유익한 활동이다. 유아의 강점을 키우는 것은 다른 영역에서의 경험을 제한하는 것을 의미하지 않는다. 이는 다양한 학습경험을 통해서 유아들 자신의 잠재력과 흥미, 강점과 약점 영역들을 확인하고 발달시킬 수 있는 계기가 된다.

4. 교과학습으로의 확장

다양한 영역에서의 강점 확인은 학교학습과의 연계까지 이어지는 데 의미가 있다. 즉, 확인된 유아의 강점들을 학교학습으로 연결시키려는 노력은 스펙트럼 활동의 또 하나의 목표이기도 하다.

미래반 교사는 학기초에 '아무것도 아는 것이 없는' 유아로 묘사했던 수민의 괄목할 만한 발전을 이야기했다.

동물에 대한 수업을 하면서 '화석' 이라는 새로운 이야기가 전개되었다. 아이들과의 화석에 대한 자료를 찾아보고 현장학습을 통한 경험을 만들어보면서 더 즐겁게 활동할 수 있는 게임으로 아이들과의 방법을 만들어보았다.

학급에 공룡 게임을 소개한 날 수민은 교사가 가르쳐준 모든 공룡들의 이름을 알았고, 그뿐만 아니라 몇 번은 질문에 대답하기 위해 손을 들어서 교사를 놀라게 했다. 교사의 질문에 수민은 반에 있는 몇 가지 공룡들의 특성을 이야기했다. 공룡 게임을 할 때 그는 다시 한번 훌륭한 기술과 능력을 보여주었다. 주사위 3개 중 2개는 숫자 1~6, 1개는 +−가 있는 주사위, 공룡허리부터 위쪽은 +숫자, 아래쪽은 −숫자의 게임판을 준비하여 함께 던져 나오는 수를 더하거나 빼기를 했을 때 나온 수만큼 움직이는 활동으로 아이들이 어려워했던 연산을 쉽고 재미있게 게임으로 연결하여 수에 관심을 가지고 재미있게 수업을 진행하였다.

스펙트럼 학습센터는 교실 분위기에 영향을 받는다. 교실 분위기에 따라 스펙트럼 활동이 유아들에게 더 큰 기쁨과 만족감을 줄 수도 있고 그렇지 않을 수도 있다. 그러나 스펙트럼 활동이라는 것이 정규적인 학습과정과 일치하는 것은 아니기 때문에 이 둘을 어떻게 접목시킬 것인가는 교사들에게 중요한 문제이다. 하나의 예로 교사들이 스펙트럼 학습센터를 준비하고 수행하는 데 매우 많은 시간이 걸리기 때문에 물리적인 시간이 제한되어 있는 현실 속에서 이용 가능한 재원들을 가지고 어떻게 효과적인 학습활동을 할 수 있는지에 대한 우려도 컸다.

유아기 학습활동의 중요한 한 부분은 유아들의 기초 학업능력일 것이다. 읽기와 쓰기, 말하기, 그리고 기본적인 셈하기 등은 학령기를 준비하는 아이들이 습득해야 할 중요한 능력들이다. 따라서 스펙트럼 활동을 수행하면서 전통적인 학습 프로그램들도 수행할 수 있는 방법은 무엇인가에 대한 고민을 하지 않을 수가 없다. 전형적인 교수법은 일상적인 맥락과는 동떨어진 방법으로 학습을 유도한다. 그러나 이러한 방법들이 어떤 아이들에게는 이롭겠지만, 또 다른 아이들에게는 지겹고 학습동기를 저하시키는 무의미한 교수법이 될 수도 있다. 따라서 전자의 아이들에게는 문제가 없겠지만 후자의 아이들을 위하여는 스펙트럼 활동과 학교학습과의 연계(bridging)가 필요한 것이다. '연계하기' 란 유아의 강점영역을 학업수행의 활동으로까지 이어지게 하는 것이다. 그러나 실제적으로 이러한 연계하기가 발생하기란 쉽지 않다. 따라서 교사들의 세심한 지도와 교육이 요구된다.

Chen과 그의 동료들은(1998) 연계과정은 2개의 수준을 가지고 있다고 제시하고 있다. 모든 집단과 개별적 교실수준에서 교사들은 유아들의 강점들을 또래와의 상호작용이나 집단활동, 프로젝트 중심접근으로 다른 학습영역과 연계할 수 있었다. 일반적인 개입은 개개인에게 특별한 도움을 주는 것으로 보완될 수 있다. 그러한 개인적인 수준에서 유아의 강점과 취약점들은 교실 관찰을 통해 확인될 것이다. 그리고 나면 교육적 '처치' 나 활동들이 유아의 강점들, 공부방법, 성격, 사회적 다른 성격들에 맞추어 추진될 수 있다. 어떤 개입전략은 유아의 욕구 향상과 변화를 밝히기 위한 지속적인 조정이 요구될 것이다. 그러한 틀은 우리의 노력에 직접적인 도움을 주었으며, 우리는 교실수준에서 연계하는 몇 가지 전략들을 발전시켰다.

첫째, 교사들에게 학습센터 아이디어, 재료, 활동들을 수학이나 언어기법 교육과정으로 조화시키는 것을 고려하도록 요구했다. 교사들은 많은 학습센터 활동들이 유아의 기초 읽기기술과 수학기술 습득을 향상시키는 데 이용될 수 있다는 것을 발견했다. 예를 들어, 어떤 교사는 유아들에게 교실 내 편지함을 통해 친구나 친척들에게 편지와 엽서 보낼 것을 권장했다. 교사들은 유아들이 질과 양의 두 측면에서 다른 과제에서보다도 더 좋은 작문을 해낸다는 것을 알았는데, 이는 편지 쓰기 활동이 갖는 의미성 때문이라고 교사들은 파악했다. 교사들은 창의적으로 어떤 학습센터 재료를 사용해서 읽기와 수학 기술을 강화할 수 있었다. 기계조작과 건축영역에서 유아는 못을 두드려 나뭇조각에 이름을 써넣거나 여러 가지 도구에 꼬리표를 달아주었다. 과학 학습센터에서 유아들은 분류하고, 그래프를 만들고, 뜨거나 가라앉는(sink-and float) 재료를 셀 수 있었다. 사회적 학습영역에서는 유아들이 책을 읽기 위하여 인형극장을 이용하거나 급우들을 청중으로 하여 이야기를 들려줄 수도 있다.

둘째, 연계의 과정은 '인지적 도제제도(cognitive apprenticeship)' 와도 연결된다. 학습센터 활동을 통해서 발견한 점은 유아들에게 흥미롭고 매력적인 학습재료는 유아의 참여를 유발하지만, 그러한 참여가 곧 기술의 숙달을 의미하지는 않는다. 즉, 어떠한 영역의 전문가가 되기 위해서는 숙달된 멘터의 지도가 있어야 하는데, 이러한 점에서 스펙트럼 활동들은 게임과는 다르다. 여기에 Vygotsky가 제안하는 교사의 비계설정(scaffolding)이 필요하며 이러한 지도나 도움이 없으면 아이들의 관심은 곧 사라지게 되며, 자신의 강점영역을 발달시킬 수 있는 기회도 사라지게 된다. 개인적 수준에서의 연계하기가 효과를 나타낼 수 있는 몇 가지 방법을 고안해 냈다. 자신감 구축은 강점을 다른 지적 영역으로 연결하는 하나의 방법일 수 있다. 유아가 강점영역을 발견하고서 그것을 탐색하는 것을 즐기고, 자신에 대해 좋은 감정을 느낄 때, 성공적인 경험은 유아에게 좀 더 깊이 있는 영역으로 들어가도록 자신감을 줄 수 있다. 유아의 강점영역에서 특정한 학습 스타일은 도전 영역에 있는 유아의 마음을 끄는 가능성 있는 또 다른 수단이 될 수 있다. 예를 들어, 숫자를 음악에 대입시키는 것은 청중인 학습자에게 숫자 게임도 하도록 하게 한다. 또 다른 가능성은 유아의 강점영역의 내용을 다른 영역과 연결하는 데 이용하는 것이다. 예를 들어, 기계적 관심과 능력을 가진 유아는 기계에 대하여 읽고 쓰도록 요청받을 수 있다. 끝으로 우리는 강점영역의 어떤 구조적 요소가 또 다른 영역에서의 수행과 관계있을지 모른다고 가정했다. 예를 들어 음악의 리듬 부분에 민감한 유아는 언어나 운동의 리듬 부분에 반응할지 모른다.

이론적으로는 연계하기의 여러 가지 방법들을 따로따로 떼어서 생각할 수도 있으나 사실 유아의 학습은 복잡한 과정이다. 그것은 많은 요인들이 상호작용과 조합으로 관련되어 있어 연계하기 과정에서 교사들을 돕기 위해 진단적 · 처방적(diagnostic/prescriptive)모델을 발전시켰다. 이 모델에서 교사들은 학습센터 영역이라는 관점에서 유아의 강점들과 취약점들을 목록화했다. 유아에게 "나는 사람들이 지금 하지 못하고 있는 것을 할 수 있도록 하기 위해 무엇을 하고 싶은가?"라고 묻고 대답을 요구했다. 교사는 유아가 성취하고 싶어하는 목표에 집중할 취약점 1가지를 선택할 것이다. 또한 그들은 연계하기 과정에서 유아를 동반자로 생각하고 그 유아와 함께 목표를 논의할지 모른다. 다음으로 교사들은 유아의 강점영역으로부터 지향하고 있는 목표로 이끌 수 있는 연계하기 활동의 최선의 방법을 찾을 것이다(Chen et al., 1998).

4장

스펙트럼 활동의 확장

스펙트럼은 다양한 지적영역들을 포함하고 있고 이러한 능력들이 실제적인 환경속에서 어떻게 활용되는지에 관심을 두고 있다. 유아들이 접할 수 있는 그리고 가장 좋아하는 활동이라고 할 수 있는 박물관 활동을 통해서 유아들의 실제적인 지식의 영역을 확장·발달시킬 수 있다.

1. 유치원과 아동박물관 연계

최근 우리 주변에 다양한 종류의 아동박물관이 설립되고 있음을 볼 수 있다. 아동박물관은 발견학습장이나 다른 과학박물관과 같이 유·아동의 적극적인 참여와 체험을 목적으로 한 활동 및 전시물들을 갖추고 있다. 아동박물관에는 아이들의 흥미와 관심을 끌고 동기를 자극할 수 있는 다양한 학습영역을 소개하고 아이들의 다양한 지적영역을 자극할 수 있게 꾸며져 있다. 박물관의 이러한 독특한 환경은 넓게는 어린 고객들로 하여금 무시무시하고 흥미진진한 미지의 세계로의 접근이 가능하도록 만드는 잠재력을 갖고 있다.

유치원과 아동박물관은 분명한 교육적 의무를 지니고 있다. 박물관은 다양한 전시품들과 자료를 제공하며 유치원은 공교육을 위한 조직과 교과과정 그리고 일상적인 친숙한 환경을 제공한다. 두 기관 모두 교육적인 목표를 지향하지만, 각각 장점과 한계점을 갖고 있어서 서로의 공조학습은 시너지 효과를 볼 수 있다. 유치원에서의 교육과 박물관에서의 교육이 모두 효과적일 수 있는 방법은 무엇일까?

스펙트럼 활동은 유치원과 박물관 두 기관을 자연스럽게 연결해 줄 수 있다. 아동박물관처럼 스펙트럼 접근법 역시 학교의 벽을 넘어 유아의 시야를 넓히려고 노력한다. 교실활동은 유아에게 성인의 역할과 직업들을 소개해 주는 한편 현재 학습 중인 기술들이 훗날 어떻게 다양하게 사용될지를 보여준다. 평가는 신뢰성 있는 과제에 기초해서 행해지며 유아는 여러 영역의 지능을 일깨우고 각 유아들의 독특한 능력과 흥미를 고취시키는 교재들을 가지고 공부할 수 있다. 유아는 주어진 교실 상황 하에서 어느 정도의 선택권을 가진다. 스펙트럼 접근은 학교와 아동박물관을 연계하여 각 기관이 가지고 있는 서로 다른 장점들을 최상으로 결합할 수 있는 장점을 지니고 있다.

1) 삼성 어린이박물관

어린이 놀이공원과 가까이 자리 잡고 있는 삼성 어린이박물관은 서울에서 가장 훌륭한 박물관 중 하나이다. 어린이박물관에서는 다양한 경험과 더불어 다양한 연령, 학습태도, 흥미를 가진 유아들에게 다양한 경험을 제공할 수 있는 시스템을 갖추고 있다. 전시물들은 규모가 매우 크며 직접 작동할 수 있으며 매우 다양하다. 이곳은 지능을 향상시키는 데 도움이 되는 풍부한 활동들과 도구를 제공하고 있는데, 이것이 스펙트럼 접근의 기본 요소가 되기도 한다. 삼성 어린이박물관은 유아발달에 적합한 체험식 전시와 교육 프로그램을 실시하는 교육의 장이며 가족 간의 상호작용과 대화를 촉진하는 커뮤니케이션의 장으로 유아교육과 박물관의 관계를 이끌어가는 선도적 역할의 장이고 변화하는 사회의 요구에 부응하고 기여하는 봉사의 장이며 평생 예술 · 문화를 공유할 수 있도록 긍정적인 경험확대의 장을 마련하고 있다.

삼성 어린이박물관의 전시장에는 옛 미술 갤러리, 헬로우 뮤직, 박쥐의 세계, 우리 집은 공사 중, 떼굴떼굴 놀이터, 워터엑스포Ⅱ, 나는 나는 자라요!, 어린이 방송국, 키즈 워크숍, 미디어 이야기 등이 있다.

'옛 미술 갤러리' 에서는 고조선에서 조선에 이르기까지 조상들의 지혜와 솜씨가 담긴 옛 미술품들을 만나볼 수 있다. 이곳은 우리 민족의 삶 속에 스며 있는 전통미술을 새롭게 발견하고 친숙하게 체험할 수 있는 미술공간이다.

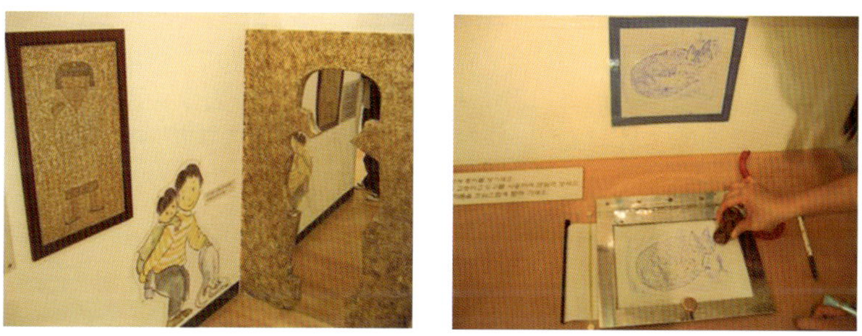

[사진 4-1] 옛 미술 갤러리

'헬로우 뮤직' 은 오르골 음악상자와 신나는 리듬을 만들어볼 수 있는 리듬 요리사 공간이 있고 누구나 멋진 곡을 작곡할 수 있는 터치 음악 코너도 준비되어 있다. 가상 오케스트라 악단의 지휘자가 되어보기도 하고 자연의 소리 및 생활 속의 다양한 소리를 감상할 수 있다.

[사진 4-2] 헬로우 뮤직

'박쥐의 세계' 에서는 박쥐 몸의 구조와 기능을 알 수 있도록 박쥐의 동굴과 다양한 사진 자료 등을 통하여 박쥐에 대해 자세히 알아볼 수 있다.

[사진 4-3] 박쥐의 세계

'우리 집은 공사 중' 영역은 어린이 스스로 안전사고를 예방하고 건축안전에 대한 이해를 돕기 위한 전시장이다.

[사진 4-4] 우리 집은 공사 중

'떼굴떼굴 놀이터' 에서는 공놀이를 이용해서 일상적인 과학 현상과 원리를 발견할 수 있다.

[사진 4-5] 떼굴떼굴 놀이터

'워터엑스포Ⅱ' 에서는 다양한 물놀이 재료들을 통하여 물이 가지고 있는 운동에너지와 위치에너지를 변화시키는 것을 배울 수도 있다.

[사진 4-6] 워터엑스포II

'나는, 나는 자라요!' 에서는 성장하고 늙으면서 인간이 신체적으로만 변화하는 것이 아니라 경험과 생각, 기호도 변한다는 것을 인식하고 다른 세대에 대한 이해를 돕는 전시관이다.

[사진 4-7] 나는, 나는 자라요!

'어린이방송국' 에서는 신나는 노래에 맞추어 춤을 추면서 TV에 나오는 자신의 모습을 볼 수 있다.

[사진 4-8] 어린이방송국

'키즈 워크숍' 에서는 모양 구성놀이와 그림자놀이, 걸리버 피아노 연주, 고무줄 구성놀이, 칠교놀이 등을 할 수 있다.

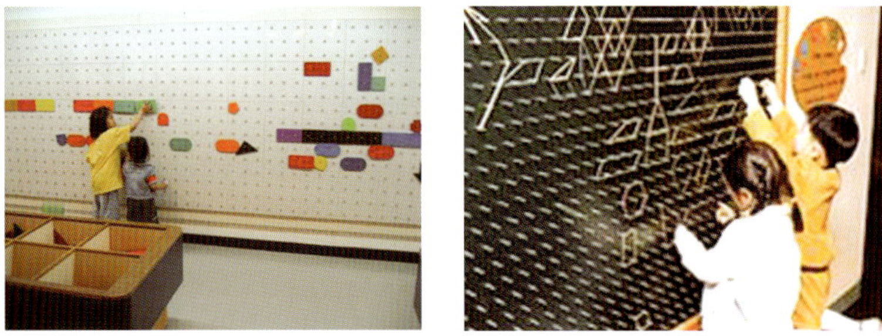

[사진 4-9] 키즈 워크숍

'미디어 이야기' 는 인간이 생활의 편리를 위해 만든 다양한 미디어를 어린이들에게 소개하는데 목적이 있다. 다른 사람과 의사소통 하기 위해 필요한 고대 미디어에서 현재의 디지털미디어까지 통신 미디어의 발달과 종류를 배울 수 있다.

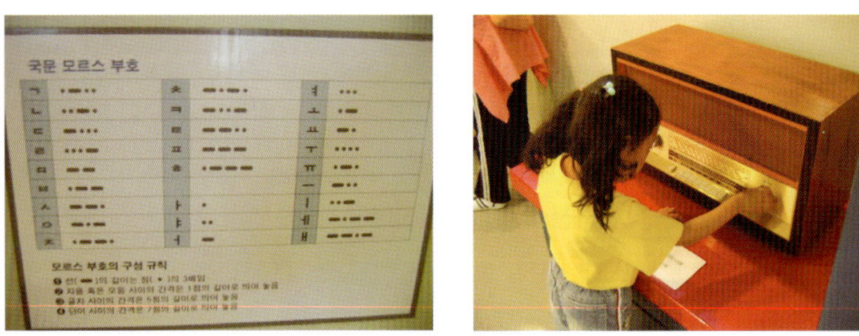

[사진 4-10] 미디어 이야기

2) 박물관 교육이란 무엇인가?

박물관은 비공식적인 학습환경 혹은 교육기관으로써 교육적인 기능과 역할을 제공한다.

박물관의 역사를 보면 박물관이 탄생하기 시작한 18세기부터 제일 먼저 강조된 기능은 대중계몽의 목적을 위한 교육적 기관으로써의 박물관이었다.

그러다가 19세기와 20세기 중반에 걸쳐서 박물관의 교육적 기능은 전시, 보관, 연구, 박물 등의 기능에 비해 무시되어 오다가 80년대 들어서면서부터 신축 박물관의 대거 등장과 더불어 그것의 교육적 기능에 대한 관심과 연구가 활발하게 이루어지고 있다.

박물관 교육의 특성은 평생교육의 일환으로써 전문적인 지식과 정보를 제공한다는 측면과 간접적인 경험의 축적으로 인한 자아발견과 자아실현의 기회를 동시에 제공한다는 것이다.

또한 21세기의 교육과 박물관 교육의 방향은 다르지 않다. 새로운 정보를 어떻게 선택해야 하며, 필요한 정보를 어디서 찾을 수 있을지 등을 스스로 배우는 문제가 강조되는 교육인 것이다. 즉, 개인의 융통성을 높이고, 변화에 적응하는 능력을 향상시키는 교육, 무엇을 배우느냐가 아니라 어떻게 배우느냐를 배우는 사고력과 문제해결력이 중요한 시점에서 그 대안은 박물관 교육에서 찾을 수 있을 것이다. 박물관은 대중을 유도하여 즐거움을 주고 호기심을 자극하며 질문을 이끌어내어 학습을 촉진시킬 수 있는 능력을 지녀야 한다. 박물관은 교육기관으로 유동성을 지니며, 지역공동체 구성원이 바람직하고 더 나은 삶을 영위할 수 있도록 방향을 제시한다. 예술적인 가치가 있는 전시물뿐만 아니라 평범한 사물, 자연과 일상의 사물을 객관적으로 실체화하면 위에서 기술한 목표는 성취될 수 있다.

즉, 현대의 박물관은 전시기능과 연결하여 교육기능의 중요성을 인식함으로써 기존의 전시방식인 프레젠테이션에서 탈피하여 해석매체를 통한 메시지를 전달하고자 한다. 따라서 박물관은 관람객의 기대와 요구에 부응하는 전시를 기획하고 전시의 이면에 숨겨진 정보나 메시지는 교육 프로그램과 같은 해석매체를 통해 관람객에게 전달될 수 있도록 한다. 박물관 교육은 박물관에 대한 일반적 이해와 해당 박물관의 장소적, 기능적, 내용적 특수성을 바탕으로 대상관람객의 규정과 그들의 특성에 따라 적합한 교육철학과 과정을 계발해서 실행할 수 있다는 데 그 특징이 있다.

또한 박물관 교육은 대상계층을 불문하고 사물, 역사, 미술을 보다 쉽게 이해하도록 유도하여 학습효과를 향상시켜줄 뿐만 아니라 학습동기를 유발시킨다.

즉, 박물관의 교육 프로그램은 학교에서 이루어지는 정규수업과 달리 프로그램 참여자의 자발적인 동기로 인해 참여하게 된다. 교육 프로그램은 전시의 성격과 개념을 명확하게 부각시키고, 관람객 계층의 대상별 요구에 따라 쉽고 재미있게 작품을 감상하도록 함으로써 관람객들에게 탐험, 발견, 의문, 체험을 통해 '본 것' 의 습득을 자극하고자 한다. 대부분의 공식적인 교육기관에서는 문자나 말이 정보의 매체이지만, 박물관 교육환경에서는 시각적인 매체를 사용한다. 이러한 매체는 관람객들에게 그들이 하나의 요소로써 내제하고 있는 세계에 대한 청사진을 재현해 주며, 세계와 타인에 대한 인간의 반작용과 상호작용을 제시하여 관람객들을 탐험의 세계로 초청함으로써 인간 경험에 대한 깊은 이해를 얻게 된다.

성공적이고 효과적인 박물관 교육 프로그램은 박물관 교육의 철학과 목적, 목표를 밝히고 이를 근거로 프로그램에 참여할 특수계층이나 관심집단을 목표관람객으로 설정하여야 한다.

3) 박물관 교육의 개념과 역사

박물관의 정의의 변화를 살펴보면, 박물관의 개념 속에서 '교육' 의 개념이 언제부터 중요하게 부각되는지 알 수 있다. 박물관은 소장품을 조사, 연구, 향유하기 위해 보존되는 곳에서 문화적 · 과학적 중요성을 지닌 소장품을 연구, 교육, 향유할 목적으로 전시하는 영구적인 기관으로 정의되었고, 여기서 교육의 등장을 알 수 있다. 다시 인류와 그 환경의 물질적 증거물을 연구, 교육, 향유하기 위해 수집, 보존, 연구, 소통, 전시하며 사회에 봉사하고 그 발전에 기여하는 대중에게 개방된 연구적 비영리기관으로 바뀐다. 박물관 교육은 사회교육적 기능으로 교육의 의미를 구체화시키고 있다.

미국 박물관 협회는 박물관 교육에 대해 이렇게 정의하고 있다. 비영리를 목적으로 하는 합법적인 기관으로 교육적이고 문화적 가치를 지닌 유물과 표본물을 소장하고, 공공의 교육적 혜택이나 즐거움을 주기 위한 설립취지를 가진다. 여기서 기존의 정의와는 두드러지게 급속히 달라진 점을 발견할 수 있는데, 교육적 혜택과 즐거움의 개념이다. 또한 21세기 박물관의 정의는 영리단체 대신에 일정한 시기와 예산과 노력을 투자하여 사회적인 혜택을 주고자 하는 비영리단체에서 비영리 목적으로 문화공간, 사회적 · 교육적 효과를 창출하는 곳으로써의 박물관을 의미한다고 하겠다.

최근에는 박물관 교육에서 점차 교육을 학습으로 이해하려는 노력도 하고 있다. 이러한 박물관 교육은 오감을 통한 생생한 체험, 여러 분야의 통합적인 교육 자발적 학습, 지역사회와의 연계, 학교교육과의 상호보완이라는 특성을 지닌 것으로 그 개념이 확장되어 왔다.

4) 한국의 박물관 교육

우리나라의 박물관 교육은 현재 그 필요성을 인식하는 단계로 아직 외국의 경우처럼 안정적이고 체계화되지 않았다. 박물관 역사도 짧고 박물관 수도 적을 뿐 아니라, 사회적인 인식도 아직은 부족한 상태이다.

세계적으로 박물관의 역사는 300년 이상이지만 사회교육이 본격적으로 시작된 것은 20세기 초에 들어와서의 일이고, 어린이를 대상으로 교육을 시작한 것은 그보다 더 늦어서의 일이다.

우리나라 박물관 교육의 시초는 해방과 동시에 업무를 시작하게 된 국립박물관에서 찾아 볼 수 있다. 국립박물관에서는 학술지 『미술자료』를 발간하여 조사연구 활동도 수행하였다. 박물관 교육이 본격적으로 활발히 이루어진 것은 국립박물관에서 어린이를 대상으로 실기대회를 개최하고 특설강좌를 개설하면서부터였다. 또한 1954년 경주 박물관의 박물관 학교가 설립되면서 지금까지도 연중 지속적으로 시행되어 오고 있으며, 어린이를 대상으로 시작한 것이 청소년으로 대상을 넓혀서 시행되고 있다.

1986년에는 국립박물관뿐 아니라 경주, 청주, 부산시립, 광주시립 박물관 등 지방의 박물관에서도 다양한 계층을 대상으로 한 사회문화 강좌가 이루어졌으며, 삼성어린이 박물관과 같이 특정계층을 대상으로 한 사설박물관도 개관하였다.

5) 박물관 교육의 효과

'백문이 불여일견' 이라는 말이 있다. 백 번 듣는 것보다 한번 보는 것이 훨씬 도움이 된다는 이야기인데, 이 속담만큼 직접 보고 · 느끼고 체험하는 현장학습의 중요성을 잘 대변하는 말은 없다고 생각한다. 예를 들어 말을 한 번도 본 적이 없는 유아가 있다고 해보자. 선생님은 각종 사진과 그림 · 영상을 가지고 말이 어떤 동물이며 말의 특징이나 생김새를 상세하게 설명한다 할지라도 동물원에 가서 직접 말을 한번 보는 것 이상의 효과를 누리지 못한다는 것이다. 누구나 이 말에 공감하며, 직접 경험하는 것이 긍정적인 효과를 미치는 교육방법 중의 하나라고 생각하지만, 막상 우리나라 교육현실에서는 말만큼 쉬운 것이 아니다. 대입이라는 관문을 뚫기 위해서 아이들은 어릴 적부터 '최근에는 초등학교에서 유치원까지 그 대상이 점차 하향화되고 있다' 주입식 교육을 강요 받아왔으며, 열린 학습을 표방하는 유치원, 초등학교까지 그 내면적으로는 이론을 중심으로 하는 학습방법이 내재되어 있다. 가깝게는 반복적이고 기계적인 학습을 강조하는 수학 학습지에서부터 시작하여 한글도 정확하게 인지하지 못하는 어린 유아들에게 영어와 같은 외국어를 습득시키기 위해 엄청난 시간과 돈을 투자하는 각종 노력을 아끼지 않는 현상까지 벌어지고 있다. 교육적 효과를 목적으로 한다면 우리는 '이 방법이 과연 옳게 가는 길일까?' 라고 확신할 수 있을까?

자리에 앉아서 기계적으로 수학연산을 하고 영어문장을 외우고 또 외우고 "잘했다" 라고 칭찬 받기의 연속에서 과연 진정한 의미 있는 학습이 이루어질 수 있을까? 만약 진정한 의미 있는 학습을 한다면, 어떤 방법으로 아이들을 교육시켜야 할까? 물론 여러 가지 방법들이 존재하지만, 주변에서 가장 간단한 방법으로 손쉽게 접할 수 있는 방법 중의 하나인 박물관이 가져다주는 교육적 효과에 주목해야 할 필요가 있다. 요즘 박물관이 가져다주는 긍정적인 교육적 효과를 사람들이 많이 인식해서 김치박물관을 비롯하여 생태박물관, 로봇박물관 더 나아가 각종 체험박물관까지 견학을 가는 경우가 점차 늘어나고 있다.

유치원 아이들이 김치에 대해 학습한다고 가정해 보자. 처음에는 아이들이 김치에 대해 관심을 갖게 되는데서 학습이 시작되고 아이들이 흥미와 관심을 보이게 되면 교사는 여러 교구를 준비해서 김치의 유래라든지, 만드는 순서, 김치의 맛 그리고 김치의 장점 등을 아이들에게 설명해 줄 것이다. 물론 집이나 유치원에서 김장이나 김치요리의 과정 등을 많이 접해 본 유아들에게는 기존에 있던 지식에 선생님께서 가르쳐 주시는 지식까지 더해져 더할 나위 없이 좋은 학습이 될 수도 있겠지만, 상대적으로 경험이 적은 유아들은 유치원에서의 학습만으로는 김치에 대해 전반적으로 잘 이해할 수 없을 가능성이 크다. 이 시점에서 박물관이 주는 교육적 효과에 대해 주목할 필요가 있는 것이다. 견학을 간다는 설레임에서 아이들은 그날의 주제(김치)에 대해 거부반응을 나타내지 않고, 말로만 듣던 김치나 김장과 같은 단어들을 직접 경험해봄으로써 유아 스스로 의미 있는 학습의 가능성을 더 열어놓게 되는 것이다. 박물관에서 직접 체험을 해본다면 그 효과는 더 극대화될 것이다. 마무리는 박물관 등의 현장 경험 및 실습에 대해서 자신이 느낀 바에 대해 이야기 나누고 그 경험에 대해 스스로 정리할 시간을 갖게 된다면 아이에게 또한 그것을 바라보는 부모님이나 교사에게도 그 경험 자체가 보람되고 기억에 남게 될 것이다.

6) 박물관 교육의 기능과 역할

[사진 4-11] 김치박물관

박물관 교육은 실물, 즉 유물을 교육의 기반으로 한다. 그래서 소장자료의 특성으로 인하여 문자를 중심으로 하는 학교 교육과는 달리 실물을 보여줄 수 있기에 오감을 활용한 직접 교류의 체험학습을 가능하게 한다. 뿐만 아니라 항상 열려 있는 공간으로 기간과 공간과 같은 물리적인 제약에서 상대적으로 자유롭다. 이에 관람객은 스스로 탐구할 수 있는 자기 주도적, 자기평가적 학습을 경험할 수 있는 것이다.

박물관 교육은 크게 2가지 기능면으로 나누어지는데, 하나는 박물관 자체로써의 교육적 기능이고, 다른 하나는 학교교육의 박물관 활용이라는 면에서의 교육적 기능이다. 처음에 박물관 자체로써의 교육적 기능은 박물관에서 이미 실시하고 있는 전시출판 교육사업 및 정보 제공 등 박물관이 사회문화교육기관으로써 행하고 있는 다양한 활동 자체의 교육적 기능을 말하고, 다른 하나인 학교교육의 박물관 활용은 능동적으로 박물관을 지식 재창조의 장소로 활용하는 것으로써, 교육내용과 관련시켜 박물관을 찾아가 견학, 관찰하고 답사하면서 문제를 해결하고자 하는 노력을 말한다.

박물관 교육은 구성주의적 교육의 최적의 장소라고 할 수 있다. 구성주의는 18세기 초 비코를 시작으로 하여 1980년 중반에 등장한 새로운 패러다임으로써 자기 주도적인 학습과정을 통한 인지재구성을 강조하는 이론이다. 구성주의에서의 학습이란 지식을 학습자 자신의 경험적 해석을 통하여 구성해 가는 과정으로, 어떤 완료된 형태의 절대적인 지식이 아니라 다수의 자아에 대한 다원성을 포함하는 것을 아는 것으로 지속적으로 진행해 나가는 과정이다. 이러한 학습은 실제 세상과 유사하게 상황화되어야 하며, 현실적으로 이루어져야 한다. 따라서 관람자의 자율적이고 능동적인 학습의 장으로써 박물관은 지적 호기심을 충족시키고, 학습을 촉진시키기 위한 학습환경을 조사해서 탐구기술을 익히는 데 동원될 수 있는 다양한 매체의 교육자료들을 박물관에서 충분히 제공할 수 있다. 그러므로 박물관 교육의 특징은 구성주의적 교육이라 할 수 있겠다.

7) 한국 박물관의 종류와 특성

우리나라에는 종류와 특성이 다양한 박물관이 많이 있다. 그 중 일반적으로 접근하기 편안한 주제를 다루며, 비교적 학습효과가 높다고 생각되어지는 박물관 몇 곳을 선정해 보았다. 우선 각 지역에 역사와 문서 보관, 전시하고 있는 국립박물관이 있는데, 서울시 중앙박물관, 경주 국립박물관, 부여 박물관, 공주 박물관 등이 그것이다. 그 외에는 한 주제에 대한 연구와 보관, 전시가 이루어지는 박물관 등이 있다.

우리나라의 대표적인 박물관에는,

국립 국악박물관, 옹기 민속박물관, 석탄박물관, 철도박물관, 삼성출판 박물관, 풀무원 김치박물관, 국립 민속박물관, 화폐 금융박물관, 우정박물관, 제주 민속 자연사박물관, 전쟁기념관이 있다.

이 외에도 한국에는 300여 개가 넘는 박물관이 있다.

몇 가지 예를 들자면,

국립 중앙박물관, 호림박물관, 별난 물건 박물관, 백제 몽촌 역사관, 서대문형무소 역사관, 서울 역사박물관, 세종대왕기념관, 암사동 원시생활전시관, 짚풀생활사박물관, 경찰박물관, 궁중유물전시관, 농업박물관, 산악박물관, 한국잡지박물관, 한국 현대의상박물관, 가회박물관, 뿌리 깊은 나무 유물관, 롯데월드 민속박물관, 서울 교육사료관, 셀라뮤즈자기 전시관, 외교박물관, 조흥금융박물관, 지구촌 민속박물관, 체신기념관, 피어리스아미박물관, 김치박물관, 한국 사진박물관, 한국 자수박물관, 한국전통 공예박물관, 한국 통신박물관, 서대문 자연사박물관과 같은 곳들이 있습니다. 박물관이 가져다주는 긍정적인 효과를 기대하며 현장학습으로 견학을 가는 것도 굉장히 좋은 교육기회일 것이다.

유치원의 정규교육과정과 박물관 교육을 연계하는 가장 확실한 교육방법은 공조학습 경험일 것이다. 유아들이 박물관에서 경험하는 흥미로운 활동들을 교실에서 이루어지는 활동들과 연계하고 이해하는 발전이 이루어질 때 공조학습의 참된 의미가 있을 것이다. 따라서 유아들이 박물관을 방문했을 때 교사와 학부모는 유아들이 박물관에 전시된 물품들을 잘 이해할 수 있도록 지도하고 유치원 교육과정 및 내용과 잘 연계할 수 있도록 안내해야 한다. 또한 유아들이 박물관에 도착했을 때 유 · 아동 담당 전문안내자의 관심과 박물관의 목적, 전시내용 들에 대한 세심한 설명도 전제되어야 할 것이다. 이러한 활동을 통하여 유아들은 스스로 흥미가 유발되고 박물관을 둘러보고 싶은 충동을 일으키게 될 것이다. 박물관 견학이 단순한 현장학습활동이 되지 않도록 교육과정과의 연계가 무엇보다도 중요할 것이다.

마지막으로 한 가지 부언하자면, 학부모의 참여도 매우 중요한 요소가 된다. 학부모들 중에는 박물관 학습에 대한 효과에 의구심을 가질 수도 있기 때문에 정규교육과정과 어떠한 연관성이 있는지, 그리고 아이들의 교육에 어떠한 효과를 줄 수 있는지에 대한 교사들의 설명과 참여 유도가 필요하다. 유치원에서 배운 내용들과 관련하여 주제별로 박물관을 견학하는 것이 필요하며, 학부모와 함께 하는 박물관 활동이 잦아질수록 박물관을 편안하게 느끼며 심도 깊은 학습을 경험할 수 있게 된다. 이러한 과정은 부모로 하여금 박물관의 교육적 가치와 학교, 가정, 박물관 활동을 공통된 교과 주제로 통합시키려는 노력을 이해하도록 돕는 한편 부모에게 단순한 보호자 이상의 교육자로서의 역할을 각인시키는 기회가 되기도 한다. 아이들의 교육을 위해서는 무엇보다도 학부모들이 아동박물관을 공교육 활동과 연관된 교육적 놀이공간으로 인식하는 것이 필요할 것이다.

8) 박물관 견학의 효율적인 활용

아이들과 함께 하는 박물관 견학의 효과를 극대화하기 위해 Chen과 그의 동료들(1998)이 제안한 내용들을 고려하여 정리하면 다음과 같다.

① 박물관을 사전답사할 것

가능하다면 단체견학 이전에 적어도 두 번은 박물관을 사전답사하는 것이 좋다. 첫 번째 방문에서는 관람객들, 특히 유·아동들이 박물관에 전시된 전시품들을 어떻게 관찰하는지 상세히 기록하고 박물관을 천천히 관람하면서 유·아동들에게 가장 인기 있는 전시물은 무엇이며 또래 아이들의 관심을 끄는 전시물은 무엇인지, 그리고 이에 대한 아이들의 반응은 어떠한지, 그리고 충분한 관람에 소요되는 시간은 어느 정도인지를 살펴본다. 가능하다면 한 주 뒤에 다시 박물관을 방문하여 전시에 직접 참가해 본다. 유아들이 가장 좋아할 만한 전시물이 무엇인지 그리고 현재의 교과과정을 촉진시킬 만한 것은 무엇인지에 대해서 꼼꼼하게 기록한다. 전시물의 이름과 위치 그리고 이에 대한 간단한 부가 설명을 잊지 않는다. 박물관 견학 전에 사전학습 활동을 계획해야 하며, 또한 학교와 학교 밖의 연계를 강화시키는 방문 후의 활동에 대한 계획도 잊지 않는다.

② 반복적인 유아들의 박물관 견학을 유도할 것

박물관 전시물들을 여러 차례 관람하면 이를 다양한 수업 주제에 연계시킬 수 있다. 따라서 필요하다면 여러 번에 걸쳐서 충분한 관람이 이루어질 수 있도록 박물관 견학계획을 구성하는 것이 필요하다. 또한 자주 방문하는 박물관의 경우에는 담당직원과 상의하여 관람료 할인을 받는 것도 가능할 것이다. 관람할 전시물을 선택한 이유와 이것이 유아의 학습과 어떻게 연관되어 있는지를 학부모들에게 설명하고 박물관에서 제공하는 박물관 내부 약도를 학부모와 유아들에게 사전에 설명하는 것은 매우 유용할 것이다.

③ 학부모의 참여를 유도할 것

유치원에서 실시하는 단체견학도 중요하지만 학부모들 스스로 자녀들과 함께 박물관을 견학하여 박물관 교육을 정규교육과정과 연계할 수 있도록 부모교육을 실시하는 것이 필요하다. 학부모에게 정규적으로 현재 학급에서 진행 중인 주제를 알려주고 어떠한 박물관을 방문하여 현장 견학하는 것이 아이들의 교육적 체험을 확장할 수 있는지에 대해 알려준다. 주변에 어떠한 박물관을 견학하는 것이 좋은지, 현재 어떤 박물관에서 어떠한 전시가 진행되고 있는지 등에 대한 정보를 상세하게 알려주는 것은 학부모들의 부담을 줄여주는 훌륭한 정보제공이 될 것이다.

④ 박물관을 정규교육과정의 촉매제로 활용할 것

박물관은 학부모뿐만이 아니라 교사들에게도 다양한 교육환경에서 유아들이 어떻게 활동하는가를 관찰할 수 있는 중요한 기회가 된다. 이러한 현장 관찰은 기존의 교실에서는 미처 파악하지 못했던 유·아동들의 강점 및 관심 분야를 파악할 수 있고 아이들 자신이 흥미를 느끼는 영역에서 어떻게 몰입하는지, 또는 어떻게 몰입시킬 수 있는지에 대한 활동 유형을 파악하는 데 구체적인 자료가 될 것이다.

2. 도제교육의 응용과 실천

유아가 학교와 지역사회 간의 연관성을 이해하기 위하여 멘터는 학교 교과과정을 잘 파악하고 있어야 연계에 있어서 통일감을 줄 수 있다. 지역사회에서 활용 가능한 멘터들을 파악하고 적절하게 아이들에게 멘터를 소개해 주는 것은 실제적인 교육에 매우 유익하다. 멘터들이 유치원을 방문하여 그들이 우리 지역사회에서 어떠한 전문적인 일들을 하고 있는지 소개하는 것은 아이들의 직업생활에 대한 이해, 본인의 흥미와 관심 분야의 확장에 도움을 준다.

이러한 도제교육의 응용과 실천은 스펙트럼 활동과도 매우 밀접하다. 도제교육을 활용하기 위해서 우선 다양한 능력을 지닌 멘터들을 선별하고 다양한 특기와 흥미를 지닌 유아들의 흥미를 유발할 수 있는 주제를 계획하고 유아들의 재능과 흥미를 측정하여 유아들 개개인에게 적합한 멘터를 연결해 준다. 박물관 교육 역시 지역사회에서의 멘터 역할에 해당하므로 이러한 연계활동은 단원활동, 멘터인 교사의 방문과 관련된 사전 및 사후 활동, 도제 활동, 이웃과 지역사회를 둘러싼 모든 활동이 포함될 수 있다.

유아들의 교육에 관심을 갖고 봉사하는 마음으로 멘터를 지원한 사람들도 있을 것이다. 어떠한 경우이든 유아들의 멘터가 되기 위해서는 아이들과 공감대를 형성하고 라포를 형성하기 위해서는 멘터들에 대한 사전교육이 필요하다. 어떤 멘터들은 유아들의 흥미 수준에 잘 맞추어 대처하는 반면 어떤 멘터들은 아이들과의 눈높이를 맞추지 못하여 교육과정 내내 고생하는 경우들도 있다. 어떠한 분야에서 전문적인 능력을 갖고 있는 뛰어난 멘터라고 할지라도 이러한 능력들을 유아들에게 잘 전달하지 못한다면 교육적 효과를 거두기 힘들기 때문이다. 따라서 멘터와 운영진의 능력은 프로그램의 성공을 결정하는 주요한 사항이 된다.

1) 멘터의 방문활동

K유치원에서의 멘터는 교육과정에서의 프로그램 운영진행에 따라 혹은 프로젝트의 성격과 요구에 따라 다양하게 초대된다. 모든 멘터들은 학급을 적어도 한번 이상은 방문하였다. 학부모와 직업별 전문가 멘터들은 그들의 지역사회 역할에 있어서 기대한 대로 효과적인 연결고리 역할을 하였다. 예를 들어, 구슬길 만들기에 대한 학습은 자연스럽게 교구 설계가에 의하여 진행되었다

K유치원에서의 경험

● 2006년도 구슬길 프로젝트 그리고
2007년도 동생들과 함께 하는 구슬길 프로젝트

만 5세 형님들이 '구슬을 어떻게 하면 멀리 굴릴까?' 라는 의문을 품고 블록을 이용해 구슬길을 만드는 프로젝트가 진행되면서 최종 완성 당시 만 3, 4세 동생반을 초대해 구슬 굴려보기 행사를 가졌다. 이때 참여했던 만 4세 아이들이 2007년도가 되어 만 5세 형님반에 오게 되었고, 그때의 기억을 잊지 못하고 동생들과 늘 함께 할 수 있는 구슬길을 만들기로 하였다. 그리고 그 구슬길은 유치원 3층 계단에서부터 1층 계단까지 이어지는 작업으로 한층 더 많은 고민이 요구되었다.

아이들은 기존의 블록을 이용해서는 자신들이 원하는 경사진 구슬길을 만들 수 없음을 알게 되었고, 계단과 계단을 경사지게 이어줄 수 있는 삼각블록이 필요하다고 하였다. 그리고 그것은 기존에 가지고 있는 삼각 블록이 아닌 계단의 길이와 높이가 딱 맞는 크기의 삼각블록을 말하는 것이었다.

그래서 아이들은 세종교구 공장장님을 모시고, 구슬길 프로젝트의 전반적인 진행상황을 설명드린 뒤, 우리가 원하는 치수의 삼각블록을 제작해 줄 것을 부탁드렸다.

유아는 또한 학습센터에서 멘터의 지도로 도구 및 재료들을 자유롭게 이용할 수 있었다. 예를 들어, 교구 설계사 E씨가 방문하기 전에 교사는 목수용 직각자와 청사진 등 건축디자인 도구를 체계적으로 준비한다. 이러한 주제 관련 도구는 호기심을 증대시키고 학습센터 사후 활동의 질도 높여준다.

멘터의 방문을 최대한 활용하기 위하여 유아는 사전에 브레인스토밍을 통하여 질문을 작성한다. 유아들은 보통 "나이가 어떻게 되세요? 자녀는 몇 분이세요?" 와 같은 질문들로 시작을 한다. 교사는 유아들로 하여금 최대한 영역에 밀접하게 연관된 질문을 준비하도록 도와준다.

[사진 4-12] 공장장님의 도움으로 제작한 삼각블록을 이용해 아이들이 원했던 구슬길이 점차 완성되어 가고 있는 모습

옷 만들기 프로젝트

미래반에서의 옷 만들기 프로젝트에서는 디자인과 옷 만들기 작업경험이 있으신 미래반 친구 어머님의 도움을 받아 큰 옷 만들기를 진행하였다.

어머님께서 디자인과 유아들의 생각을 참고로 옷을 제작해 주시면 무늬는 유아들이 직접 넣기로 하였다. 어떤 질감의 천을 사용할지 옷의 각각의 부분은 어떤 형태로 만들어졌으면 하는지에 대해 자세히 생각을 나누고, 신체 치수를 재어보며 큰 옷을 만들기 위한 준비를 해나갔다. 그 후, 어머님께서 완성해 주신 큰 옷에 유아들이 직접 천과 바늘과 실을 사용하여 무늬를 만들어 붙여주었다.

[사진 4-13] 멘터와 함께 아동들이 요구하는 옷의 디자인을 토의하고 실제 옷 만들어보기

스펙트럼 활동에서 중요한 것은 유아의 강점을 파악할 수 있는 다양한 방법들을 고안하는 것이다. 단원활동 중의 관찰, 격주 단위의 멘터와의 토의, 학습센터 활동의 관찰 등이며 이러한 관찰과정이 곧 스펙트럼 평가가 된다. 물론 이와 같은 교사의 관찰 이외에도 학부모와의 면담, 유아들과의 면담 및 멘터가 관찰하고 기록한 내용들을 종합적으로 판단하면 아이들의 성향과 관심, 흥미 등을 판단하는 데 중요한 자료가 된다. 아이들의 다양한 활동을 관찰하기 위해서 다음과 같은 질문에 초점을 둔다.

- 개별 유아들은 어떤 흥미와 능력을 갖고 있는가?
- 유아들은 자신들의 잠재성을 어떻게 표현하는가?
- 유아들이 관심을 보이는 스펙트럼 활동은 무엇인가?
- 유아들의 관심영역은 교과활동과 어떻게 연계되는가?
- 유아들에게 인기 있는 멘터는 누구인가? 그리고 어떠한 직업인가?

교사들은 끊임없는 토론을 통하여 유아들을 잘 관찰할 수 있는 방법을 배우고 서로의 방법을 나누며 아이들의 강점을 파악하기 위해 노력한다. 교사는 학급 내 모든 아이들의 능력을 관찰하여 가장 빈번하게 일어나는 활동, 그리고 가장 드물게 나타나는 활동이 무엇인지 알아보고 이에 대한 균형을 맞추도록 노력해 본다.

[표 4-1]

1단계-여름	2단계-가을/겨울	3단계-겨울/봄	4단계-봄/여름
현재 진행 중인 교사 교육의 시행	멘터 교육과정 시행	두 번째 멘터 교육과정 시행	소집단 방문 완견(5월 중순)
도입 단원의 개발	도입 단원의 시작	전체 집단 방문 완결(1월)	최종 행사 지속 : 미니 올림픽, 발표회 등
멘터 제도 계획	모든 집단의 멘터 방문 시작	멘터와 유아 연결(1월말)	감사행사 지속 : Mason 학교 오찬 : Project Zero 리셉션
멘터기관에 의뢰	사전 및 사후 그리고 학습센터의 보충	추천 영역의 계발	학부모회 시행 협회모임
가능한 멘터에게 연락	아동 관찰	소집단 멘터 방문 시작	교사, 교장, 유아, 부모, 멘터 간 최종 면접 시행
지원자의 면접 및 선발	멘터-지원 과정의 지지	주 단위 멘터 지원을 시작	자료분석 시작
멘터 확정	교사와 스펙트럼 연구진과의 모임 지속	관찰 지속	
	학부모를 위한 도입과정 지속	교사와 스펙트럼 연구진의 모임 지속 멘터 집단에 학부모 초청 학부모를 위한 사후 과정 지속	

출처 : Chen et al.(1998).

2) 멘터의 효과

멘터의 활용을 통하여 이루어진 교육의 가장 효과적인 측면은 개인 그리고 지역사회와의 관계 발전, 사회적 기술의 촉진, 유아의 강점지각, 영역별 기술의 습득으로 정리할 수 있다.

● 개인과 지역사회와의 관계 발전

도제교육 프로그램이 각각의 특정영역과 관련된 활동이지만, 전형적인 도제

프로그램에서의 멘터와 유아는 그 개인들 간 사회적 관계의 형성과 유지가 최우선시 된다. 따라서 밀접한 관계형성을 통해서 전문분야의 기술뿐 아니라 삶의 방식, 의사소통 방법 등에 대해 통합적으로 학습할 수 있는 기회를 제공하는 것이 바람직하다. 교육이 진행되면서 멘터와 유아들은 서로의 관계를 안내자, 교사, 친구, 언니, 삼촌 등으로 묘사하곤 한다. 유아들은 멘터에 대한 거리감이 없이 친근하게 느끼며 매우 안정적인 애착 행동도 보이게 된다.

사회적 기술의 촉진

멘터와 교사들은 도제교육 프로그램을 통하여 유아들의 의사소통 방법 및 대인 관계의 기술이 함께 발달된다. 멘터들은 자신과 연결된 아이들이 서로를 친한 친구처럼 편안하게 느끼고 거리낌없이 자신의 궁금증을 물어보고 해결하려는 상황들을 목격할 수 있다. 따라서 아이들은 전문기술을 습득하는 것뿐 아니라 어른과 소통하는 방법 또한 함께 익히게 되는 것이다. 유치원에서의 이러한 경험은 유아들이 부모와의 대화를 더 적극적으로 하게 되고 유치원에서의 활동에 대해서도 더 많이 자주 부모와 대화하게 된다.

유아의 강점지각

도제교육 프로그램을 통하여 유아들은 자신의 흥미와 잠재적 능력에 대한 통찰력 또한 갖게 된다. 막연하게 좋아했던 활동에 대하여 전문가와 함께 활동함으로써 때로는 자신의 관심분야를 더 발전시키기도 하고 때로는 흥미분야에 대한 숙고를 통하여 다른 분야에 대한 관심의 이동이 발생하기도 한다. 자기 자신에 대한 통찰력을 가지게 됨으로써 유치원에서뿐 아니라 가정에서도 멘터 프로그램과 관련된 활동을 지속하게 됨으로써 활동에 대한 스스로의 동기유발을 형성하게 된다.

영역별 기술의 습득

일반적으로 멘터들에게는 유아들을 가르친다는 것이 매우 생소하고 어려울 수 있다. 그러나 충분한 사전교육과 교사들의 도움을 통해서 유아교육에 참여함으로써 멘터들 스스로가 더 많은 것들을 배우게 되고 또한 유아들은 자신의 관심영역에 대한 보다 전문적인 지식과 기술을 습득할 수 있는 기회를 가지게 된다. 예를 들어, 사진에 관심이 있는 유아들은 전문 사진작가와 함께 직접 사진기를 관찰하고 그 작동방식을 배우는 등 카메라 조작법 설명을 알기 쉽게 들을 수 있으며, 어떻게 사진을 찍어야 잘 나오는지, 사진이 잘 나오지 않는 경우는 무엇이 잘못되어서인지 등을 멘터와 논의할 수 있다.

물론 도제교육 프로그램이 모두 장점만 갖고 있는 것은 아니다. 멘터가 자주 바뀔 수도 있고, 멘터가 유아교육에 대한 이해가 부족하여 유아들과 또는 교사들과 갈등이 있을수도 있고, 또는 시간을 잘 지키지 않는 멘터 때문에 교육실시에 어려움을 겪을 수도 있다. 따라서 도제교육 프로그램을 실시하는 데 있어서 중요한 것은 멘터들의 사명감과 책임감이며, 이러한 멘터들을 선발하고 충분한 사전교육을 실시해야 하는 교사와 유치원의 책임감 또한 막중하다고 볼 수 있다. 구체적이고 실천 가능한 교육 프로그램을 구성하여 멘터들로 하여금 적절하고 의미 있는 프로젝트를 계획하고 구성하는 데 도움을 주어야 한다.

모든 교사들이 알고 있는 사실이지만 일반인들이 학급에서 효과적으로 가르치는 것은 힘들다. 제한된 프로그램 시간 동안 어느 정도의 교육이 멘터들에게 도움이 될지는 명확하지 않지만, 멘터들이 어린 유아들을 가르치기 위해서는 많은 노력이 필요하다는 것만은 분명하다. 전반적으로 연계성과 같은 프로그램은 멘터, 교사, 조정가가 필요하다. 연계성을 위한 스펙트럼 연구진의 지원적 역할은 도제교육 프로그램에서 결정적인 기능을 한다. 멘터를 찾아서 선별하고 교육시키고 지원하는 일, 현장방문과 특별행사를 지원하고 학교와 지역사회 간의 연결고리 역할을 하는 것은 시간 소모가 많은 일이다. 지정된 프로그램의 조정가는 연계성과 같은 프로그램의 확립에 필수적인 요소이다(Chen et al., 1998).

5장

스펙트럼 연계

1. 스펙트럼의 현장 연계

교실은 매우 복잡한 체계이다. 스펙트럼 활동이 매우 혁신적인 방법이기는 하지만 그 자체의 한계점 또한 부인할 수는 없다. 그러나 스펙트럼 활동과 평가에서 제안하고 있는 다양한 방법들이 일선 교사들의 교육방법의 갈증을 해소하고 대안적인 방법을 탐색하는 데 도움을 줄 것이라고 확신한다. 그러나 스펙트럼 접근법이 발전하기 위해서는 기존의 공교육 체계에서 실시되는 교육 방법 및 내용과 필히 연계되어야 한다. 그렇지 않으면 스펙트럼 접근이 교육목적에 이르는 수단이 아닌 목적 그 자체가 될 수 있기 때문이다. 따라서 다양한 스펙트럼 활동을 유아들의 다양한 잠재적 능력을 파악하고 계발하는 데 어떻게 적절히 활용될 수 있는지 지속적으로 연구하고 실천하고 숙고하는 과정이 필요할 것이다.

스펙트럼 접근법이 공교육 체계에 뿌리를 내리려면 교사들의 협조와 교육행정가들의 지원 체계는 필수 불가결하다. 스펙트럼 활동와 평가를 교과과정상에 통합하려면 다른 교사들 또는 교육행정가들을 이해시키고 설득시키고 스펙트럼 활동의 유용성을 각인시키는 노력이 요구된다. 예를 들어, 음악과 미술 전문가의 협조관계는 프로젝트와 교과과정의 측면에서 매우 가치 있는 것이다. 몇몇 학교에서는 다른 영역의 전문가를 짝지어 팀 교수법을 시행하고 있다. 교사들은 상호우호적인 비평과 교과 활동상의 아이디어에 대한 교류 및 관찰 전략 그리고 보고기법 등을 필요로 한다. 보다 확장된 개념으로 말하면 협력이란 학부모를 학급에 초빙하고 지역사회 인사와 함께 일하는 것 그리고 현장의 전문가에게 자문을 구하는 것이 모두 포함된다. 상호협조를 통해 교사들은 지능에 대한 이해를 넓혀갈 수 있을 뿐만 아니라 서로에 대한 가치 통찰을 얻을 수 있다. 교사는 서로의 전문영역을 활용할 수 있으며, 정서적이고 심리적인 지지도 된다. 예를 들어, 새로운 기술이나 원리를 학급에 도입할 때 교사는 위험을 감수하는 것에 대한 지지와 단점을 보완할 수 있는 조언을 필요로 한다(Chen et al., 1998).

지금까지 독자들은 나와 동료들이 이끄는 새로운 영역을 탐색해 보았다. 10년이 넘는 기간 동안 우리는 초기 유아기 교육을 위한 새로운 접근법을 모색해 왔다. 사실 처음 연구를 시작할 당시에는 어떠한 과정도 궁극적인 목적지도 정해 놓지 않았었다. 어린 유아의 재능을 측정하는 방법을 계발하는 데 약 4년 정도 걸릴 것이라 생각했다. 대신 측정, 교과과정, 교수법이 서로 엉켜 있다는 것과 더불어 초기 유아기 교육의 형세가 장면에 따라서 다양하다는 것을 발견하였다. 또한 많은 새로운 측정법을 발견하기보다는 다양한 교육적 목적을 가진 집단 및 개인들에게서 발췌한 교육적 접근법을 취하였다. 아직 목표에 도달한 것은 아니지만 스펙트럼의 생명력은 그 주된 이념을 중심으로 새롭고 예기치 않은 방향으로 적절하게 전개되고 있다.

2. 연계의 구축

스펙트럼 연구를 전개하면서 유의해야 할 것은 이론과 실제 간의 차이, 지역사회와의 연계, 개별 유아와 전체 유아에 대한 관심 등이다. 교사가 이러한 문제점들에 대해서 균형감각을 갖고 있지 못하여 스펙트럼 활동을 실시하는 데 예상치 못한 문제에 부딪칠 수 있다.

1 이론과 실제의 차이

스펙트럼 프로그램은 Haword Gardner의 다중지능 이론과 David Feldman의 영역별 발달 이론 등 이론적 기반을 확고히 하여 개발된 교육방법이다. 그러나 모든 연구자들이 공감하겠지만, 이론을 현장에 접목시킨다는 것이 그리 쉬운 일은 아니라는 것이다. 교육현장은 생태학적 특이성을 갖고 있기 때문에, 어떤 현장에서 수월하게 적용되었던 활동도 현장이 바뀌면 동일한 결과를 가져오지 못하는 경우가 많다. 따라서 교육활동의 실천에서 중요한 것은 일선 교사들의 스펙트럼 활동에 대한 충분한 이해와 믿음이다. 스펙트럼 프로그램에서는 유아들의 다양한 '행동양식' 에 따른 보완과제들을 갖고 있기 때문에, 얼마든지 현장에 적절하게 응용하여 사용할 수 있다. 예를 들어, 다양한 지능영역 중 대인간 지능을 대인관계를 잘 하는 능력으로 단순히 이해하기보다는 리더, 촉진자, 팀 플레이어, 독립적인 플레이어, 친구, 보살펴 주는 사람 등의 다양한 역할로 개념화할 수 있다(Gardner, 1998).

2 지역사회와의 연계

교육기관과 지역사회와의 연계가 중요하다는 것은 두말할 필요가 없을 것이다. 그러나 그러한 중요성의 인식에도 불구하고 지역사회와의 연계가 항상 원활히 유지되는 것은 아니다. 다양한 지역사회의 목적과 요구에 일치될 수 없기 때문에 스펙트럼 교사들은 지역사회의 요구에 민감하게 반응해야 한다. 이것은 지역사회의 자원을 활용하여 멘터를 선택하기 위해서도 중요한 부분이다. 공교육에서 이루어지는 교육활동의 한계를 보완하기 위한 박물관 교육과 같은 경우에도 해당 기관들의 자발적인 참여를 유도하고 교육에 참여함으로써 그들에게는 어떠한 이로움이 있는지도 설명해 주고 동의를 얻어야 한다. 유치원과 박물관이 상호의 합리적인 목적과 우선시하는 목표를 인식한다면 서로가 효과적으로 협조할 수 있으며 서로가 긍정적인 방식으로 유아에게 기회를 제공한다면 매우 큰 도움을 줄 것이다. 연구자들은 부모가 유아에게 갖는 가장 큰 관심사를 이해할 수 있고 부모는 연구자의 어떠한 교육적 접근법이 다양한 유아에게 적합할지 알고자 하는 바람을 존중할 것이다(Chen et al., 1998).

③ 개별 유아와 전체 유아에 대한 관심

교실은 단순히 개별 유아의 집합소가 아닌 아이들과 교실공간이 상호작용하는 하나의 작은 사회이며, 역동적 관계 속에서 내가 아닌 타인과의 의사소통 방식을 배우고 대인관계 기술을 익히고 배려와 용서 등의 다양한 사회적 능력들을 발달시키는 곳이다. 따라서 개별 유아에게 초점을 두고 개개인의 능력을 발달시키려는 교육도 중요하지만, 교실 전체 유아에게 초점을 둔 공동체 교육 역시 매우 중요하다고 볼 수 있다. 스펙트럼 프로그램에서는 타인에 대한 이해가 매우 중요한 교육 프로그램 중의 하나이다. David Feldman은 지역사회의 중요성을 인식하고 있으며 이는 다중지능의 한 요소인 개인지능의 발달과 밀접하다. 스펙트럼 학습센터를 통해서 아이들이 서로의 관심사를 나누고 서로의 강점과 약점을 확인하고 도움을 주어 협업활동을 증진시켜 시너지 효과를 창출한다면 개별 유아의 발달과 전체 유아의 발달 모두 이룰 수 있을 것이다. 도제교육 프로그램은 지역사회 내에서의 성인의 역할을 아이들에게 인지시켜 주는 효과적인 방법이 될 수 있다.

④ 제언

마지막으로 스펙트럼 활동은 유아기의 중요한 순간에 많은 것을 발견할 수 있는 중요한 방법이 될 것이라고 생각한다. 그러나 유아의 강점을 빨리 파악한다고 하여 유아를 그러한 특정영역에 일찍부터 가두게 되는 우를 범해서는 안 될 것이다. 인간의 발달은 항상 문화적 창조물과 개인적 의지의 결과물이라고 할 수 있다. 유아들이 무엇을 원하는지, 어떠한 일을 하고 싶어 하는지, 가장 시간을 많이 투자하는 활동영역은 무엇인지, 매년 유아의 관심이 어떻게 변화되어

가는지, 그러한 변화에 맞추어 교육환경이 발빠르게 제공되는지 등에 대한 관찰과 숙고는 교사와 학부모들에게 매우 중요하다.

다시 한번 스펙트럼은 다양한 접근법이 요구된다는 점을 강조하고 싶다. 또한 기존의 평가방식에서 벗어나 과학적이고 체계적인 평가방법의 구축도 필요하다. 스펙트럼에 참여하는 모든 아이들이 그들의 다양한 능력을 확인하고 계발시키고 다른 영역으로 전이되어 연계될 수 있도록 효과적이고 민감한 교육방법과 평가, 교육환경이 제공되어야 할 것이다. 이를 위해 학부모의 교사에 대한 믿음, 교육행정가들의 적극적인 지원, 그리고 무엇보다도 스펙트럼 교사들의 자신감 있는 교육활동 등이 서로서로 밀접하게 연계되어야 할 것이다. 더 발전되고 미래지향적인 스펙트럼 프로그램을 위해 연구자들도 끊임없이 연구하고 스펙트럼을 수행하는 실무자들로부터 계속해서 배워나가야 할 것이다.

다중지능에 의한 유아교육 프로그램
한국적 스펙트럼 프로젝트의 이론과 활동편

2부

활동편

활동명 신나는 빨래놀이

활동목표

- 세탁기의 움직임에 대해 관심을 갖고 빨래하는 과정을 알 수 있다.
- 빨래하는 과정을 몸으로 표현하며 신체의 움직임과 특성에 관심을 갖는다.
- 세탁기의 움직임을 신체를 이용하여 자유롭게 표현할 수 있다.

핵심요소

- 규칙에 맞춰 움직이기
- 다양한 형태로 대 · 소근육을 사용하기

활동자료

세탁기 실사사진, 세탁과정 사진, 빨래놀이 노랫말판, 빨래놀이 노래, Karl Zero의 「Rico Vaclion」, 세탁소리가 녹음된 CD, 세탁기 구성자료(테이프, 버튼), 역할 머리띠, 티셔츠, 양말, 바지, 물, 세제, 거품 등의 소품, 빨랫줄

활동방법

도입활동

– 꼬마 선생님이 나와 녹음된 세탁소리를 들려주며 수수께끼를 내며 이야기 나눈다.
  (정답을 맞히면)
– 전날 배웠던 빨래놀이 노래를 불러보고 꼬마 선생님과 유아들이 함께 율동을 만들어 본다.
  (꼬마 선생님이 나와 율동을 하고 교사는 피아노 반주를 한다.)
– 세탁과정 실물사진을 보면서 이야기 나눈다.
  (빨랫감→세제 넣기→거품→헹굼→탈수→빨래 널기)

전개활동

- 빨래를 넣고 세탁기 안에서 빨래들이 어떻게 되었는지 이야기 나눈다.
- 표현할 때 지켜야 할 규칙과 약속을 정한다.
  (ㅁ－시작, ○－멈춤, △－탈수)
- 음악에 맞추어 빨래가 세탁기 안에서 어떻게 움직이는지 자유롭게 표현해 본다.
- 역할을 정해서 해본다.
- 실제 빨랫감을 가지고 자유롭게 음악에 맞추어 표현한다.
- 음악을 끝내고 가지고 있던 빨랫감을 빨랫줄에 널어본다.
- 다 같이 양손을 뻗으며 빨래~~~ 끝하고 외쳐본다.

마무리 활동

- 활동에 대해 궁금한 점을 꼬마 선생님에게 질문한다.
- 직접 빨래가 되어 본 느낌을 이야기 나눈다.

연계 및 확장 활동

모둠으로 나누어 여러 가지 다양한 재료를 이용해(색지, 머메이드지, 부직포, 뽕뽕이 등) 직접 빨랫감을 만들어 보는 미술 활동으로 연계할 수 있다.

[사진 6-1] 빨래 시범 보이기

[사진 6-2] 직접 빨래하기

활동명 빛과 그림자(그림자가 되어보아요)

활동목표

- 그림자에 관심을 갖고 즐겁게 놀이할 수 있다.
- 친구의 동작에 맞춰 정확히 표현할 수 있다.

핵심요소

- 규칙에 맞춰 움직이기
- 다양한 형태로 근육을 사용하기

활동자료

OHP 기계, 가사가 없는 음악(동적인 음악, 정적인 음악)

활동방법

사전활동

1. 이야기 나누기 : 빛과 그림자
   - 그림자란 무엇일까?
   - 그림자가 생기려면 어떤 것들이 필요할까?
2. OHP 기기와 손과 다양한 물체로 그림자 만들어보기.
   - 그림자를 보고 실제 사물의 모습을 추리하여 본다.
   - 그림자와 실제 사물의 모습을 비교해 본다.

도입활동

3. 꼬마 선생님을 선정하여 아이들은 꼬마 선생님의 그림자가 되어본다.
   - 음악을 선택하여 아이들에게 들려주고 그 음악의 리듬을 아이들이 몸으로 익혀본다.
   - 신호에 따라 동작이 시작되며 꼬마 선생님은 말로 지시하지 않고 동작으로만 제시한다.

- 아이들은 꼬마 선생님의 동작을 관찰하고 그대로 표현하여 본다.
- 다른 표현을 한 친구는 탈락된다.
- 마지막까지 살아남은 친구가 꼬마 선생님의 그림자로 뽑히며 활동을 마무리한다.

연계활동

- 끊어진 동작이 익숙해지면 연결된 동작으로도 활동할 수 있다.

[사진 6-3] 꼬마 선생님의 그림자 만들기

활동명 그림자놀이

활동목표

- 그림자 현상을 이해한다.
- 그림자에 맞추어 자유롭게 표현할 수 있다.

핵심요소 ◦ 빛과 그림자

활동자료 ◦ 스크린, OHP

활동방법

1. 빛과 그림자를 본 경험에 대하여 이야기를 나눈다.
   - 빛과 그림자를 본 적이 있니?
   - 빛은 무슨 색이니?
   - 그림자는 무슨 색이니?
   - 어디에서 보았니?
   - 그림자는 흐린 날에도 나타날까? 맑은 날에는?
   - 그림자는 어떤 모양을 하고 있니?

[사진 6-4] 그림자놀이

2. OHP를 켜서 물건을 올려놓고 그림자를 만들어본다.
3. 교실에 커튼이 있으면 커튼을 닫아서 빛을 차단하고 OHP의 빛이 스크린 뒤에 비치게 한다.
4. 유아들은 스크린 앞에 앉아서 친구의 그림자를 감상하도록 한다.
5. 한 유아씩 스크린 뒤에서 재미있는 동작을 해본다.
6. 그림자를 크게, 혹은 작게 해본다.
7. 음악을 들려주면서 음악에 맞추어 움직여 보도록 한다.

활동명 풍덩풍덩 수영하자

활동목표 ◦ 여러 종류의 수영 동작을 익히고 신체표현을 할 수 있다.

핵심요소 ◦ 창의적인 신체표현

활동자료 ◦ 긴 줄, 부드러운 카펫, 음악 CD

활동방법

1. 더울 때 시원하게 보낼 수 있는 방법에 대해 이야기 나눈다.
   - 날씨가 더울 때 어떻게 하면 시원하게 지낼 수 있을까요?
   - 수영하기 전에 왜 준비운동을 해야 할까요?
   - 수영활동 시 유의해야 할 사항은 무엇일까요?
2. 창의적 신체표현 활동을 한다.
   - 부드러운 카펫을 깔고 위에 줄 2~3개를 나열해 놓는다.
   - 물 위에서 어떻게 수영을 하나요?
   - 팔과 다리, 머리는 어떻게 움직여야 할까요?
3. 음악 CD에 맞추어 수영하기 활동을 한다.
   - 이 음악 소리에 맞추어 수영하는 모습을 보여줄 수 있나요?
4. 전체가 음악에 맞추어 표현해 본다.

※ 카펫과 줄이 움직이지 않도록 고정하고 표현공간을 넓게 해주어 유아들이 부딪히지 않도록 한다.

[사진 6-5] 음악에 맞추어 수영하기

활동명 바람에 떨어지는 꽃잎

활동목표 ◦ 바람에 떨어지는 꽃잎의 움직임을 자유롭게 표현해 본다.
◦ 자신의 신체능력을 긍정적으로 인식한다.

핵심요소 ◦ 신체의 긍정적인 인식

활동자료 ◦ 많은 양의 장미 꽃잎, 음악 CD, CD플레이어

활동방법

1. 꽃잎이 떨어지는 모습을 본 경험에 대해 이야기한다.
   - 꽃잎이 떨어지는 것을 본 적이 있니? 어떤 나무의 꽃잎이었니?
   - 꽃잎이 떨어지는 모습에 대해 이야기해 보겠니?
   - 꽃잎이 빨리 떨어질 때가 있을까? 어떨 때 꽃잎이 빨리 떨어질까?
   - 너무 강한 바람이 불면 꽃잎은 어떻게 될까?
     (잘 떨어지지 않고 뱅글뱅글 돌기도 한다.)
2. 교사가 장미 꽃잎 한 장을 높은 곳에서 떨어뜨리면 그 모습을 관찰해 보고 이야기한다.
   - 이 꽃잎이 떨어지는 것을 보니 어떤 느낌이 드니?
   - 꽃잎이 어떻게 움직였니?
3. 바람에 떨어지는 꽃잎을 표현할 때 어떻게 움직이면 좋을지 이야기한다.
   - 내가 만약 나무에 핀 꽃의 꽃잎이 되어보면 어떨까?
   - 약한(강한) 바람이 불 때 내 몸을 어떻게 움직이면 좋을까?
   - 바람이 이쪽에서 저쪽으로 불 때 내 몸을 어떻게 움직이면 좋을까?
4. 음악에 맞추어 반 그룹씩 표현해 보고 나머지 그룹은 친구들의 표현을 감상한다.
5. 전체가 음악에 맞추어 표현해 본다.
6. 바람에 떨어지는 꽃잎을 표현해 본 느낌을 이야기한다.

활동명 다양한 소리에 맞추어 몸을 움직여요.

활동목표

- 유아가 신체활동을 하면서 즐거움을 얻는다.
- 소리신호에 맞추어 몸을 움직인다.

핵심요소

- 이웃과 더불어 생활하기 : 질서와 규칙 지키기

활동자료

- 다양한 악기

활동방법

1. 다양한 악기를 보여주며 유아와 함께 탐색한다.
   - 이것을 본 적이 있니?
   - 연주해 볼 테니 한번 들어보렴, 어떤 소리가 나니?
   - 이것은 ○○○라고 한단다.
   - 언제 ○○○를 사용할까?
2. 다양한 악기 소리의 신호에 대해 유아에게 알려준 후 교사가 보내는 다양한 소리에 맞추어 유아가 몸을 움직여 보도록 한다.
   - ○○○는 우리가 움직일 수 있는 신호를 알려줄 수도 있단다.
   - 길게 불면 제자리에서 뛰어보자.
3. 유아와 함께 만들어본다.

교사를 위한 도움말

1. 유아는 처음 접하는 경우, 이 활동의 목표보다 탐색에 더 관심을 보이게 된다. 사전에 유아가 충분히 탐색할 기회를 제공하는 것이 좋다.
2. 유아와 함께 정한 신호를 종이에 적어 유아가 쉽게 기억할 수 있도록 한다.

응용

- 교통경찰 놀이에 호루라기를 소품으로 사용할 수 있다.

[사진 6-6] 다양한 악기 탐색하기

[사진 6-7] 다양한 악기로 연주하기

활동명 나는 디자이너

활동목표

- 빨래집게를 활용하여 게임을 해본다.
- 게임의 규칙을 알고 지킨다.

활동자료

- 빨래집게, 경쾌한 음악, 녹음기, 비디오 촬영도구

활동방법

1. '빨래집게' 에 대한 스무고개를 한다.
   - 선생님이 지금부터 말하는 것을 듣고 '내가 누구인지' 알아맞혀 보자.
   - 나는 집게처럼 생겼어요.
   - 나는 힘이 셉니다.
   - 나는 바람이 부는 날 더욱 더 필요해요
   - 나는 빨래를 줄에 널 때 필요해요
   - 나는 무엇일까요?
2. 유아들과 게임방법에 대하여 이야기를 나눈다.
   - 유아들에게 빨래집게를 1개씩 나누어 준 다음, 입고 있는 옷을 집도록 한다.
   - 모두 일어나서 음악을 들으며 교실 안을 자유롭게 돌아다니다가 음악이 멈추면 둘씩 짝을 지어 가위 바위 보를 한다.
   - 가위 바위 보에서 진 유아는 이긴 유아의 옷에 자기 빨래집게를 집어주고 그 유아의 뒤에 매달려 기차가 된다.
   - 마지막 한 유아에게 빨래집게가 모두 꽂혀지면 게임이 끝난다.
3. 경쾌한 음악을 틀고 게임을 실시한다.
4. 빨래집게로 장식된 친구의 옷을 감상한다.

교사를 위한 도움말

- 빨래집게로 신체부위를 집지 않도록 주의한다.

응용

- 빨래집게를 가지고 옷이나 수건, 종이 등을 집어서 여러 가지 모양을 만들어본다.

[사진 6-8] 빨래 널기

활동명 애벌레의 여행

활동목표

- 다른 나라 동화에 관심을 갖는다.
- 줄을 이용하여 움직임을 표현한다.

핵심요소

- 나의 몸 움직이기 : 도구 및 놀이시설을 활용하기
- 사회현상에 관심 가지기 : 다양한 문화에 관심 가지기

활동자료

- 글자 없는 그림책 『초록 끈』, 다양한 끈

활동방법

1. 동화책 표지를 보며 이야기 나눈다.
   - 어떤 이야기일까?
   - 지은이에 대해 이야기한다.
2. 동화를 보고 난 후, 내용에 대해 이야기 나눈다.
   - 이 동화책은 다른 동화책과 어떻게 다르니?
   - 그림으로 읽을 때 느낌이 어땠니?
   - 애벌레 캐피는 초록 끈을 따라 어떤 여행을 했니?
3. 줄을 가지고 할 수 있는 놀이에 대해 이야기 나눈다.
4. 자신이 하고 싶은 줄 놀이를 선택하여 신체활동을 한다.
5. 활동을 하고 난 느낌에 대해 이야기한다.
   - 줄을 가지고 어떤 활동을 했니?
   - 힘든 점은 없었니?
   - 줄을 가지고 할 수 있는 다른 놀이가 있을까?

교사를 위한 도움말

1. 동화를 소개할 때 다른 나라 사람인 작가나 문화적 배경에 중점을 둔다.
2. 줄을 이용하여 놀이하면서 안전사고에 유의한다.
3. 생활주제인 '생활도구' 와 연계할 수 있다.

응용

1. 조형영역에서 초록 끈 재료를 활용하여 꾸며 볼 수 있다.
2. 다양한 끈을 활용하여 여러 나라를 여행하는 기차놀이를 할 수 있다.
3. 글 없는 그림책에 글을 넣어 동화책을 만들어볼 수 있다.

[사진 6-9] 줄로 애벌레 표현하기

활동명 민들레 씨앗 되어보기

활동목표

- 민들레 씨앗의 특징을 알고 날려본다.
- 민들레 씨앗의 움직임을 춤으로 표현해 본다.

핵심요소

- 나의 몸 움직이기 : 이동하여 움직이기
- 자연과 생활에서 아름다움 찾아보기 : 예술적 요소 찾아보기
- 예술적 표현 즐기기 : 움직임과 춤으로 표현하기

활동자료

- 에릭사티의 「짐노페디 1번」, CD플레이어, 신호 악기

활동방법

1. 민들레 씨앗이 많이 있는 적당한 곳에 자리를 잡고, 민들레 씨앗을 유아들과 함께 찾아본다.
   - 민들레 씨앗이 어디에 있을까?
   - 민들레 씨앗이 어떻게 생겼니?
2. 음악을 틀어주고 민들레 씨앗을 하늘 높이 날려본다.
   - 씨앗을 어떻게 날릴 수 있을까?
   - 와! 민들레 씨앗이 높게 나는구나. 더 높이 날려볼까?
3. 음악을 끄고 신호 악기로 유아들이 모이도록 신호를 보낸다.
4. 유아들에게 민들레 씨앗 이야기를 들려주고, 유아들이 직접 민들레 씨앗이 되어 그 움직임을 춤으로 표현해 보도록 한다.

교사를 위한 도움말

1. 이 활동을 하기 위해 교사는 유치원 주변에서 민들레 씨앗을 많이 볼 수 있는 장소를 찾아본다.
2. 민들레꽃이 피는 4~5월에 유치원 주변을 유아들과 산책하면서 민들레꽃과 씨앗을 미리 관찰할 수 있도록 한다.
3. 민들레 꽃씨는 홀씨가 아니라 씨앗임을 유의한다.

응용

- 민들레 씨앗이 되어 우주여행을 해보아요.

[사진 6-10] 몸으로 민들레 씨앗 표현하기

활동명 특별한 우리의 인사법

활동목표

- 인사를 해야 하는 이유와 중요성에 대해 안다.
- 대상에 따라 다른 인사법을 안다.
- 우리 몸을 이용해서 창의적인 동작을 만들어본다.

핵심요소

- 이웃과 더불어 생활하기 : 예절 바르게 생활하기
- 예술적 표현 즐기기 : 움직임과 춤으로 표현하기

활동자료

- 사진기

활동방법

1. 인사하기의 필요성과 좋은 점에 대해 이야기 나눈다.
   - 우리는 하루에 몇 번이나 인사를 할까?
   - 인사는 왜 하는 걸까?
   - 모든 사람에게 인사하는 방법이 같을까?
   - 인사를 하면 좋은 점이 무엇일까? 인사를 받으면 좋은 점이 뭘까?
2. 우리 반만의 인사법을 만들어본다.
   우리 반 친구들끼리 좀 더 반갑게 인사할 수 있는 몸짓을 만들어보자.
   - 몇 가지 동작을 합쳐서 만들어볼까?
3. 우리가 만든 인사법을 함께 몸으로 표현해 본다.
4. 각각의 동작을 사진으로 찍어 교실에 붙여두고 순서를 바꿔 보거나 새로운 동작을 추가해서 만들어보기도 한다.

교사를 위한 도움말

1. 폴라로이드 카메라가 있을 경우에는 촬영 즉시 결과물을 보고 전시할 수 있으므로, 친구와 다른 인사법을 생각해 보도록 유도할 수 있다.
2. 모든 유아가 활동에 골고루 참여할 수 있도록 격려한다.
3. 신체 각 부위를 다양하게 활용하여 표현해 보도록 한다.
4. 올바른 인사방법을 지도한 후에는 친구들 간의 친밀감과 창의적 사고를 도모하기 위한 활동을 하도록 한다.

응용

1. 세계 여러 나라의 독특한 인사법에 대해서 이야기 나누어본다.
2. 선생님과의 독특한 등 · 하원 인사법에 대해서도 이야기 나눌 수 있다.

[사진 6-11] 우리의 인사법

활동명 패러디 동화 짓기

활동목표

- 동화를 읽고 주인공과 이야기의 배경을 이해하고 이야기할 수 있다.
- 한 가지 상황을 다양한 측면에서 이해하고 문제를 해결해 가는 능력을 키울 수 있다.

핵심요소

- 상상력, 독창성, 정확하고 조리 있는 이야기

활동자료

- 다양한 갈등을 가지고 있는 동화 『무지개 물고기』

활동방법

1. 동화를 듣고 배경을 이야기하고 주인공의 마음을 이해해 본다.
2. 동화에 나온 주인공뿐 아니라 그 외 다른 등장인물의 마음을 이야기해 본다.
3. 동화에 나오는 주인공 이외의 다른 등장인물의 입장에서 배경과 갈등상황이 같지만 바라보는 시각이 다른 동화내용을 다시 지어본다.

동화책 읽기

예를 들어,

- 무지개 물고기를 듣고 유아들과 함께 배경과 무지개 물고기의 마음을 이야기해 본다.
- 무지개 물고기에 나오는 꼬마 친구 혹은 상어의 입장에서 상황과 마음을 이야기해 본다.
- 유아들이 지은 이야기를 책으로 만들어본다.

교사를 위한 도움말

1. 갈등을 가지고 있는 모든 동화를 선택하여 할 수 있으나, 동화책을 만들기 전에 충분히 유아들과 함께 사건과 배경에 대해 이야기를 나누도록 한다.
   - 책을 만들 때 책에 대한 이해를 바탕으로 하여 글을 쓰고 책으로 만들어 보는 경험으로 연결하는 것이 좋다.

응용

1. 책이 출판되는 과정과 책의 출판에 있어 필요한 것들도 함께 알아보는 것이 좋다.
2. 작가에 대한 이해를 돕는 활동을 함께 하여 영유아 자신들이 만든 책에 대한 프라이드를 가질 수 있도록 하는 것이 좋다.

[사진 7-1] 동화 만들기

활동명 아나운서가 되어볼래요

활동목표

- 문장을 읽고 띄어 읽기와 붙여 읽기 부분을 반영하여 바르게 읽을 수 있다.
- 단어의 의미와 소리를 정확히 이해하고 듣고 말할 수 있다.

핵심요소

- 대화체 및 문어체의 바른 사용능력, 읽기능력

활동자료

- 주말을 보낸 이야기 스크립트 자료, TV틀

활동방법

1. 유아들이 주말을 보낸 이야기를 글과 그림으로 쓴다.
2. 자신이 써낸 주말을 보낸 이야기를 여러 사람 앞에서 설명한다.
3. 설명이 끝난 스크립트는 수수께끼 상자에 넣는다.
4. 교사는 유아들이 써낸 스크립트를 하나씩 수수께끼 상자에서 꺼내어 육하원칙에 따라 바른 글로 고쳐본다.
5. 유아들과 함께 만든 TV틀 안에서 스크립트를 읽어본다.
6. 다른 유아들은 친구가 미리 설명하여 아는 내용을 읽기를 통해 듣고서 바른 글 읽기에 대한 이해를 갖는다.

교사를 위한 도움말

1. 유아들이 '언제, 어디서, 무엇을, 어떻게, 누가, 왜' 의 육하원칙에 따라 말할 수 있도록 도와준다.
2. 유아들이 주말을 보낸 이야기를 그리고 쓴 것을 함께 보고 바르게 읽는 방법을 흥미롭게 느끼고 할 수 있도록 격려한다.

응용

1. 주말을 보낸 이야기 외에 '작가 되어보기' 활동을 한 후, 재미난 부분을 읽어보는 활동으로 연결해도 좋다.
2. 바르게 읽기가 잘 된다면 다른 사람과 나누어 읽어보고 함께 하는 즐거움을 알 수 있도록 하는 것도 좋다.

[사진 7-2] 주말 보낸 이야기 설명하기

활동명 보물단어 찾기

활동목표

- 단어의 뜻과 의미를 이해할 수 있다.
- 동화의 내용을 드러내는 단어를 찾을 수 있다.
- 줄거리의 전개나 묘사를 잘 할 수 있는 단어를 찾을 수 있다.

핵심요소

- 줄거리 구상능력, 표현력

활동자료

- 다양한 동화책, 단어 책

활동방법

1. 유아들이 동화를 읽는다.
2. 유아들은 동화를 듣고 그 동화 속에서 가장 중요하다고 생각하는 보물단어를 찾아 써본다.
3. 유아들이 가장 중요하고 생각하는 보물단어를 나와서 다른 유아들에게 그것이 왜 보물단어라고 생각했는지 설명한다.
4. 하나의 동화에서 다양하게 찾아낸 보물단어들을 함께 이야기하면서 다른 유아들의 이야기를 듣고 동일한 동화에서도 중요하다고 생각하는 것이 다름을 알 수 있다.

   (예 진경이는 피터의 의자에서 보물단어를 '동생' 이라고 생각했구나, 왜 그렇게 생각했는지 우리 함께 들어보자.)

교사를 위한 도움말

1. 유아들이 한정된 단어를 찾기보다는 책에 나와 있는 다양한 단어를 찾도록 격려하여 많은 수의 단어를 흥미로운 방법으로 이해할 수 있도록 한다.

응용

1. 유아들이 찾은 보물단어를 엮어 동화를 요약하는 활동을 할 수 있다.
2. 동화의 줄거리를 보물단어를 활용하여 정리 · 요약하고 책으로 만들어 쓰기활동도 함께 촉진하도록 한다.

[사진 7-3] 보물단어로 내 이름 만들기

활동명 편지를 써요

활동목표

- 자신의 기분과 생각을 상대에게 표현할 수 있다.
- 편지 쓰기의 방법을 알고 편지를 보낼 때의 기분과 받을 때의 기분을 다양한 방법으로 표현하여 의사소통 기술을 발달시킬 수 있다.

핵심요소 ◦ 주제의 일관성, 상상력

활동자료 ◦ 다양한 형태와 색깔의 종이, 다양한 색깔의 크레파스 혹은 색연필

활동방법

1. 주변 사람들 중 편지 쓰고 싶은 사람을 생각해 보고 그래프로 표현한다.
2. 자신이 편지를 보내고 싶은 사람의 이름 위에 이름표를 붙인다.
3. 편지를 쓸 때 필요한 것들에 대한 이야기를 나누어본다.
4. 편지에 쓰고 싶은 내용을 이야기해 본다.
5. 편지의 형식을 이야기해 보고 그에 맞추어 쓰고 싶은 내용을 써본다.
6. 편지와 함께 편지봉투를 쓰는 방법도 알아보고 쓸 수 있다.

교사를 위한 도움말

- 편지 쓰는 형식적 방법을 아는 것도 중요하지만 유아 자신이 전달하고 싶은 내용을 잘 전달하도록 돕는다.

[사진 7-4] 편지를 써요

응용

1. 편지가 전달되는 방법을 알아보고 우체국의 기능을 알아보도록 한다.
2. 편지와 함께 카드를 보내는 방법도 함께 알아본다.

활동명 인물 찾기 활동

활동목표

- 줄거리의 구성과 주인공에 대한 정확한 묘사를 할 수 있다.
- 동화 속 인물들의 성격을 다양한 어휘를 사용하여 표현할 수 있다.

핵심요소

- 상상력, 묘사력, 표현력

활동자료

- 동화 속 캐릭터 그림

활동방법

1. 다양한 동화를 들려주고 동화 속 인물의 성격과 특징을 이야기한다.
2. 교사가 동화 속 캐릭터(흥부와 놀부, 무지개 물고기, 신데렐라 등)를 융판에 붙여놓는다.
3. 교사가 동화 속 캐릭터의 특징을 묘사하면 유아들이 그에 맞는 등장인물을 떼어온다.

   (예 "왕자님, 이젠 돌아가야겠어요! 시간이 12시가 되었거든요. 어머~나의 유리 구두... 자, 누군지 알겠니?)
4. 교사의 방법을 잘 보고 유아들도 동화 속 인물의 특성이나 대사를 묘사한다.
5. 친구의 묘사를 듣고 동화 속 인물을 찾아본다.

교사를 위한 도움말

1. 주인공의 특성이 잘 묻어나는 동화를 선정하도록 한다.
2. 동화 속 인물을 하나의 특성만을 사용하여 묘사하기보다는 다양한 대사나 특성을 만들어보도록 격려한다.

응용

- 동화 속 주인공 인물의 특성을 잘 묘사하고 나면 생활에서 이슈가 되는 사건이나 사물 등도 묘사하고 알아본다.

[사진 7-5] 동화 속 캐릭터 특징 이야기하기

[사진 7-6] 동화 속 캐릭터의 특징 묘사

활동명 사진 책 만들기

활동목표

- 자신의 생각과 느낌을 상황에 따라 다양한 단어를 활용하여 표현할 수 있다.
- 시간과 배경에 따라 과거, 현재, 미래의 시제를 활용하여 이야기를 만들 수 있다.

핵심요소

- 시제 활용능력, 이야기 짓기 능력

활동자료

- 다양한 상황에서의 사진, 책 만들기 틀

활동방법

1. 유아가 자신의 사진을 5~6장 준비한다.
2. 각각의 낱장의 사진을 시간, 공간, 등장인물, 상황을 자세히 설명한다.
3. 이야기한 사진을 일렬로 배열해 붙여본다.
4. 유아들은 각각의 상황을 연결하여 하나의 이야기로 만들어본다.
5. 각각의 사진과 이야기를 종이에 붙여 책으로 만들어본다.
6. 유아는 자신의 책을 친구들 앞에서 읽어주고 도서영역에 전시해 둔다.

교사를 위한 도움말

1. 유아들이 상황과 배경, 등장인물이 다른 사진들을 시제를 달리 사용할 수 있도록 충분히 설명하도록 한다.
2. 사진과 사진 사이의 공백을 다양한 이야기로 엮어보거나 사진의 이야기를 충분히 살릴 수 있도록 지원한다.

응용

1. 자신의 사진 책을 만들어 이야기를 잘 엮는다. 그리고서 다양한 사진들을 보면서 그 장면을 상상하여 이야기를 만들어볼 수 있도록 한다.
2. 동화책을 사진뿐 아니라, 유아 주변의 자연물(예 나뭇잎 등)을 활용하여 동화책을 만들어본다.

[사진 7-7] 책 만들기

활동명 바른 습관 빙고게임

활동목표

- 습관카드를 보고 자신의 생각을 말할 수 있다.
- 컴퓨터 사용 시 바른 습관과 나쁜 습관을 구분할 수 있다.
- 게임의 규칙을 알고 참여할 수 있다.

핵심요소

- 이웃과 더불어 생활하기 : 질서와 규칙 지키기

활동자료

함석판으로 제작된 각각의 칸에 25개의 그림이 다르게 배치되어 있는 바른생활 빙고 판 2개, 9개의 그림이 있는 바른생활 빙고 판 2개, 그림카드

활동방법

1. 바른 습관 빙고 판의 그림을 보며 컴퓨터 사용 시 바른 습관에 대하여 이야기 나눈다.
   - 이 그림카드는 무엇을 하고 있는 모습이니?
   - 이 모습은 바른 모습이라고 생각하니? 왜 그렇게 생각하니?
2. 컴퓨터 사용습관에 대한 빙고게임 활동자료를 소개한다.
   - 바른 습관 빙고 판을 각각 선택한다.
   - 빙고를 하기 위해 한 번씩 번갈아가면서 그림을 말한다.
   - 자신이 말한 그림 위에는 파란색 뚜껑을, 상대가 말한 그림 위에는 빨간색 뚜껑을 놓는다.
3. 가로, 세로, 대각선 중 파란색 뚜껑 3개가 먼저 만들어지면 이긴다.
4. 유아와 교사가 시범을 보인다.
   - 선생님과 이 게임을 누가 한번 해볼래?
   - 이 게임을 할 수 있겠니?

5. 게임영역에 배치하여 유아들이 자유롭게 활동할 수 있도록 제시해 준다.

교사를 위한 도움말

- 어린 유아들의 경우 9개의 그림이 있는 빙고 판으로 먼저 활동을 하고 난 후 , 익숙해지면 그림이 25개 있는 빙고 판으로 활동한다.

응용

- 돌림판을 돌려 바른 습관과 나쁜 습관 중 바른 습관이 나오면 카드를 가지고 게임할 수 있다.

[사진 7-8] 바른 습관 카드 찾기

활동명 방울이의 여행

활동목표

- 문학작품에 소개된 단어나 어휘를 이해하고 활용할 수 있다.
- 자신의 생각과 느낌을 그림과 글로 표현할 수 있다.
- 사람과 동식물이 살아가면서 물을 이용한다는 것을 안다.

핵심요소

- 듣기 : 문학작품 듣기
- 말하기 : 이야기 지어 말하기
- 읽기 : 책에 관심 가지기
- 쓰기 : 쓰기에 관심 가지기

활동자료

동화자료 『방울이의 여행』, 동화 짓기용 도화지, 그림도구, 필기도구

활동방법

1. 동화의 제목을 보여주며 내용을 예측해 본다.
   - 물은 어디로 여행을 갈까?
   - 여행 중에 누구를 만날까?
2. 동화를 듣는다.
3. 동화내용에 대하여 이야기를 나눈다.
   - 물은 어디로 여행을 떠났니?
   - 물은 여행을 하면서 누구를 만났니?
4. 동화를 재구성해 본다. 유아들이 각자 하나의 물방울이 되어 어디로 여행할 건지 상상하여 그려보고, 이야기를 글로 적어본다.
5. 유아들이 자신이 재구성한 이야기를 소개한다.

6. 유아들이 각자 그린 물방울 여행그림을 모아서 연결하고, 재구성한 한편의 『방울이의 여행』 동화를 듣는다.

교사를 위한 도움말

1. 발표하는 유아들의 수를 고려하여 지루하지 않도록 유의한다.
2. 유아가 그린 그림을 연결하여 이야기를 들려줄 수도 있으며, 각 장마다 사진을 찍은 후 텔레비전에 연결하거나 PPT 자료로 만들어 제시해도 효과적이다.
3. 혼자 글 쓰기 어려운 유아는 교사가 받아 써준다.

응용

- 우리가 마시는 물이 되기까지의 과정에 대해 알아본다.

활동명 ○○반(형님반)이 되었어요

활동목표

- 수료의 의미를 알고 서로 축하해 준다.
- 형님반이 되어 달라지는 것에 대해 안다.

핵심요소

- 나를 알고 사랑하기 : 나를 소중하게 여기기
- 말하기 : 생각과 느낌 말하기

활동자료

달력, 일 년 동안의 활동사진, 실물 화상기, 환경구성(수료를 축하합니다), 만 3 · 4세 수료증서

활동방법

1. 일 년 동안의 유치원 생활을 회상하며 이야기 나눈다.
   - 지난 일 년 동안 ○○반에서 행복하게 지냈니?
   - 우리가 지난 일 년 동안 무엇을 함께 했었는지 생각해 볼까?
   - (달력과 사진을 함께 보며) 우리는 언제 처음으로 만났을까?
   - 입학식 때 사진을 함께 보자!
   - 그때 어떤 마음이었니? 지금은 어떻게 달라졌니?
   - 가장 재미있었던 일은 무엇이니?
   - 새로 알게 된 친구는 누구니?
2. 수료의 의미에 대해 이야기 나눈다.
   - 수료는 무엇일까?
3. ○○반이 되면 달라지는 것들에 대해 이야기 나눈다.
   - ○○반이 되면 무엇이 달라질까?
   - 서로 다른 반이 되는 친구에게 어떤 마음이 드니?

- 다른 반이 된다고 해서 다시 만날 수 없게 되는 걸까?

4. ○○반이 되었을 때의 마음가짐에 대해 이야기 나눈다.
   - 유치원에서 가장 큰 형님이 된다고 생각하니 어떤 마음이 드니?
   - 졸업하는 형님들이 너희들을 사랑해 준 것처럼 너희들도 좋은 형님이 되어 주겠니?

교사를 위한 도움말

1. 수료일 이전에 미리 ○○반 교실을 방문하여, 함께 놀이하고 적응하는 시간을 갖는 것이 바람직하다.
2. 유아가 수료의 의미를 알고, 진급으로 인한 환경변화에 잘 적응할 수 있도록 한다.
3. 유아들이 '선배' 라는 말의 의미를 이해할 수 없다면, '형님' 이라는 용어로 대체하도록 한다.

[사진 7-9] 입학식 때의 나

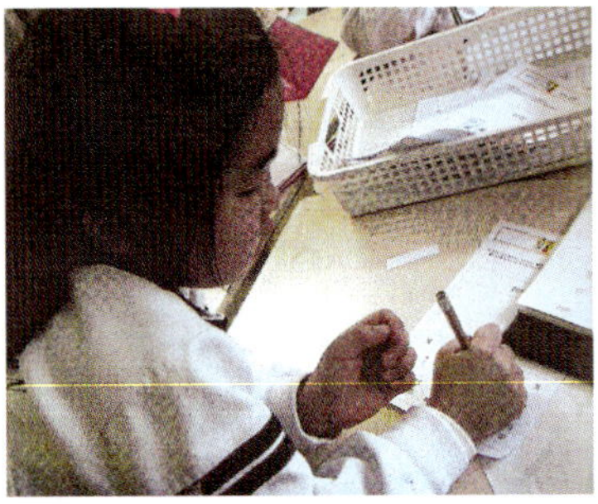

[사진 7-10] ○○반이 되었을 때의 마음가짐 써보기

활동명 오늘 가장 하고 싶은 영역은?

활동목표

- 자신이 가장 하고 싶은 영역을 선택할 수 있다.
- 자신의 생각을 말로 표현해 볼 수 있다.

핵심요소

- 말하기 : 생각과 나의 느낌 말하기

활동자료

흥미 영역별 활동이 그려져 있는 그림카드, 필기도구, 활동지 등

활동방법

1. 흥미 영역별 활동이 그려져 있는 그림카드를 보여주며 이야기를 나눈다.
   - 오늘 흥미 영역에 어떤 놀이가 있는지 알아보자.
2. 유아들이 교실에 마련된 흥미 영역을 직접 둘러볼 수 있도록 한다. 이때 유아 스스로 흥미 영역을 둘러보거나, 2~3명의 유아가 교사와 함께 흥미 영역을 함께 둘러볼 수 있다.
   - 여기에는 어떤 놀잇감이 있니?
   - 친구들이 무엇을 하고 있니?
3. 자신이 가장 하고 싶은 놀이를 선택할 수 있도록 한다.
   - ○○이는 오늘 어떤 놀이를 가장 하고 싶니? 어떤 놀이가 제일 재미있을 것 같니?
   - 그 다음에는?
4. 교사는 유아가 선택한 영역에서 놀이할 수 있도록 안내해 준다.

교사를 위한 도움말

1. 자유선택 활동놀이 소개시간에 각 흥미 영역별 활동이 그려져 있는 그림카드를 활용하고, 이를 언어영역에 제시해 줄 수 있다.

2. 흥미 영역별 활동 그림카드 대신 놀이영역에서 활동하고 있는 사진을 찍어 프린트한 후 활용할 수도 있다.

응용

- 활동을 마친 후의 느낌을 흥미 영역별 활동이 그려져 있는 그림카드 활동판에 모든 유아들의 표정 스티커를 붙여 전체 유아들이 어떻게 놀이했으며, 기분이 어떤지 간단하게 평가해 보는 활동으로 연계해 볼 수 있다.

[사진 7-11] 너는 어떤 놀이를 선택하고 싶니?

활동명 전화번호 찾기

활동목표

- 공공기관의 전화번호를 알고 숫자를 찾아볼 수 있다.

핵심요소

- 공공기관 전화번호 숫자의 조합
- 규칙 지키기

활동자료

- 공공기관의 전화번호, 공공기관의 소리가 녹음되어 있는 CD, 공공기관의 실사사진이나 그림 컷, 융판

활동방법

도입활동

- 꼬마 선생님과 "간다간다"를 율동과 함께 불러본다.
  (꼬마 선생님이 피아노 반주가 가능하면 꼬마 선생님이 지목하는 친구가 나와 율동을 해도 좋다.)
- 꼬마 선생님과 함께 우리에게 도움을 주는 공공기관에 대해 이야기 나눈다.
- 공공기관의 전화번호에 대해서 이야기 나눈다.

[사진 8-1] 공공기관에 대해 이야기 나누기

본 활동

- 꼬마 선생님이 놀이방법을 아이들에게 설명한다.
- 게임의 규칙과 약속을 정한다.
- 두 팀으로 나누어 각 팀의 이름을 정한다.
- CD에 나오는 녹음된 소리를 듣는다.
- 세발자전거를 타고 가서 숫자카드 중 알맞은 전화번호를 가지고 와 융판에 붙인다.
- 공공기관의 전화번호를 다 완성한 팀이 이긴다.

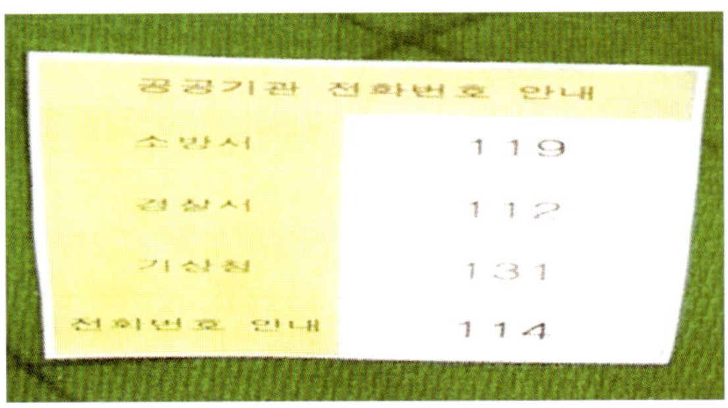

[사진 8-2] 공공기관의 전화번호

[사진 8-3] 공공기관의 전화번호 완성하기

마무리 활동

- 이긴 팀을 꼬마 선생님이 말하면 만세를 외친다.
- 진 팀도 꼬마 선생님이 격려하고 만세를 외친다.
- 전화번호 찾기게임을 한 느낌을 이야기해 본다.

[사진 8-4] 공공기관의 전화번호 맞추기 게임

활동명 여름 과일 수수께끼와 그래프 만들기

활동목표

- 자료를 정리하는 그래프 활동을 경험한다.

핵심요소 ◦ 자료의 정리

활동자료

- 여러 가지 과일 그림(수박, 포도, 복숭아, 자두, 참외 등), 그래프용지, 여름 과일 모양종이(자기 이름을 적을 수 있도록 준비한다.)

활동방법

1. 여름 과일에 대해 알아본다.
   - 여름에 많이 먹는 과일에는 어떤 것들이 있을까?
   - 과일들은 각각 어떤 맛을 내니? 또 어떻게 생겼니?
2. 여름 과일의 특징을 수수께끼 형식으로 알아본다.
   - 나는 겉은 초록색이고 안은 빨간색이야, 나는 무슨 과일일까?
   - 나는 노란색인데 안에 씨가 아주 많이 들었어, 나는 무슨 과일일까?

[사진 8-5] 여름 과일 수수께끼

3. 좋아하는 여름 과일에 대해 생각한다.
   - 어떤 과일이 제일 맛이 있니? 그래서 어떤 과일을 제일 좋아하니?
   - 우리 반 친구들은 어떤 과일을 가장 좋아할까?

[사진 8-6] 여름 과일 고르기

4. 그래프에 좋아하는 과일을 선택하여 모양을 붙인다.

[사진 8-7] 내가 좋아하는 여름 과일

5. 그래프를 보며 이야기 나눈다.
   - 우리 반 친구들이 가장 좋아하는 과일은 무엇이니?
   - 수박을 가장 좋아하는 친구들은 모두 몇 명이니?
   - 참외를 가장 좋아하는 친구들은 몇 명이니?

참고사항

- 그래프의 의미에 대해 알아보고, 그래프용지를 수학영역에 배치해 둔다.

활동명 크리스마스트리를 꾸며요

활동목표

- 덧셈에 관심을 가지고 계산할 수 있다.

핵심요소

- 10 이하 숫자의 덧셈
- 규칙 지키기

활동자료

- 주사위 2개, 크리스마스트리 그림판, 장식그림(스티커)

활동방법

도입활동

1. 크리스마스트리에 대해 이야기 나눈다.
   - 크리스마스트리를 본 적이 있나요? 어떤 모양이었나요?
   - 크리스마스트리를 보고 어떤 느낌(기분)이었나요?
   - 크리스마스트리를 꾸미려면 어떤 것들이 필요할까요?

본 활동

1. 꼬마 선생님이 놀이방법을 아이들에게 설명한다.
   - 두 팀으로 나누어 각 팀에서 나올 선수의 순서를 정한다.
   - 첫 번째 친구를 시작으로 주사위 2개를 던져 합친 숫자만큼의 장식을 트리에 장식한다.
   - 장식을 먼저 모두 사용한 팀이 이긴다.
2. 꼬마 선생님이 설명한 방법에 맞춰 활동한다.

[사진 8-8] 크리스마스트리 꾸미기 활동 그림판

[사진 8-9] 주사위 탐색

[사진 8-10] 게임 시작

[사진 8-11] 크리스마스트리 장식하기

활동명 칙칙폭폭 기차놀이

활동목표

- 기차는 여러 칸으로 연결되어 있음을 안다.
- 1~5까지 수를 순서대로 세어본다.

핵심요소

- 수학적 암산수행 능력 기르기
- 수학적 기초능력 기르기 : 수 감각 기르기
- 수와 패턴과의 대응능력 기르기

활동자료

- 숫자 기차와 사람모형(남 · 여 어른과 유아) 자료 각각 15개씩 준비한다.
- 일정한 크기의 빈 우유팩이나 작은 상자를 기차 모양으로 장식하고 1~5까지의 숫자를 적는다.
- 기차의 앞뒤에 자석을 붙여 서로 연결될 수 있도록 한다.

활동방법

1. 기차를 서로 연결하면서 1~5까지 순서대로 연결한다. (서열)
2. 기차에 적혀 있는 1부터 5까지의 수를 읽는다.
3. 수의 순서에 따라 기차를 연결해 본다.
4. 동물모형 자료로 숫자만큼 기차에 태운다.
   - 이 숫자를 읽어보자.
   - 이 칸에는 사람들을 몇 명 태울 수 있니?

교사를 위한 도움말

1. 놀이를 통하여 1에서 5까지의 수의 순서를 알고, 수의 규칙성을 이해할 수 있도록 반복적인 경험이 되게 한다.
2. 자석의 밀고 당기는 성질에 관심을 가지고 탐색하도록 격려한다.

응용

연령에 따라 수준별 수활동을 할 수 있다.

활동명 바람 그림 퍼즐

활동목표

- 부분과 전체의 관계를 안다.
- 공기오염을 유발하는 상황에 대하여 안다.
- 그림의 조각을 맞출 수 있다.

핵심요소

- 수학적 기초능력 기르기 : 공간 및 도형에 대하여 알아보기
- 나의 몸 인식하기 : 감각기관을 활용하기

활동자료

- 공기오염을 유발하는 그림과 공기오염을 예방하는 그림으로 구성된 그림 자료 6장

활동방법

1. 자유선택 시간에 활동할 수 있도록 퍼즐을 준비한다.
2. 함께 모이는 시간에 유아들에게 새로운 퍼즐을 소개한다.
3. 유아가 퍼즐 조각과 전체 그림과의 관계를 연결해볼 수 있도록 격려한다.
   - 퍼즐에는 어떤 그림이 있니?
   - 이 조각은 어디에 와야 할까?
   - 완성된 그림은 무엇에 대한 그림이니?
   - 자동차가 많이 다니면 공기가 어떻게 될까?
4. 퍼즐 조각의 수를 늘려가며 활동할 수 있도록 한다.

교사를 위한 도움말

1. 교사는 유아의 연령에 따라 그림 조각의 숫자를 늘려가면서 그림 조각을 제공해 줄 수 있다.
2. 공기오염 방지에 관련된 그림이나 사진에 배지를 붙여 두껍게 한 후 조각을 나눠 퍼즐을 만들 수 있다.

응용

- 그림 조각 퍼즐을 유아들과 함께 만들어볼 수 있다. 유아들의 그림을 스캔하거나 복사하여 조각 그림판의 크기에 맞게 조정하여 두꺼운 종이를 밑판으로 대고 조각을 낸다.

활동명 아이스크림 패턴 놀이

활동목표

- 기본 패턴을 인식하고 이를 말로 표현해 볼 수 있다.

핵심요소

- 패턴의 인식

활동자료

- 아이스크림 콘 모형, 반구 모양의 스티로폼

[사진 8-12] 아이스크림 만들기

활동방법

1. 아이스크림을 먹어 본 경험을 이야기한다.
   - 어떤 아이스크림을 먹어 보았니?
   - 아이스크림에는 어떤 맛들이 있니?
2. 아이스크림 모형을 보며 어떤 맛이 날지 이야기한다.
   - 하얀색, 갈색, 분홍색, 주황색을 어떤 맛이라고 할까?
   - 그 중에 어떤 아이스크림이 가장 맛있을 것 같니?
   - 만약 내 마음대로 아이스크림을 담을 수 있다면 어떤 맛을 담고 싶니?
3. 아이스크림 모형을 이용해서 좋아하는 맛의 아이스크림을 만들어본다.
   - 어떤 맛 아이스크림을 먹고 싶니? 두 가지 골라보자.
   - 초콜릿과 딸기 맛을 어떤 순서대로 담아볼까?
   - 초콜릿과 딸기 맛을 각각 몇 개씩 담고 싶니?
   - 또 다르게 생각하는 사람 있니?

     (초콜릿–딸기–초콜릿–딸기, 딸기–딸기–초콜릿–초콜릿 등)
4. 각자의 아이스크림을 친구들에게 소개하며 같은 점, 다른 점을 살펴본다.
   - ○○는 어떤 맛의 아이스크림을 만들었니? 각각 몇 개씩 있니?
5. 다양한 방법으로 아이스크림을 담으면서 아이스크림 놀이를 해본다.

활동명 윷놀이

활동목표

- 전통놀이를 알고 게임의 규칙을 이해한다.
- 윷놀이에 흥미를 갖고 친구들과 규칙을 지키며 놀이할 수 있다.

핵심요소

- 우리나라의 전통놀이

활동자료

- 윷가락, 윷판, 각 팀당 말 4(동물모형 자료)

활동방법

1. 윷놀이를 해본 경험에 대해 이야기한다.
   - 윷놀이를 해본 적이 있니?
   - 누구와 해보았니?
   - 언제 해보았니?
2. 윷놀이하는 방법에 대해 알아본다.

[사진 8-13] 윷놀이 안내판과 활동판

- 말 옮기기 : 한 편에 보통 네 개의 말을 갖고 시작합니다. 윷을 던져 나오는 끗수만큼 말을 옮깁니다.
- 업고 가기 : 자기편 말이 있는 곳에 말이 또 하나 오게 되면 업어서 함께 이동 할 수 있습니다.
- 잡기 : 던지는 끗수에 닿는 밭에 상대편 말이 있으면 그 말을 잡을 수 있습니다.
- 말 쓰기 : 던져 나온 끗수에 따라 말을 옮기는 것은 말합니다. 즉, 개가 나오면 자기 편 말을 두 칸 옮기고 걸이 나오면 세 칸 옮깁니다. 어떤 경우에는 새로 말을 달아야 하기도 하고 또 어떤 경우에는 상대방 말을 잡아야 하며 다른 경우에는 업어야 합니다. 아무리 윷이나 모가 나와도 말을 잘못 쓰면 지게 되므로 전체 판의 흐름에서 자기편이 유리하게 말판을 써야 이길 수 있습니다.
- 이기기 : 말을 한 바퀴 돌아 상대 말보다 먼저 4개의 말이 모두 나오면 이깁니다.

– 윷이 몇 개일까?

– 윷이 뒤집어지는 개수에 따라 이름을 알아보자. (도, 개, 걸, 윷, 모)

– 윷가락이 의미하는 동물에 대해 안다.

(도는 돼지(豚)를, 개는 개(犬)를 걸은 양(羊)을, 윷은 소(牛)를, 모는 말(馬)을 가리킨다.)

3. 윷놀이를 할 때 지켜야 할 약속을 정한다.

– 윷이 윷판 밖으로 나가면 기회를 잃는다.

[사진 8-14] 윷놀이 규칙 정하기

4. 윷놀이는 편을 나누어 활동을 시작한다.

[사진 8-15] 윷놀이 하기

5. 윷놀이를 마친 후 어려웠던 점이나 아쉬웠던 점에 대해 이야기를 나눈다.

확장활동

- 윷 한 개의 뒷면에 ×를 하여 나온 수 만큼 뒤로 가기를 게임에 적용하기
- 연령에 따라 말의 갯수를 조정한다.

활동명 반려동물 알아보기

활동목표

- 반려동물의 종류를 안다.
- 자료를 모으고 기초적인 분류활동을 할 수 있다.
- 경험한 것에 대한 생각과 느낌을 말로 표현할 수 있다.

핵심요소

활동자료

반려동물 조사하기 그래프 그림, 색종이, 풀, 색연필, 사인펜

활동방법

1. 교실 안 한쪽 벽면에 그림과 같은 '반려동물 조사하기' 그래프 그림을 붙여둔다.
2. 자유선택 활동시간에 유아들이 색종이에 자신의 이름을 적어 자신의 집에서 기르는 애완동물 그림이 있는 칸에 붙인다.
3. 그래프의 위쪽에 각각 몇 명이 표시했는지 숫자로 표시하고, 어떤 동물을 가장 많이 기르는지, 가장 적게 표시된 동물은 무엇인지 비교하고 이야기해 본다.

교사를 위한 도움말

1. 그래프 활동을 하기 전날 본 활동을 소개하고, 집에서 기르는 동물에 대해 생각해 볼 수 있도록 한다.
2. 그래프에 제시되는 동물은 교사가 사전에 조사하여 제시한다.
3. 반려동물의 종류와 명칭을 알게 되었는지, 수의 많고 적음을 이해하였는지 관찰한다.

[사진 8-16] 내가 기르는 애완동물

응용

1. 유아의 발달수준에 따라 그래프 형식이 아닌 자신의 집에서 기르는 애완동물 그림을 붙이거나 사진을 게시하여 알아보는 활동으로 응용한다.
2. 기르고 싶은 동물로 주제를 바꾸어서 해본다.

활동명 잎을 세어 보아요

활동목표

- 식물을 자세히 관찰하고 특징을 안다.
- 10 이내의 수를 세고, 수를 더하고 뺄 수 있다.

핵심요소

- 수학적 기초능력 기르기 : 수 감각 기르기

활동자료

- 여러 가지 나뭇잎

활동방법

1. 교구를 보며 잎의 모양에 대해 간단히 이야기해 본다.
   - 잎사귀가 어떻게 생겼니?
   - 잎이 붙어 있는 모양이 똑같니?
2. 놀이방법을 생각해 보고 정한 방법대로 놀이한다.
3. 잎을 다 떼어내면 게임이 끝난다.
4. 잎을 다시 붙이는 게임으로도 해본다.

교사를 위한 도움말

- 교구로 활동하기 전 · 후로 식물을 관찰할 때, 잎이 난 모양을 자세히 관찰하고 어떻게 났는지 찾아보며 관찰지에 기록하여 서로 이야기해 본다.

응용

- 나뭇잎이 나는 모양에 글을 덧붙여 써준 후 코팅하여 제시한다.

활동명 우리 유치원 로고 퍼즐 맞추기

활동목표

- 유치원을 상징하는 그림에 대해 관심을 가진다.
- 부분을 합하여 전체를 구성해 본다.

핵심요소

- 나의 몸 인식하기 : 감각기관을 활용하기
- 수학적 기초 능력 기르기 : 공간 및 동형에 대해 알아보기

활동자료

유치원의 로고를 밑그림으로 하여 만든 5~6조각 퍼즐, 유치원 로고가 그려져 있는 여러 가지 물건

활동방법

1. 유아와 함께 퍼즐을 보며 이야기를 나눈다.
   - (유치원 로고 그림을 가리키며) 이런 그림을 본적이 있니?
   - 이런 그림을 어디에서 보았을까?
   - 이 그림은 무엇을 나타내는 것일까?
2. 퍼즐의 사용방법을 알아본 다음, 함께 퍼즐 조각을 맞추어 본다.
   - 선생님이 퍼즐 조각을 한 개만 빼 볼게. 누가 우리 유치원 그림을 다시 맞추어 주겠니?
   - 이번에는 퍼즐 조각을 두 개 빼 볼게. 이번에는 두 사람이 맞추어 볼까?
3. 퍼즐 놀이를 할 수 있는 영역으로 안내하고, 활동해 본다.
   - 이 놀이는 어디에서 할 수 있을까?
   - 이 놀이는 몇 명이 함께하면 좋을까?

교사를 위한 도움말

- 유아들의 활동상황을 관찰하고, 필요한 경우에 따라 퍼즐 조각의 수를 조정한다.

  예 몇 개의 퍼즐 조각은 밑판에 고정시키기

응용

1. 집단활동으로 '퍼즐 맞추고 반환점 돌아오기' 게임을 해볼 수 있다.
2. 퍼즐 조각의 수를 더 많게 하면 4~5세 유아의 활동자료로도 사용할 수 있다.

활동명 나를 도와주는 고마운 자동차

활동목표

- 자동차의 배열에서 반복되는 규칙에 대해 관심을 가진다.
- 반복되는 규칙을 찾아보고 예측할 수 있다.

핵심요소

- 수학적 기초능력 기르기 : 규칙성 이해하기
- 말하기 : 낱말과 문장으로 말하기

활동자료

- 교통기관 패턴 카드(AB, ABB, ABC 등), 낱장으로 된 교통기관 카드 각 2벌

활동방법

1. 패턴 카드와 낱장의 자동차 그림들을 보여준다.
2. 경찰차, 구급차, 소방차, 레미콘, 트럭 등의 역할에 대하여 이야기를 나눈다.
3. 물음표에 알맞은 카드를 찾아 패턴 카드의 빈칸에 올려놓는다.

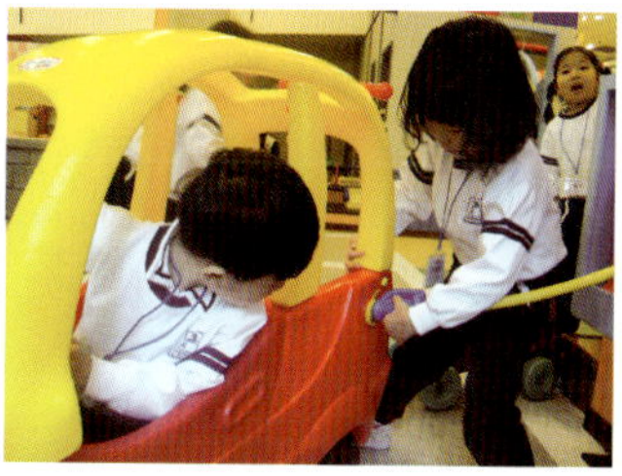

[사진 8-17] 자동차 역할 알기

교사를 위한 도움말

- 유아가 어려워할 수 있으므로 교통기관의 패턴 카드를 AB로 충분히 익힌 후에 ABC, AAB, ABB 등의 활동을 한다.

응용

- 낱장으로 된 교통기관 카드 각 2벌을 이용하여 다양한 패턴 카드를 만든다.

활동명 쓰레기의 여행

활동목표

- 휴지통의 다양한 색과 쓰레기 종류와 대응을 찾아본다.
- 쓰레기도 에너지로 활용될 수 있음에 관심을 가진다.
- 올바른 분리배출 방법을 알고 배출한다.

활동자료

- 캔으로 만든 인형, 자원분리 배출요령 동영상
- 색이 다른 휴지통 4~5개, 다양한 종류의 쓰레기(종이류 1세트, 플라스틱류, 병류, 캔류, 그 외)

활동방법

1. 우리가 과자나 음료수를 먹고 남은 통은 어떻게 하는지 이야기한다.
   - 음료수를 마시고 남은 병은 어떻게 하니?
   - 이런 것들을 무엇이라고 부르니?
2. 우리가 버리는 쓰레기를 연료로 재활용할 수 있음을 이야기한다.
   - 우리가 버리는 쓰레기를 쓰레기봉투에 넣으면 그 다음은 어떻게 될까?
3. 플라스틱 페트병을 통해 쓰레기의 여행에 대하여 이야기한다.
   - 이 아이는 캔이라고 해, 얘가 오늘은 여행을 해서 아주 중요한 힘으로 다시 태어난단다. 우리 한번 따라가 보자.
4. 쓰레기를 치리하여 열에니지로 다시 사용하는 과징을 이야기한다.
   - 모여진 쓰레기들은 어떻게 될까?
   - 불에 타는 쓰레기를 어떻게 이용할 수 있을까?
5. 동영상을 시청하면서 쓰레기 분리수거 방법을 이야기한다.
   - 이렇게 캔이 에너지로 다시 태어나려면 잘 버려야 하는데, 어떻게 버리는 것이 좋은지 알아보도록 할까?

6. 캔을 수거하기 좋게 납작하게 밟아 모아본다.
   - 통통한 캔을 작은 쓰레기로 만들려면 어떻게 해야 할까?
   - 캔을 재활용통에 넣기 전에 어떻게 해야 할까?
   - 우리가 한번 밟아보도록 하자.
7. 쓰레기를 다시 에너지로 재활용할 수 있는 종류에는 어떤 것들이 있는지 이야기한다.
8. 색이 다른 휴지통 속에 어떤 재활용 자료가 숨겨져 있나 찾아보기

교사를 위한 도움말

1. 동영상 자료를 시청하기 전 교사가 내용을 숙지하여 필요 시 설명을 곁들이거나, 화면을 일시 정지시켜 유아들의 이해를 도울 수 있다.
2. 생활주제 '환경과 생활' 과 연계해서 전개할 수 있다.

응용

1. 캔을 일정 기간 동안 모으고 다양한 분리표시를 찾아 분류해 보자.
2. 주변의 쓰레기 모으는 곳을 체험한다.
3. 쓰레기를 활용하는 다양한 방법을 찾아본다.
4. 주변에 쓰레기 매립장이나 생활폐기물 소각장을 방문한다.

[사진 9-1] 쓰레기 분리수거 하기

활동명 거품의 변신 : 뽀글이

활동목표

- 막걸리와 이스트의 성질과 특징을 알 수 있다.
- 부풀어 오르는 원리를 이용하여 다양한 음식을 만들어볼 수 있다.

핵심요소

- 과학탐구지능 : 변화과정 관찰하기, 감각 알기, 맛 느껴보기
- 언어지능 : 상황에 맞는 느낌 · 생각 표현하기

활동자료

- 막걸리, 이스트, 소다, 밀가루, 물, 베이킹파우더

활동방법

도입활동

- 술빵, 술떡을 먹어본 경험을 이야기한다.
- 밀가루를 부풀게 하는 것(소다, 이스트, 베이킹파우더)에 대해 알아본다.
- 우리의 전통주 '막걸리' 에 대해 알아본다.
- 막걸리와 이스트, 베이킹파우더, 소다의 차이점에 대해 알아본다.

발효식품 막걸리와 이스트의 차이점

- 일정한 온도에서 발효시킨 막걸리와 작은 생물체로 적당한 조건에서 번식하는 이스트에 대해 알아본다.
- 막걸리를 사용하여 만든 빵의 재료와 부풀게 하는 재료를 확인하고 함께 알아보고 관찰한다.

전개활동

- 우리들이 즐겨 먹는 빵의 재료와 부풀게 하는 재료를 확인하고 함께 알아보고 관찰한다.

실험

살아 있는 발효제

- 막걸리를 유아들이 관찰한다.
- 막걸리는 일정한 온도에서 발효시킨 우리의 전통주임을 알고 다양한 음식의 쓰임에 사용됨을 안다.
- 이스트를 유아들이 관찰한다.
- 이스트는 베이킹파우더, 소다와 달리 작은 생물체로 적당한 조건에서 번식을 하는 발효제라고 알려준다.

[사진 9-2] 막걸리와 이스트, 베이킹파우더, 소다 관찰하기

활동명 자연 : 물에 뜨는 것, 가라앉는 것

활동목표

- 실험을 통해 물에 뜨고 가라앉는 물체에는 어떤 것이 있는지 알아본다.
- 물에 뜨고 가라앉는 원리와 성질에 관심을 가진다.

핵심요소

- 실험과정 이해하기, 실험결과 추측하기, 물건 탐색하기
- 실험에 대한 느낌 · 생각 표현하기

활동자료

- 여러 가지 물건(가위, 풀, 플라스틱 병, 미니 튜브, 나무, 지우개, 유리병, 못, 장난감 등), 수조(大), 물, 활동지

활동방법

도입활동

- 여름방학 동안 했던 경험을 이야기한다.
- 안전한 물놀이를 위해 필요한 도구들에는 어떤 것이 있는지 알아본다.
- 그 밖에 뜨는 물건과 뜨지 않는 물건에는 어떤 것이 있는지 생각해 본다.

전개활동

1. 여러 가지 물건의 모양, 느낌, 크기 등을 탐색한다.
2. 여러 가지 물건을 물에 넣었을 때 어떻게 될지 추측해 본다.
   - 실험 전 예상되는 결과를 활동지에 표현한다.

[그림 9-1] 물에 뜨는 것 예측하기

물에 뜨는 것은 무엇일까?

♥ 물에 뜨는 것을 찾아서 동그라미 해보세요.

3. 유아가 한 명씩 물건을 물에 넣어 실험을 해본다.
4. 실험의 결과를 알아본다.
5. 실험 전 자신의 생각과 같은 것과 다른 것을 알아본다.
6. 실험의 결과를 활동지에 표시한다.

[표 9-1] 물에 뜨는 것, 가라앉는 것 분류하기

물에 뜨는 물건과 가라앉는 물건을 붙여주세요.	
물에 뜨는 물건	물에 가라앉는 물건

마무리 활동

1. 그 밖에 물에 뜨는 것과 가라앉는 물건에는 어떤 것이 있는지 생각해 본다.
2. 과학영역에 수조와 여러 가지 재료를 준비하여 아이들이 자유롭게 실험해 볼 수 있도록 돕는다.

확장활동

- 여러 가지 액체에서 물에 뜨기 비교하기(설탕물, 소금물, 수돗물, 음료수 등)

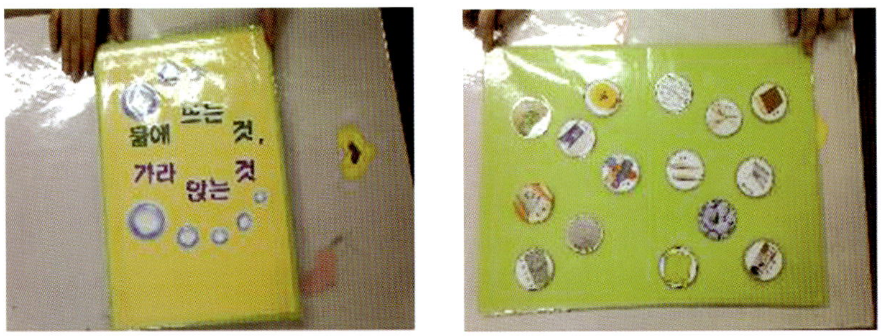

[사진 9-3] 물에 뜨는 것, 가라앉는 것 활동자료

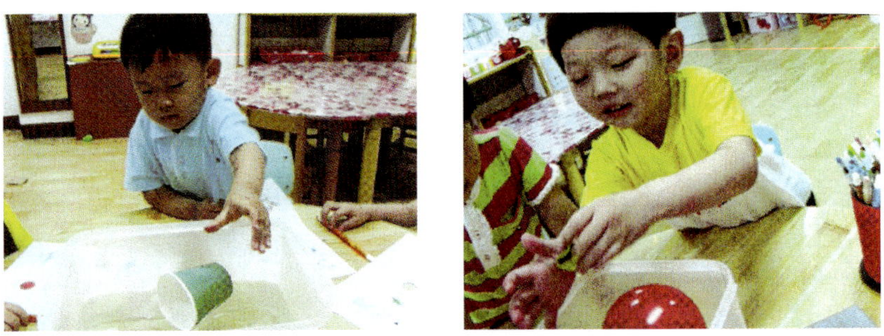

[사진 9-4] 물에 뜨는 것, 가라앉는 것 실험하기

활동명 날씨가 추워지면서 달라진 것을 알아보세요

활동목표

- 겨울철 생활과 자연의 변화를 안다.
- 겨울을 건강하고 안전하게 지낼 수 있는 방법을 알고 실천한다.
- 조사한 내용을 그림이나 글로 표현해 본다.

핵심요소

- 과학적 기초능력 기르기 : 자연현상에 대해 알아보기
- 건강하게 생활하기 : 질병 예방하기
- 건강하게 생활하기 : 안전하게 놀이하기
- 쓰기 : 쓰기에 관심 가지기

활동자료

- 조사책의 겉표지 : 각각의 제목과 그림

활동방법

1. 활동을 안내하면서 각 표지에 대해 이야기한다.
   - 이것은 우리 반 친구들이 추운 겨울이 되면서 친구들 모습에서 무엇이 달라졌다고 생각하는지 알아볼 때 사용하는 것이란다.
2. 조사할 내용에 대해 이야기한다.
   - 누가 말해 주었는지 이름을 적어보자.
   - 알아본 것을 그림으로 그리거나 글로 적어보자.
   - 글로 적을 때 도움이 필요한 친구들은 선생님한테 도움을 청하도록 하자.
3. 조사한 책을 어떻게 해야 할지 말해 본다.
   - 더 조사하고 싶은 사람은 조사하던 책을 어떻게 하면 좋을까?
   - 조사가 끝난 친구들은 어떻게 하면 좋을까?

4. 친구들이 조사한 책을 함께 볼 것을 안내한다.
   - 친구들은 무엇을 조사하였는지 알아보자.
   - 내가 조사한 것과 친구들이 조사한 것은 무엇이 같고, 다른지 함께 보도록 하자.

교사를 위한 도움말

1. 놀이 평가시간에 유아들이 조사한 활동결과를 함께 살펴보면서 어떻게 조사하면 좋을지, 무엇을 어떻게 물어볼 수 있을지에 대해 다시 한번 생각해 보는 시간을 갖는다.
2. 유치원이나 나무의 변화를 조사하고 싶은 유아들은 실외 놀이시간 등을 활용하여 교사 또는 보조 교사가 소집단으로 함께 다니며 무엇이 달라졌는지 발견할 수 있도록 지원해 준다.
3. 조사 책 표지는 친구와 유치원, 나무 등 기관에서 볼 수 있는 것부터 한 가지씩 활동을 추가해 가고, 우리 집에 대한 조사는 앞의 조사활동 경험을 기초로 유아들의 가정에서 조사할 수 있도록 마지막에 제안하도록 한다. 또한 가정통신문 등을 통해 부모들의 협조를 요청할 수 있다.

활동명 동네 주변에는 다양한 소리가 있어요

활동목표

- 주변의 다양한 소리에 관심을 가지고 탐색한다.
- 자신의 생각이나 느낌을 정확하게 이야기한다.
- 다른 사람의 이야기를 주의 깊게 듣고 이해한다.

핵심요소

- 자연과 생활에서 아름다움 찾아보기
- 소리, 움직임, 조형물에 관심 가지기
- 말하기 : 생각과 느낌 말하기
- 듣기 : 이야기 듣고 이해하기

활동자료

- 동네 주변의 사진(유치원을 중심으로 유아들과 산책하며 촬영한 사진), 녹음기, 녹음테이프(동네 주변을 산책하며 녹음한 테이프)

활동방법

1. 사전 활동으로 유아들과 함께 동네 주변을 산책하면서 소리를 녹음해 본다.
2. 사전 활동 시 찍은 사진을 벽면에 전시하고, 동네를 산책하면서 들었던 소리에 대해 유아와 이야기 나눈다.
   - 이 사진은 우리 동네의 어디일까?
   - 산책하면서 어떤 소리를 들어보았니?
3. 직접 녹음한 다양한 소리를 들어보며 어떤 장소인지 예측해 본다.
   - 드르륵 거리는 아주 큰소리가 나네. 여기는 어디일까? 사진에서 찾아볼까?
   - 가게에서는 어떤 소리가 났었니? 우리가 녹음한 소리로도 들어보자.

교사를 위한 도움말

- 산책 시 뚜렷이 구별될 수 있는 소리를 녹음하도록 한다. (자동차 소리, 사이렌 소리, 과일 장사 소리, 공사장 소리, 음악 소리, 물건을 사고파는 소리 등)

응용

- 동네 주변에서 나는 소리를 유아들과 함께 만들어 보는 활동으로 연계할 수 있다.

활동명 색 탐색하기

활동목표

- 탐구하는 과정에 즐겁게 참여한다.
- 색의 혼합에 대해 관심을 가지고 관찰한다.

핵심요소

- 탐구하는 태도 기르기 : 탐구과정 즐기기
- 과학적 기초능력 기르기 : 물체와 물질에 대해 알아보기

활동자료

- 여러 가지 색깔판, 휴대용 랜튼(또는 빛을 낼 수 있는 도구), 여러 가지 물건들, 조사종이, 필기도구

활동방법

1. 다양한 색깔판을 살펴본다.
   - 여기에 무엇이 있니?
   - 어떤 색깔로 보이니?
2. 다양한 색깔판을 비춰보며 탐색한다.
   - 창문에 비춰보기
   - 창문에 비춰보니 어떻게 되었니?
   - 물건 등(흰 종이, 교구, 책상 등)에 비춰 보기
   - 물건에 비춰보면 어떻게 보이니?
3. 색이 잘 보이는 물건과 안 보이는 물건을 구별해 본다.
   - 어떤 물건의 색이 잘 보이니?
4. 빛이 있는 곳과 어두운 곳에서 비춰보고 비교해 본다.
   - 깜깜한 곳에서 비춰보면 어떻게 될까?

5. 색깔판을 겹쳐 보고 변화에 대해 관찰한다.
   - 2가지 색깔판을 겹쳐서 보면 어떻게 보이니?
   - 빨간색 판과 파란색 판을 겹쳐보면 어떤 색깔로 보일까?

교사를 위한 도움말

1. 교사가 활동을 이끌어가기보다는 유아들이 자연스럽게 색에 대해 알아갈 수 있도록 충분한 탐색시간을 주는 것이 효과적이다.
2. 색에 대한 탐색 후, 색과 빛의 관계에 대해 유아들이 탐색할 수 있도록 교사가 상호작용한다.

응용

- 실외 활동 시 색깔판을 빛에 비추어 색 그림자 만들기 활동을 할 수 있다.

활동명 생김새가 달라요

활동목표

- 가족 구성원의 생김새를 탐색한다.
- 시간이 지남에 따라 사람의 생김새가 변화하는 것을 안다.

핵심요소

- 탐구하는 태도 기르기 : 사물과 현상에 지속적인 관심 가지기
- 과학적 기초능력 기르기 : 생명체와 자연환경 소중하게 여기기

활동자료

- 가족사진, 실물 화상기, 돋보기

활동방법

1. 실물 화상기를 통해 가족 구성원의 얼굴 사진을 관찰한다.
   - 이 사진은 누구일까? 어머니(아버지)의 모습은 어떠니?
2. 사진을 돋보기(확대경)로 관찰한다.
   - 아버지의 모습은 나와 어떤 점이 다르니?
3. 사진을 관찰한 후에 평가한다.
   - 할머니라는 것을 어떻게 알 수 있니?
   - 할머니의 주름은 어떤 모양이니?
   - 머리카락은 무슨 색이니?
4. 나의 모습과 할아버지, 할머니 모습이 다른 이유에 대해서 이야기를 나눈다.
   - 내 모습과 할머니, 할아버지의 모습은 어떻게 다르니?
   - 왜 그렇게 생각하니?

교사를 위한 도움말

1. 가정통신문을 통해 가족 구성원의 얼굴을 클로즈업하여 사진 찍는 활동을 안내한다.
2. 가족사진에서 주름살, 흰머리, 수염 등 구성원의 특징을 잘 관찰할 수 있게 사진을 찍어오도록 안내한다.
3. 가족사진 중에서 나이에 따른 신체적 특성이 잘 드러나지 않을 때에는 현재 아이들의 가정에서 자주 보는 드라마의 가족 구성원 중에서 특성이 잘 드러나는 부분을 예로 들어 이야기를 나누어볼 수도 있다.

응용

1. 어머니(아버지), 할머니(할아버지) 주름을 그림으로 표현할 수 있다.
2. 가족의 손금 사진을 준비하여 비교하는 활동을 할 수 있다.

활동명 여러 나라 화폐에 대해 알아보아요

활동목표

- 여러 나라의 화폐를 직접 보고 경험한다.
- 공공장소에서 지켜야 할 규칙을 이해한다.

핵심요소

- 이웃과 더불어 생활하기 : 질서와 규칙 지키기
- 사회현상에 관심 가지기 : 다양한 문화에 관심 가지기
- 과학적 기초능력 기르기 : 물체와 물질에 대해 알아보기

활동자료

- 카메라, 녹음기, 구급약품

활동방법

1. 화폐박물관에 대해 이야기 나눈다.
   - 화폐박물관은 무엇을 하는 곳일까?
   - 무엇이 있을까?
   - 화폐박물관에 가서 무엇을 살펴볼까?
   - 우리가 지켜야 할 약속은 무엇일까?
2. 화폐박물관을 직접 관람한다.
3. 견학 후 화폐박물관에서 찍은 사진 자료를 보며 느낀 점에 대해 이야기 나눈다.

교사를 위한 도움말

1. 유아가 실물 화폐를 직접 보고 경험하면서 나라마다 화폐를 가지고 있다는 것을 알고, 여러 나라의 화폐에 관심을 갖도록 한다.
2. 화폐박물관을 직접 관람하지 못할 경우 화폐 관련 사이트를 여행한다.
3. 이 활동을 만 4, 5세에 적용시킬 때는 필기도구와 조사지를 준비하여 화폐

박물관에서 조사한 내용을 기록하고 박물관 관람 후 조사한 내용을 함께 나누어 본다.

응용

1. 만 3세는 견학 후 화폐 박물관에서 본 것을 그림으로 표현해 볼 수 있다.
2. 만 4, 5세는 공동작업으로 화폐 박물관 꾸미기를 해볼 수 있다.
3. 여러 가지 방법으로 화폐 만들기(화폐 스크래치 또는 모형 돈 만들기 등)를 해볼 수 있다.

[사진 10-1] 화폐박물관

[사진 10-2] 화폐박물관 직접 관람하기

활동명 웃어요! 치즈!

활동목표

- 기분 좋게 생각하면 즐거운 마음을 가질 수 있음을 경험한다.
- 나의 감정을 인식하고 표현해 본다.
- 디지털카메라를 활용하여 사진 찍는 경험을 해본다.

핵심요소

- 나를 알고 사랑하기 : 나의 감정 알고 조절하기
- 예술적 표현 즐기기 : 창의적 표현 즐기기
- 과학적 기초능력 기르기 : 간단한 도구와 기계 활용하기

활동자료

- 디지털카메라, 삼각대, 거울, 여러 가지 표정의 잡지나 신문, TV(디지털카메라와 연결할 수 있는 케이블 설치)

활동방법

1. 거울을 보고 여러 가지 표정과 기분에 대하여 이야기를 나눈다.
2. 어떨 때에 행복한 기분이 들었는지 경험을 이야기해 본다.
   - 어떨 때에 행복하다는 기분이 들었니?
3. 행복할 때의 표정을 짓고 유아들이 자유롭게 디지털카메라로 사진을 찍어 본다.
   - 행복할 때에는 어떤 표정이 될까?
   - 입은 어떤 모양이 될까? 눈은 어떤 모양이 될까?
   - 몸으로도 표현해 볼 수 있을까?
4. 찍은 사진을 액정화면이나 TV화면과 연결해 살펴본다.
5. 사진을 출력하여 역할영역 사진관의 벽면에 누적적으로 전시한다.

교사를 위한 도움말

1. 활동 이전에 유아들과 디지털카메라의 사용방법에 대하여 이야기를 나누고, 사용방법을 그림자료로 만들어 역할영역에 제시하여 유아들이 스스로 사용할 수 있도록 돕는다.
2. 교사의 지시에 따른 표정을 짓기보다는 유아들이 다양한 표정을 자연스럽게 지어보고 사진을 찍어서 활용해봄으로써, 여러 가지 감정과 표정에 관심을 가질 수 있도록 진행할 수 있다.

응용

1. 활동이 오랫동안 전개되면서 누적된 사진을 모아 벽면에 게시해 사진 전시회를 열 수 있다.
2. 활동을 가정으로 연계하여 가족의 다양한 표정이나 행복한 표정을 사진으로 찍어보고 소개하는 활동으로 확장할 수 있다.

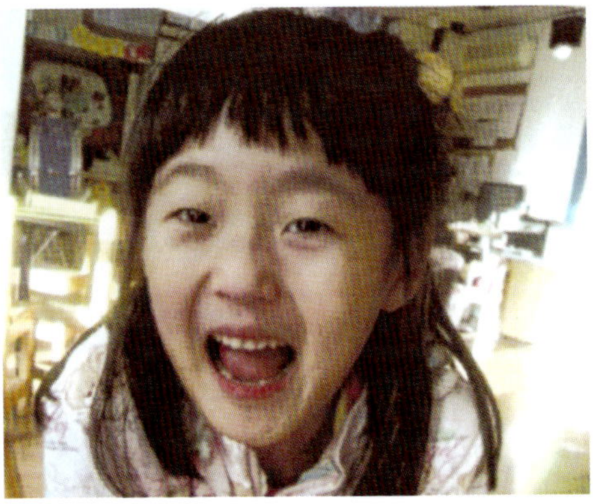

[사진 10-3] 행복한 때의 표정은 어떨까?

활동명 우리 동네 주변에는 무엇이 있을까요?

활동목표

- 우리 동네에 있는 장소에 관심을 가지고 위치를 안다.
- 조형활동을 통해 친구들과 협동하는 경험을 가진다.

핵심요소

- 사회현상에 관심 가지기 : 주변 지역에 관심 가지기
- 이웃과 더불어 생활하기 : 두레의 소중함을 알고 협력하기

활동자료

- 켄트전지, 여러 가지 색깔의 도화지, 그리기 도구, 사진자료, 가위, 풀

활동방법

1. 사전 활동으로 '우리 동네 돌아보기' 활동을 진행한다.
2. 유아와 함께 동네에서 볼 수 있는 것들에 대해 이야기를 나눈다.
   - 유치원을 나가서 제일 처음 어떤 곳을 보았니?
3. 교사는 우리 동네 지도 그리기를 제안하고, 함께 보았던 여러 가지 공공기관 및 상가, 가게 등을 어떻게 나눠 그릴 것인지에 대해 유아와 의논한다.
4. 유아들이 각각의 도화지에 다양한 도구를 이용하여 그림을 그리도록 한다.
   - 학교는 어떤 모양을 하고 있었지?
   - 슈퍼마켓에서는 무엇을 보았지?
5. 유아가 그림을 완성하면 가위로 오린다.
6. 유치원 주변의 길이 표시된 켄트지에 유아와 협력하여 그린 그림을 배치하여 붙인다.
   - 유치원 주변의 길을 표시해 놓은 종이 위에 각자 그린 그림을 붙여 볼까?
   - 유치원 옆에는 어떤 것이 있었지?

7. 우리 동네 지도가 완성되면 함께 감상하고, 더 필요한 것이 있는지 이야기를 나눈다.

[사진 10-4] 우리 동네 그리기

[사진 10-5] 우리 동네 이야기하기

교사를 위한 도움말

1. 협동으로 이루어지는 활동이므로 개별 도화지를 제시하여 각자 그림을 그린 후 오려 붙이도록 유아들의 갈등을 최소화하여 활동을 전개할 수 있다.
2. 구성하기를 어려워할 경우, 이야기 나누기를 하면서 유아들의 의견에 따라 교사가 연필로 밑그림을 그리거나 위치를 표시하여 유아들이 그 위에 붙일 수 있도록 유도하는 것이 좋다.

응용

1. 잡지책에 있는 여러 사람들의 모습을 오려붙여 꾸밀 수 있다.
2. 함께 만든 지도와 연계하여 쌓기 놀이영역에서 블록으로 동네 구성하기, 조형영역에서 입체 동네 구성하기 등으로 활동을 확장할 수 있다.

활동명 우리 동네에는 다양한 직업을 가진 사람이 있어요

활동목표

- 다양한 직업에 대해 관심을 갖는다.
- 인형놀이로 다양한 직업을 표현해 본다.

핵심요소

- 사회현상에 관심 가지기 : 경제생활에 관심 가지기

활동자료

- 다양한 직업의 그림 막대인형

활동방법

1. 언어영역에 다양한 직업의 그림 막대인형을 제공한다.
   - 하얀 가운을 입고 있는 사람은 무슨 일을 하는 사람일까?
   - 환경미화원은 어떤 일을 하는 사람이니?
2. 유아들과 막대인형 놀이를 하면서 다양한 직업에 대해 극 놀이를 하며 상호작용한다.

[사진 10-6] 직접 알아맞히기

교사를 위한 도움말

1. 막대인형 자료를 제작할 때 유아가 직업의 특성을 잘 구분할 수 있도록 제작한다.
2. 만 3세 유아는 사회적 지식이 많지 않으므로, 직업의 특성을 극 놀이로 표현하기보다는 인형놀이에 더 관심을 보일 수 있다. 이때 교사는 극 놀이에 같이 참여하여 자연스럽게 활동이 진행될 수 있도록 돕는다.
3. 고정된 성역할개념이 형성되지 않도록 막대인형을 제작한다.

응용

- 조형영역에서 인형놀이 소품을 만들거나 쌓기 놀이영역에서 블록을 이용해 인형놀이 무대를 만들 수 있다.

[사진 10-7] 병원놀이

활동명 우리 가족 역할놀이

활동목표

- 가족 구성원의 이름과 역할을 안다.
- 가족 구성원의 역할을 나누어 친구와 함께 놀이한다.

핵심요소

- 가족과 함께 생활하기 : 가족과 화목하게 지내기

활동자료

- 가족 막대인형 또는 손 인형

활동방법

1. 가족 구성원 막대인형을 유아들에게 보여주며 가족 구성원들이 하는 일에 대하여 이야기를 나눈다.
   - 엄마는 어떤 일을 하시니?
   - 할머니는 어떤 일을 하시니?
2. 가족 구성원 막대인형을 역할놀이 영역에 제시한다.
   - 가족 막대인형을 가지고 어떤 놀이를 할 수 있을까?
   - ○○는 어떤 역할놀이를 하고 싶니?
3. 각각의 유아들이 자신이 원하는 가족인형을 가지고 다양한 놀이를 할 수 있도록 한다.

교사를 위한 도움말

1. 유아들이 특정 가족 인물만을 선택하려고 할 경우, 교사가 적절히 개입하여 다양한 가족 구성원을 선택할 수 있도록 유도한다.
2. 활동이 잘 이루어지지 않을 경우, 교사도 가족 구성원 인물 중 하나를 선택하여 유아와 함께 활동함으로써 유아들이 흥미를 가지고 활동에 참여할 수 있도록 한다.

응용

- 가족 놀이하기

[사진 10-8] 가족 역할놀이

활동명 친구들의 음성은 모두 다 달라요

활동목표

- 사람들의 목소리는 모두 다르다는 것을 안다.
- 친구들의 목소리를 구별할 수 있다.
- 규칙에 따라 게임을 할 수 있다.

핵심요소

- 이웃과 더불어 생활하기 : 다른 사람을 이해하고 존중하기

활동자료

- 눈가리개, 의자

활동방법

1. 게임규칙과 함께 게임을 소개한다.
   - 규칙에는 뭐라고 쓰여 있는지 읽어볼까?
2. 게임의 규칙을 이해하는지 알아본다.
   - 처음에는 무엇을 한다고 했지?
3. 규칙에 따라 게임을 한다. 교사가 술래를 하면서 시작할 수 있다.
4. 게임이 끝나면 유아들이 서로의 목소리를 흉내 내어보며, 누구의 목소리인지 확인하는 시간을 갖는다.

교사를 위한 도움말

- 학년 초에 새 친구들의 목소리를 구별하기 위한 활동으로 바람직하다.

응용

1. 유아가 쉽게 알아맞히면 두 명이 함께 나가서 '나야 나'를 외치고 술래는 두 명의 이름을 모두 맞혀야 하는 게임으로 변형한다.
2. 유아들이 자신의 목소리를 위장하기 위하여 다른 목소리로 바꾸어 활동을 진행할 수 있다.

활동명 눈은 위험할 수도 있어요

활동목표

- 눈이 가져올 수 있는 피해를 안다.
- 눈으로 인해 피해를 줄이기 위해 해야 할 일을 안다.
- 눈의 피해를 줄이기 위해 할 수 있는 일을 실천한다.

핵심요소

- 안전하게 생활하기 : 환경오염이나 재난에 대비하기
- 가족과 함께 생활하기 : 가족과 협력하기
- 이웃과 더불어 생활하기 : 질서와 규칙 지키기

활동자료

- 그림자료 6장

활동방법

1. 눈이 오는 것이 신나고 즐거운 것만은 아니라는 것에 대해 이야기한다.
   - 눈이 오면 너희들은 어떤 기분이 드니? 눈은 언제나 우리에게 즐거움만 주는 걸까?
   - 눈이 많이 오거나, 너무 오랫동안 그치지 않고 온다면 어떤 일이 일어날까?

[사진 10-9] 눈이 오면

2. 눈으로 인한 위험과 피해, 그리고 그것을 예방할 수 있는 방법에 대해 그림을 한 장씩 살펴보면서 이야기한다.
   - 이 그림은 어떤 일이 일어난 것 같으니?
   - 이런 일이 생기지 않도록 하기 위해서 어떤 일을 할 수 있다고 생각하니?
3. 눈으로 인한 피해를 예방하기 위하여 유아가 참여할 수 있는 일과 어른들이 해결하는 일을 구분하여 이야기해 본다.
   - 이런 일이 생기지 않도록 우리가 할 수 있는 일은 무엇일까? 어른들은 어떻게 해결할까?

[사진 10-10] 눈의 피해를 예방하려면

교사를 위한 도움말

1. 예방할 수 있는 방법에 대한 그림을 미리 보여주기보다는 유아들의 경험이나 알고 있는 것을 기초로 예측해 본 후에 그림을 함께 보면서 이야기하도록 한다.
2. 소방재청 홈페이지의 안전 길잡이 「계절별 안전관리」의 겨울철 안전관리를 참고하여 교육내용을 보완하거나 활용할 만한 동영상을 검토하여 사용할 수 있다.
3. 소방재청 홈페이지에는 이외에도 「어린이 안전 나라」, 「함께 하는 안전 공부」 등 어린이를 위한 정보를 애니메이션 동영상을 통해 안내하고 있으므

로 사계절과 관련된 내용을 검토하여 참고할 수 있다. 또한, 소개되는 다양한 관련 사이트를 통해서도 많은 정보를 얻을 수 있다.

4. 눈의 피해나 피해를 예방하기 위한 작업 등을 볼 수 있는 인터넷 뉴스를 선정하여 활용할 수 있다.

응용

1. 눈 온 날 '우리 교실 앞의 눈 치우기' 등의 활동을 함으로써 유아들이 알게 된 내용을 일상생활에 적용할 수 있는 기회를 제공할 수 있다.
2. 가정통신문을 통해 가정에서도 공공의 질서를 위해 가족과 함께 눈 치우기 경험을 해볼 수 있도록 협조를 구할 수 있다.

활동명 도형놀이

활동목표

- 도형의 모양을 식별하고 사물과 연관 지을 수 있다.

핵심요소

- 조형의 요소를 이해할 수 있다.
- 사물과 모양을 연관지어봄으로써 형태감을 이해할 수 있다.

활동자료

- 다양한 색으로 제작된 두꺼운 종이로 만든 여러 모양들, 빨강, 노랑, 파랑색의 다양한 모양의 색종이, 풀, 도화지, 색연필

활동방법

1. 유아들에게 원, 삼각형, 반원, 타원형, 네모 등 여러 가지 모양의 두꺼운 종이 모형을 나누어준다.
2. 교사도 각각의 모양을 가지고 있다가 유아들에게 하나씩 보여주면서 똑같은 모양을 찾아서 들어보게 하고 각 모양의 이름을 물어본다.
3. 교실에서 같은 모양의 물건을 찾아보게 한다.
4. 교사는 주변의 물건들이 도형과 닮았음을 다시 한번 일러주고 색색의 모양대로 잘라진 색종이를 나누어준다.
5. 유아들은 도화지 위에 색종이를 겹쳐 놓아 자신이 표현해 보고 싶은 사물과 유사한 형태를 만들어본다.
6. 완성된 모양을 따라 도화지 빈 면에 그대로 묘사한다.
7. 그린 도형 위에 색칠한다.

응용

1. 도형을 이용하여 사람을 만들어보게 한다.
2. 크기가 다양한 여러 모양의 색종이를 주고 사람의 모습이 되도록 놓아보게 한다.
3. 완성되면 풀로 붙인다.
4. 연령이 높은 유아는 움직임이 있는 사람을 표현해 보도록 유도한다.

[사진 11-1] 도형으로 그림 만들기

활동명 표정을 나타내어요

활동목표

- 얼굴에 나타나는 다양한 감정을 이해하고 표현할 수 있다.

핵심요소

- 세부묘사에 관심을 가질 수 있다.
- 표상능력을 향상시킬 수 있다.
- 감정표현을 할 수 있다.

활동자료

- 다양한 표정의 사진들, 도화지, 색연필, 가위, 풀

활동방법

1. 유아들에게 웃는 얼굴, 우는 얼굴, 화난 얼굴, 삐진 얼굴 등 다양한 감정이 나타나는 사진을 보여주고 각각의 표정과 의미를 연결지어 보게 한다.
2. 유명화가의 작품 중 감정표현이 잘된 인물 작품들을 보여주고 어떤 감정을 느낄 수 있는지 이야기해 보게 한다.
3. 화났을 때는 눈의 모양이 어떻게 변하는지, 웃을 때는 어떤 모양이 되는지, 입은 또 어떤 모양이 되는지 등을 관찰하게 하고 감정에 따른 표현을 해보게 한다.
4. 8절 도화지를 종이 접기 하여 책 모양이 되면 얼굴모양으로 오리게 한다.
5. 벌어지는 부분은 풀로 붙인다.
6. 표지에는 자신의 이름을 쓰게 하고 얼굴 하나에 한 감정이 나타나게 한다.
7. 완성되면 웃는 얼굴 펴보기, 우는 얼굴 펴보기 등의 정리활동으로 마무리 한다.

응용

1. 8절 도화지를 네 번 접어 부채처럼 펼쳐지게 한다.
2. 접은 상태에서 사람의 전신을 그리되 접은 선에 손과 발이 닿게 그린다.
3. 오리면 네 명의 똑같은 모양의 사람이 나오고 손과 발이 붙은 형태가 된다.
4. 얼굴 부분만 수정하여 좌우 모습, 앞모습, 뒷모습 등 다양한 각도의 사람을 묘사하게 한다.

[사진 11-2] 표정 그리기

활동명 사과를 그려보아요

활동주제

- 색의 이해

활동목표

- 사물에 대한 고정적인 색의 느낌을 경험을 통하여 확장시킨다.

핵심요소

- 사과에서 다양한 색을 찾아낼 수 있다.

활동대상

- 만 3세

활동유형

- 소집단

활동자료

- 사과 실물, 사과를 표현한 다양한 방법들이 들어 있는 PPT, 도화지, 색연필

활동방법

1. 유아들에게 사과를 그려보게 한다.
2. 사과를 표현한 다양한 방법들이 들어 있는 PPT를 보여준다.
3. 자신의 작품과 비교해 보게 한다.
   - 가장 큰 차이가 무엇인지 형태부터 색까지 다양한 질문을 던져 유아들이 스스로 생각해 보게 한다.
4. 사과 실물을 보여준다.
5. 사과 실물에서 찾아낼 수 있는 색들을 모두 이야기해 본다.
6. 색연필은 색의 중첩이 가능함으로 섞어서 칠할 수 있음을 알려준다.
7. 각자 자신이 발견한 색들을 포함하여 사과를 다시 그려 채색하게 한다.

8. 처음 그린 사과와 두 번째 그린 사과를 비교해 보게 한다.

교사를 위한 도움말

1. 무의식적으로 표현하던 태도에서 실물을 관찰하면서 차이점을 인식하게 되고 사실적 묘사를 경험함으로써 묘사력이 향상된다.
2. 사물은 한 가지 색으로 이루어진 것이 아님을 알게 된다.

응용

1. 사과를 반쪽으로 잘라 단면의 형태를 관찰하게 한다.
2. 어느 방향으로 자르냐에 따라 모양이 달라지는 씨를 비교한다.
3. 어떻게 하면 장방형으로 씨를 그릴 수 있는지 생각하고 표현해 보게 한다.

[사진 11-3] 다양한 위치에서 본 사과 그리기

활동명 명화 이어 완성하기

활동주제

- 세잔느의 인물화를 이해한다.

활동목표

- 연상활동으로 사고의 확장을 경험할 수 있다.
- 작품을 이해하는 다양한 방법 중에 하나를 경험할 수 있다.

핵심요소

- 세잔느의 화풍과 주요색을 알아낸다.

활동대상

- 만 5세

활동유형

- 소집단

활동자료

- 세잔느의 인물화, 세잔느와 동시대 작가들의 작품, 도화지, 색연필

활동방법

1. 유아들에게 세잔느의 인물화가 반쯤 잘려나간 그림을 보여준다.
2. 그림의 사라진 부분을 상상해 보게 한다.
3. 어떤 표정이었을지 상상한 다음 그 표정에 어울리는 색은 무엇인지 토론해 본다.
4. 세잔느가 살던 시대에 유행하던 화풍을 이야기해 준다.
5. 비교가 되는 동시대 작가들의 작품을 보여주어 배경색과 주요 부분들을 상상할 수 있게 해준다.
6. 각자 표정과 얼굴색을 정하게 하고 배경색을 칠하게 한다.

7. 원작을 보여준다.
8. 자신의 작품과 원작을 비교해 보면서 세잔느의 특징을 감상하게 한다.

교사를 위한 도움말

1. 작품을 이해하는 것도 명화감상이라는 것을 알 수 있다.
2. 반쪽 그림을 채우면서 사고의 확장을 경험할 수 있다.

응용

1. 사포에 크레파스로 세잔느의 정물을 따라 그려보게 한다.
2. 다리미로 녹여서 마치 유화처럼 처리한다.
3. 세잔느의 작품을 표현할 수 있는 다양한 방법을 생각해 보게 한다.

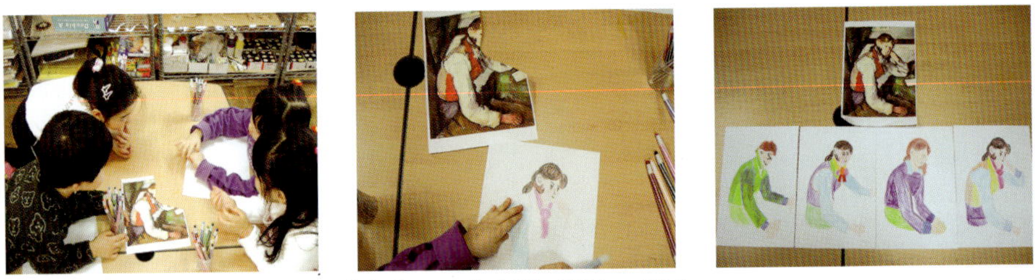

[사진 11-4] 명화 이어 그리기

활동명 도형의 이해

활동주제

- 도형의 이해

활동목표

- 도형과 도형을 연결하여 또 다른 도형을 만들 수 있음을 알게 한다.
- 도형을 다른 도형으로 분할할 수 있음을 알게 한다.

핵심요소

- 세모와 네모를 알게 한다.

활동대상

- 만 3세

활동유형

- 소집단

활동자료

- 여러 형태의 퍼즐, 마닐라지, 가위, 풀, 자, 연필, 색종이

활동방법

1. 유아들에게 색종이를 한 장씩 나누어준다.
2. 색종이는 어떤 모양인지 이야기한다.
3. 네모난 색종이를 한 번만 접어 세모로 만들어보라고 한다.
4. 잘 안 되는 유아는 도와주고 거의 완성이 되었으면 다시 편다.
5. 이번엔 한 번만 가위질을 해서 세모 두 장을 만들어보라고 한다.
6. 교사가 시범을 보여준 후 또 잘라보게 한다.
7. 세모는 어떻게 해서 세모라고 하는지 설명해 준다.
8. 세모 조각으로 네모를 만들어보인다.

9. 이렇게 세모와 네모의 연관관계를 보여준 후 퍼즐 만들기를 한다.
10. 명화 뒷면에 마닐라지를 붙인다.
11. 자를 대고 대각선과 직선으로 여러 세모를 만든다.
12. 선 따라 오린다.
13. 뒤집어 놓고 그림 맞추기를 해본다.

교사를 위한 도움말

1. 각각의 도형이 서로 연관될 수 있음을 알 수 있어 도형을 이용한 사물의 형태를 연상할 수 있다.
2. 명화를 활용함으로써 낯선 작품에 대해 친근함을 유도할 수 있다.

응용

1. 어린 유아들은 적은 수의 퍼즐을 만들고 연령이 높은 유아들은 수가 많게 분할하여 만든다.
2. 크기가 똑같고 모양이 같기 때문에 그림 맞추기가 어려울 수 있으니 각 칸마다 순서대로 번호를 적어서 활용한다.
3. 곡선을 활용한 퍼즐을 만들어 형태의 다양함을 경험시킬 수 있다.

[사진 11-5] 도형으로 또 다른 도형 만들기

활동명 다양한 꽃과 잎 그림

활동목표

- 자연물의 아름다움을 느낄 수 있다.
- 자연물의 특성을 알고 자연물을 활용하여 조형활동을 할 수 있다.

핵심요소

- 자연과 생활에서 아름다움을 찾아보기 : 예술적 요소 찾기
- 예술적 표현 즐기기 : 조형활동으로 표현하기

활동자료

16절지 크기의 진한 색지, 16절지 크기로 자른 투명 시트지

활동방법

1. 떨어진 꽃을 관찰하며 손에 받는 등 다양한 방법으로 놀이한다.
   - 떨어진 꽃을 보니 어떠니? 꽃을 손으로 받아볼까?
2. 떨어진 꽃과 주변의 자연물 등을 줍는다.
3. 떨어진 꽃과 주변의 자연물을 진한 색깔의 종이 위에 올려놓으며 구성한다.
   - 꽃과 잎으로 무엇을 꾸밀 수 있을까?
4. 구상한 대로 자연물을 다 올려놓은 후에 투명 시트지를 덮어 고정한다.
5. 작품을 바로 전시하여 친구들과 감상한다.

교사를 위한 도움말

- 봄철 벚꽃이 많이 떨어지는 시기에 활동하면 효과적이다.

[사진 11-6] 나뭇잎 그려보기

응용

1. 도화지의 크기를 조절하여 제시할 수 있으며, 유성 매직펜을 이용하여 작품을 보완하여 꾸밀 수 있다.
2. 전지 크기의 도화지를 이용하여 공동작품으로 구성할 수 있다.

활동명 다양한 소리를 표현해 보아요

활동목표

- 생활 속의 다양한 소리를 듣고 느낌을 표정으로 표현할 수 있다.
- 아름다운 소리는 사람의 기분을 좋게 한다는 것을 안다.
- 생활주변의 다양한 소리에 관심을 가진다.

핵심요소

- 예술적 표현 즐기기 : 예술적 표현 존중하기
- 자연과 생활에서 아름다움 찾아보기 : 소리, 움직임, 조형물에 관심 가지기

활동자료

- 녹음기, 거울, 카메라, 소리녹음 자료(시끄러운 소리, 아름다운 소리)

활동방법

1. 녹음된 소리들을 들어보고, 각 소리와 관련된 경험과 느낌에 대하여 이야기 나눈다.
   - 교실에서 시끄럽게 떠드는 소리를 들었을 때 어떤 기분이 들었니?
   - 아름다운 음악 소리를 들었을 때 어떤 기분이 들었니?

[사진 11-7] 녹음된 소리 감상하기

2. 각 소리를 들으면서 그 기분들을 표정으로 표현해 본다.
   - 자동차가 빵빵거리는 소리를 들으면 어떤 표정이 지어질까?
   - 새소리를 들으면 어떤 기분일까? 표정이 어떻게 될까?
3. 거울을 보면서 여러 소리에 따라 표정을 지어본다.
4. 카메라로 찍은 후 같은 소리를 듣고 서로 어떤 표정을 지었는지 비교해 본다.
5. 사진을 제시한 후 어떤 소리들이 사람의 표정을 밝고 환하게 만들었는지 이야기해 본다.

교사를 위한 도움말

1. 유아들의 서로 다른 표정 짓기를 격려하기 위하여 다양한 표정 사진들을 모아 게시하면 좋다.
2. 유아들이 표정 짓기를 어려워할 경우, 교사가 시범을 보여주어 유아들이 다양하게 활동할 수 있도록 돕는다.

응용

1. 유아들의 표정 사진을 벽면에 게시한 후, 이야기를 만들어볼 수 있다.
2. 만 4, 5세 유아들은 표정뿐 아니라 몸 전체를 이용하여 표현해 볼 수 있으며, 다양한 도구들(금, 천, 리본 등)을 활용하여 표현해 볼 수 있다.

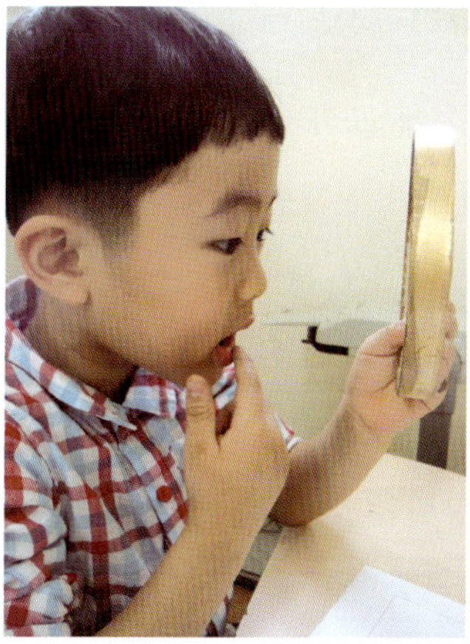

[사진 11-8] 다양한 표정 지어보기

활동명 내가 생각한 화폐 만들기

활동목표

- 여러 나라의 화폐에 관심을 가진다.
- 유치원 화폐를 창의적으로 만들고 꾸민다.

핵심요소

- 사회현상에 관심 가지기 : 다양한 문화에 관심 가지기
- 예술적 표현 즐기기 : 조형활동으로 표현하기

활동자료

- 여러 나라의 다양한 화폐 확대 인쇄본, 색연필, 네임펜, 유아 개인 사진, 잡지에서 오린 인물사진

활동방법

1. 여러 나라의 화폐를 보며 이야기 나눈다.
   - 이것은 무엇이니?
   - 어느 나라 돈일까?
   - 돈에 무엇이 그려져 있니?
   - 돈 속에 있는 사람은 누굴까?
   - 어떤 사람들을 돈 속에 그려넣는 걸까?
2. 유치원에서 사용할 화폐를 만드는 방법에 대해 이야기 나눈다.
   - 우리 유치원 역할놀이에서 사용할 돈을 만든다면 어떻게 만들어보겠니?
   - 어떤 모양으로 만들고 싶니?
   - 돈에 무엇을 그려넣으면 좋을까?
3. 유아가 만들고 싶은 방법을 선택하여 만든다.
   - 화폐 그림 일부를 복사하고 유아가 나머지 부분을 그림으로 채워 완성한다.

- 지폐에서 인물 그림 있는 곳을 오려낸 후 반 친구 얼굴을 그려 붙이거나 사진을 오려 붙여 유치원 화폐를 만든다.
- 직접 새로운 화폐 도안을 그려서 색칠하고 액수를 쓴다.

4. 만든 화폐 작품들을 전시한다.

교사를 위한 도움말

1. 화폐 안에 그려진 여러 가지 그림들을 탐색할 수 있는 시간을 충분히 주고, 유치원만의 독특한 화폐를 만들 수 있도록 격려한다.
2. 나라마다 화폐가 있으며 화폐 속에 그 나라의 위인이나 훌륭한 예술품 등의 그림을 그려넣어 화폐를 만든다는 점에 관심을 갖도록 한다.
3. 생활 주제 '우리 동네' 와 연계할 수 있다.

응용

1. 유아들이 만든 화폐를 역할놀이 영역에서 사용할 수 있다.
2. 여러 가지 화폐를 자세히 관찰하며 화폐의 특징을 찾아볼 수 있다.

[사진 11-9] 내가 만들고 싶은 화폐 구상하기

활동명 나는 어떤 동물일까요?

활동목표

- 동물이 가지고 있는 상징을 표현할 수 있다.

핵심요소

- 동물들이 가지고 있는 특징을 찾을 수 있다.
- 특징을 조형 요소와 연결할 수 있다.
- 조형 요소를 매체로 표현할 수 있다.

활동자료

- 사자, 시츄 등의 털이 강조될 수 있는 동물 사진들, 도화지, 선으로 된 매체들, 본드, 색연필

활동방법

1. 유아들에게 털이 긴 동물 사진들을 보여준다.
2. 그 동물들이 가진 특징이 무엇인지 이야기해 본다.
3. 털이 긴 것을 무엇으로 표현하면 좋을지 교실의 매체들과 연결지어 보게 한다.
4. 사자를 표현할 수 있는 매체를 각자 한 가지씩 정하게 한다.
5. 도화지에 사자를 그리고 매체를 이용하여 표현하게 한다.
6. 완성된 사자를 모아 놓고 다양한 표현들을 감상하게 한다.
7. 그 밖에 선으로 표현할 수 있는 것이 무엇인지 살펴보게 한다.

응용

- 실을 감아서 입체로 사자를 표현해 보게 한다. 또는 오랑우탄이나 시츄 같은 동물도 표현해 보게 한다.

[사진 11-10] 여러 매체로 사자 표현하기

활동명 곡식들의 합창

활동목표

- 북을 강하게 때려서 큰 소리를 낸다.
- 북소리는 때리는 힘과 관계가 있다는 것을 안다.

핵심요소

- 간단한 악기 놀이
- 곡식의 양에 다른 소리 비교
- 크고 작은 소리 비교

활동자료

- 북과 채, 몇 알의 쌀이나 다양한 곡식 종류

활동방법

1. 소리를 낼 수 있는 것에는 어떤 것들이 있는지 알아본다.
2. 소리를 내는 방법, 소리를 들을 수 있는 곳, 소리를 만들 수 있는 것들에 대해 함께 알아본다.
   - 우리의 몸 가운데 소리를 듣는 곳은 어디일까요?
   - 소리를 낼 수 있는 방법은 어떤 방법들이 있을까요?
   - 소리를 낼 수 있는 재료에는 무엇들이 있을까요?
3. 교사가 북 위에 쌀을 올려놓고 채로 두드려서 두드리는 힘으로 인해 쌀이 움직이는 모습이나 쌀이 튀는 모습을 관찰한다.
4. 유아에게 쌀 몇 알을 주고 중심쪽으로 모아두게 한다.
5. 북 위에 있는 쌀을 쳐서 쌀이 움직이는 모습을 관찰한다.
   - 북채로 북을 두드리면 쌀은 어떻게 될까요?
   - 빠르게, 느리게 두드리면 쌀은 어떤 모습으로 움직일까요?
6. 북채로 두드렸을 때의 쌀의 움직임과 북채를 강하게 하여 북을 두드렸을

때의 쌀의 변화하는 모습, 움직임을 관찰한다.

7. 쌀이 북 위에서 떨어지지 않게 얼마나 많은 시간을 두드릴 수 있는지 알아 본다.
   - 두 명의 친구가 게임으로 활동한다.
8. 쌀의 움직임을 보고 몸으로 쌀이 어떻게 움직였는지 표현해 본다.

후속활동

[사진 12-1] 여러 가지 곡식들을 탐색

[사진 12-2] 여러 가지 곡식들을 만져보는 모습

[사진 12-3] 북채로 약하게 치는 모습

[사진 12-4] 북채로 강하게 치는 모습

1. 쌀 대신 크기가 각각 다른 곡식을 이용하여 움직임을 알아볼 수 있다.
   - 쌀이 움직일 때와 크기가 다른 곡식이 움직일 때 어떻게 달라졌을까요?
   - 곡식들이 북채의 강도에 따라 얼마만큼 튀어 올랐을까요?
   - 쌀과 곡식의 양을 조절하면 어떤 소리가 날까요?

2. 손을 사용하여 북을 쳤을 때 쌀과 곡식은 어떤 소리를 내는지 알아본다.
   - 쌀과 종류가 다른 곡식의 소리는 어떤 소리들이 날까요?
   - 가장 큰소리를 낸 곡식은 어떤 곡식일까요?
   - 가장 작은 소리를 낸 곡식은 어떤 곡식일까요?
   - 북 외에 탬버린, 우유팩.. 등 다양한 재료나 악기로 소리를 비교해 본다.

유의사항

1. 힘의 세기를 조절하여 북을 두드려 보게 한다.
2. 쌀과 곡식은 작아 주위로 흩어질 수 있음으로 활동 후 활동자료에 담아 보관할 수 있도록 한다.

평가

아이들과 소리를 낼 수 있는 것에는 어떤 것들이 있는지 알아보고 이야기를 나눴다. 북채로 약하게 칠 때와 강하게 칠 때 곡식들이 어떤 모습이였는지 힘을 강하게 하면 왜 곡식들이 흩어지는지 곡식들이 흩어지는 모습을 아이들과 함께 신체활동으로 추후활동을 마무리하였다.

활동명 빗으로 만든 피리

활동목표

- 자기 자신의 악기를 만들고 그것을 사용하여 간단한 연주를 할 수 있다.

핵심요소

- 음악 제작, 표현, 음악 작곡

활동자료

- 각 유아를 위한 작은 플라스틱 빗, 밀랍종이, 화장지 그리고 여러 가지 종이

활동방법

1. 각 유아에게 빗과 같은 크기의 밀랍종이를 준다. 유아에게 종이를 빗 위로 감싸서 접게 한다.
2. 빗의 평평한 부분을 잡고 입에 대고 불어본다.
   - 종이가 떨리면서 윙윙 소리가 난다.
3. 빗으로 만든 피리를 이용해 합창을 하게 하고 유아들이 잘 아는 익숙한 노래를 부르게 해보자.
4. 빗 피리를 만들기 위해 여러 가지 종이와 화장지 등을 사용하게 해보자. 그리고서 소리의 변화를 탐색하게 한다.

추후활동

- 유아에게 여러 종류의 악기를 만들도록 해본다. 다양한 재료를 제공하고 경험할 수 있는 시간을 충분히 준다.
  - 작고 단단한 상자의 윗부분을 떼어내고 여러 가지 크기의 고무줄을 감아서 고무줄 하프를 만든다. 보다 정교한 악기를 만들기 위해서 뚜껑을 다시 달고 안에 구멍을 내어 '소리판'을 만들거나 고무줄 아래 연필을 끼워 넣어서 '다리' 역할을 하게 할 수도 있다.
  - 사인펜 뚜껑을 이용하여 팬파이프(panpipes)를 만들 수 있다. 크기가 서로 다른 사인펜 뚜껑 4~5개를 모은다. 유아들에게 뚜껑 위쪽으로 바람을 불어보게 하여 높은 소리에서 낮은 소리가 나는 순서대로 배열하게 한다. 뚜껑을 막대사탕 막대에 테이프로 단단하게 고정시킨다. 일반적으로 뚜껑이 크면 소리가 더 맑다.
  - 어른이 도와줄 수 있으면 여러 종류의 소리통을 만든다. 두 개의 병뚜껑을 서로 등을 대도록 하여 못을 박아붙인다. 이와 같이 병뚜껑으로 만든 것을 몇 쌍 만들어서 여러 가지 방법으로 막대 끝에 배열해 본다. 예를 들면 유아들은 모든 병뚜껑을 하나의 막대 끝에 붙일 수 있다. 또는 몇 쌍을 막대의 양쪽 끝에 붙이고 막대의 가운데를 붙잡을 수 있다.
  - 1ℓ 짜리 음료수 병을 반으로 자른다. 유아에게 자른 병 위에 밀랍종이를 붙여 밑바닥 외부로 드럼을 만들게 한다. 고무밴드로 고정한다.

활동명 악기 소리의 탐색

활동목표

- 간단한 악기를 연주함으로써 소리에 대해 학습하고 탐색한다.

핵심요소

- 표현하기, 다른 악기 소리의 분별과 확인

활동자료

- 북, 트라이앵글, 여러 종류의 리듬 악기, 실로폰 등

활동방법

1. 유아와 함께 연중 사용할 수 있는 다양한 악기를 모은다. 유아에게 악기를 탐색해 보고, 소리를 만들어보고 음악을 만들 것이라고 말한다. 유아를 한 사람씩 초대하여 악기를 가지고 얼마나 많이 서로 다른 소리를 만들 수 있는지 탐색해 보게 한다.
2. 유아가 직접 그 악기들을 경험할 수 있게 한다.
   - Bjornar Bergathon의 『초등학교에서의 음악적 성장(Musical, Growth in the Elementary School)』에 기초한 탐색활동의 제안은 다음과 같다.
     ① 북 : 다른 여러 가지 방법으로 가볍게 두드려 본다. (손끝, 손바닥, 주먹, 여러 가지 다른 물체 등)
     ② 실로폰 : 고무 채, 플라스틱 채, 나무 채를 가지고 두드려 본다.
     ③ 리듬 막대 : 끝쪽을 두드려 보고 손과 가까운 곳을 두드려 본다. 책상, 바닥, 책 위를 두드린다. 다른 길이의 막대를 사용해 본다.
     ④ 키보드 : 낮은 음과 높은 음에서 같은 선율을 연주한다. 개별적으로 선율의 시리즈를 연주해 본다. 피아노가 있다면 피아노 줄과 해머가 어떻게 음을 만드는지 관찰한다. 피아노라면 페달을 사용하여 음의 변화를 줄 수 있다.

3. 유아가 직접 만들어낸 소리를 묘사해 볼 수 있도록 한다.
   - 소리가 어떻게 하면 달라지나요?
   - 어떻게 크고, 작은 소리를 낼 수 있을까요?
   - 자장가, 운동경기, 생일축하, 이별을 위한 악기연주는 어떻게 하면 좋을까요?

[사진 12-5] 북을 여러 가지 방법과 채로 두드려 보면서 소리탐색

[사진 12-6] 다양한 채를 이용하여 실로폰 소리를 탐색

[사진 12-7] 손끝, 손바닥, 손가락 등 신체 부위를 다르게 하여 소리탐색

[사진 12-8] 탐색했던 소리를 이용한 합주

후속활동

1. 같은 구절을 다른 악기로 연주했을 때 소리의 변화를 비교해 본다.
   - 유아에게 지휘자/작곡가의 역할을 교대로 하게 한다. 지휘자는 리듬 패턴을 만들어 '악단'에게 연습시킬 수 있다. 그런 다음 지휘자는 각 개인의 악기나 소집단에게 소절을 혼자서 소리 내보도록 신호를 준다. 악기를 서로 다르게 조합하여 소리 낸 결과를 비교해 보고 토의해 본다.
2. 소집단으로 연주하도록 하여 학급에서 즉흥적으로 곡을 지어본다. 유아들이 한 번에 한 명씩 또는 유아들이 원하는 효과를 내기 위해서는 어떤 악기가 필요한지 생각해 보도록 한다. 예를 들어, '폭풍'이나 '서커스' 등 같은 주제를 고른다. 어떤 유아가 코끼리를 표현할 수 있을까?

평가

여러 가지 악기의 강 · 약과 음의 세기를 알아보고 직접 연주해봄으로써 음의 차이를 알 수 있고, 연주를 위한 힘의 조절 또 그 강 · 약을 통해 전체 노래의 분위기를 파악해 어떨 때는 센 음이 필요하고, 어떨 때 약한 음이 필요한지 알 수 있었다.

다양한 악기를 연주해 볼 수 있는 경험을 가질 수 있어서 좋았고, 음역과 강약을 통해 자장가 같은 노래는 약한 음, 부드러움, 은은한 소리가 필요하고 행진곡, 응원가 등은 신나고 센 음이 필요함을 알 수 있었다.

악기의 소리를 탐색함으로써 유아가 다양한 음과 세기를 알고 이해하는 데 많은 도움이 된 것 같다.

활동명 요술 병 실로폰 놀이

활동목표

- 병 또는 일정한 컵에 물의 양을 다르게 담아 실로폰으로 이용함으로써 음의 소리가 다름을 탐색한다.

핵심요소

- 음높이 분별하기, 음악 연주하기, 음악 작곡하기

활동자료

- 약 1ℓ 정도 크기의 똑같은 모양의 유리 병 5~8개, 물주전자, 깔대기, 실로폰, 막대, 물

활동방법

1. 각 병에 물의 양을 서로 다르게 담는다. 음높이가 적절하게 나올 수 있도록 물의 양을 잘 조절해야 한다. 유아가 요술 병 실로폰을 연주할 수 있도록 실로폰 막대를 사용하게 한다.
2. 병에 채워진 물의 양에 따라 다른 소리가 나는 이유를 유아와 함께 탐색해 본다. (병에 물을 담고 나서 남은 빈 공간의 길이가 짧을수록 떨림을 빠르게 하여 높은 소리가 난다.)
3. 요술 병의 물을 다 비운 후 유아 자신이 만든 요술 병 실로폰을 연주해 보도록 한다. 유아가 직접 병에 물을 채우면서 요술 병 실로폰 소리의 높낮이를 만들어보도록 한다.
4. 유아가 요술 병 실로폰을 이용해 노래를 지어보도록 한다. 각 병에 소리의 높낮이를 표현할 수 있는 기호를 붙인다. 전통적인 모양을 사용해도 좋고, 유아들만의 상징으로 붙여도 좋다.
5. 유아는 노래를 하면서 직접 만든 요술 병 실로폰을 연주한다.
6. 노래를 음악 차트에 순서대로 기록해 본다.

7. 음악 차트를 다른 유아와 같이 봄으로써 음악을 학습하게 되고, 음악을 이해하고 표현할 수 있다.
8. 악보를 보면서 또는 유아들이 요술 병에서 나는 소리를 이용하여 노래를 만들어 연주한다.

추후활동

1. 유아에게 실로폰 채를 이용하는 것 대신 병을 불게 해보자.
2. 병 안에 빨대를 넣고 물속에서 불어보게 해보자.

유의사항

1. 소리를 구별할 수 있도록 물의 높이를 다르게 하도록 주의한다.
2. 채를 이용하여 너무 세게 연주하지 않도록 주의하며 물이 넘치지 않도록 한다.

활동명 달려라 태권브이!

활동목표

- 영화에 있어 음악의 역할에 대해 알아보고 이해할 수 있다.
- 음악의 느낌을 재활용 악기를 이용하여 리듬감과 박자를 표현한다.

핵심요소

- 간단한 곡 만들기
- ~적 이미지와 음악 형식을 연결시키기

활동자료

- 짧은 영화, 비디오, 또는 만화, 녹음기 그리고 공 테이프

활동방법

1. 교사가 준비한 '보고 싶은 만화영화' 그래프를 보고 유아들이 스티커로 붙여서 선택한다.
2. 유아들의 선택이 끝나면 가장 많이 선택한 '보고 싶은 만화영화'를 선정한다.
3. 선정된 만화영화를 감상한다.
4. 감상한 영화내용에 대해 이야기하며 영화음악과 관련하여 토의한다.
   - 영화를 보면서 유아들이 가장 좋아하는 음악은 어떤 것일까? TV와 영화에서 특별한 성격의 인물이 등장할 때면 그들만이 특별한 배경음악이 나온다는 것을 설명한다. 음악은 또한 무언가 일이 일어날 때 무섭거나 중요한 것들을 청중이 느낄 수 있도록 감정을 불러일으키거나 경고를 해주기도 한다. 이 영화와 여기서 나오는 행동에 알맞은 음악은 어떤 것이 있을지 이야기해 보자.
5. 토론이 끝나면, 유아는 지금까지 그들이 그냥 봐왔던 음향효과와 음악에 대한 테이프를 만드는 데 도움이 될 것이다.

- 교실에 있는 여러 가지 도구와 목소리를 이용해서 영화음악이나 드라마 음악을 어떻게 만들 수 있을까?
- 드라마 각각의 인물들을 유아들은 어떻게 연기할 수 있을까?
- 원하는 음향효과를 내기 위해 교실에 있는 소도구를 어떻게 사용할 수 있을까?
- 영화에 사용되어진 음악과 영화상의 성격, 그리고 행동이 어떻게 조화를 이룰 수 있을까?

6. 유아들과 함께 재활용 악기를 만든다.
7. 재활용 악기를 이용하여 음악을 연주한다.

후속활동

- 재활용 악기를 이용하여 다른 악보를 연주한다.
- 악기 소리에 맞추어 신체 표현할 수 있다.

유의사항

- 영화음악을 만들어내는 것은 장기 프로젝트이다. 유아에겐 영화 보기가 필요하고 목소리, 음악, 그리고 배역을 성공적으로 완성하기 위해 여러 음향효과를 연습할 필요가 있다. 반구조적인 활동을 만들기 위해 교사는 비디오 소리를 끄고 자신들이 만든 것을 녹음하지 않고 화면이 상영될 때 직접 연주하도록 할 수 있다.
  - 너무 세게 두드리지 않고 음에 따른 힘 조절을 할 수 있도록 한다.

활동명 아빠 힘내세요! (응원수술 이용하기)

활동목표 ◦ 아빠를 사랑하는 마음을 노래에 담아 동작과 도구(응원수술)를 이용해서 표현하기

핵심요소 ◦ 사랑하는 마음을 담아서 아빠 응원하기

활동자료 ◦ 응원수술(왼손, 오른손 각 1개씩)

활동방법

1. 노래를 반복적으로 배운다. (액센트, 템포, 감정을 살리면서)
2. 응원할 때 쓰는 수술을 준비해서 위아래, 좌우로 흔들기 등의 간단한 동작부터 시작하여 점차 확대하면서 활동한다.
3. 예를 들어, 곡 전체를 총 4단락으로 나누어 단락마다 손동작을 달리해서 유아들은 쉽고 흥미 있는 동작을 할 수 있다. (4/4박자, 4분음표일 때 하나의 동작을 하는 것을 기본으로 해도 좋다. 동작은 유아의 수준에 따라 응용변경 가능하다.)
   - 1단락 : 위에서 두 번, 아래에서 두 번 수술을 흔든다.
     (딩동댕 초인종 소리에 얼른 문을 열었더니 그토록 기다리던 아빠가 문 앞에 서 계셨죠.)
   - 2단락 : 왼쪽에서 두 번, 오른쪽에서 두 번 수술을 흔든다.
     (너무나 반가워 웃으며 아빠하고 불렀는데 어쩐지 오늘 아빠의 얼굴이 우울해 보이네요.)
   - 3단락 : 무릎치기 두 번, 박수치기 두 번 (무슨 일이 생겼나요. 무슨 걱정 있나요. 마음대로 안 되는 일 오늘 있었나요)
   - 4단락 : 위에서 두 번, 아래에서 두 번 수술을 흔든다.
     (아빠 힘내세요. 우리가 있잖아요. 아빠 힘내세요. 우리가 있어요. 힘내세요. 아빠)

아빠 힘내세요

권연순 작사
한수성 작곡

활동명 작은 동물원(리듬 치기)

활동목표

- 탬버린과 트라이앵글로 박자와 리듬 감각을 익힌다.

핵심요소

- 정확한 4분음표 박자치는 능력

활동자료

- 탬버린, 트라이앵글(그룹활동)

활동방법

1. 작은 동물원 노래를 배운다.
2. 두 그룹으로 나누어 한 그룹은 탬버린, 다른 한 그룹은 트라이앵글을 가지고 노래를 부르면서 적당한 박자를 치면서 연습해 본다.
3. '작은 동물원' 은 4/4박자로 4분음표가 한박으로 한 마디 안에 4분음표가 4개 들어가 있는 구조이다. 여기서, 첫째 박이랑 셋째 박에서 탬버린과 트라이앵글이 박자치기를 한다.
   (참조 박자치기 내용 : 빨강색 부분-탬버린, 파랑색 부분-트라이앵글)

   삐약삐약-/병아리-/음매음매-/송아지-/
   따당따당-/사냥꾼 뒤뚱/뒤뚱 물오/리---/
   푸-푸-/개-구리-/집게집게집-게/가-재-/
   푸르르르르르르/물풀--/----/소라----/

4. 템포는 모데라토로 하며, 빨라지거나 느려지지 않게 정확한 박을 치도록 지도한다. (이때, 정확한 박을 위해 메트로놈 효과를 주는 전자드럼 이용가능)

응용

1. 유아들이 악기를 직접 만들어 사용 가능하고, 캐스터네츠나 마라카스 등 다양한 악기로도 대체 가능하다.
2. 악기가 없이 손뼉 치기나 발 구르기로도 활동이 가능하다.

작은 동물원

김성균 작사
김성균 작곡

활동명 작은 별(유아합주)

활동목표

- 악기를 연주함으로써 음색에 관심을 갖는다.
- 악기를 두드리면서 대 · 소근육의 발달을 도모한다.
- 친구들과의 합주를 통해 협동심을 기를 수 있다.

핵심요소

- 오케스트라처럼 여러 악기를 동원해 각자 파트별로 연주하기

활동자료

- 실로폰, 캐스터네츠, 여러 종류의 리듬 악기

활동방법

1. 모차르트 '작은 별'은 2/4박자로 4분음표가 한박으로 한 마디 안에 2박자가 들어가는 곡으로 비교적 유아들이 쉽게 접근할 수 있는 곡 중 하나이다.
2. 형식은 AB로 A가 두 번 반복된다. 되도록 A부분은 같은 리듬 패턴을 이용한다.

A : 반짝 반짝 작은 별 아름답게 비치네
B : 서쪽 하늘에서도 동쪽 하늘에서도
A : 반짝 반짝 작은 별 아름답게 비치네

3. 리듬 악기를 선정한 다음, 그 악기에 맞는 리듬을 만든다. 처음에는 조금 쉽게 점차적으로 난이도를 높이는 것이 바람직하다.

[사진 12-9] 다른 친구의 악기 소리를 탐색해 본 후, 어떤 악기의 소리일지 추측해 보는 사진

[사진 12-10] 「작은 별」 합주를 하는 사진

평가

유아들과 함께 악기를 이용하여 합주연주를 해보았다. 유아들이 잘 알고 있어 친숙한 「작은 별」이라는 노래를 선정했다. 합주 전에 각각의 악기마다 내는 소리를 탐색해 본 후, 느낌을 말해 보았다. 악기에서 나는 소리를 한 가지 음으로 표현하는 유아들도 있었고, 음의 높낮이를 몸으로 표현하는 유아들의 모습도 볼 수 있었다. 악기를 동시에 연주해 보며 합주에 대한 개념을 알아보았다. 혼자서 연주할 때보다 친구들과 함께 연주했을 때 유아들이 더욱 더 즐거워했다. 여러 종류의 악기로 합주했을 때 내는 소리의 웅장함과 악기들마다 내는 독특한 음색이 하나의 음으로 나는 소리를 감상하며 유아들과 함께 음의 어울림을 경험할 수 있는 좋은 기회였다.

작은 별

윤석중 작사
모차르트 작곡

활동명 생일 파티

활동목표

◦ 친구를 위한 생일 파티 계획을 통해 서로 다른 사회적 역할을 연습해 본다.

핵심요소

◦ 행동 조직하기, 세팅할 목적과 계획하기, 생각 교환하기, 목적을 향해 함께 작업하기, 자아 그리고 다른 사람의 능력 인정하기를 포함한 특별한 사회적 역할 가정하기

활동자료

◦ 분필과 칠판 또는 종이나 쓸 것

활동방법

1. 그 달에 생일 맞는 친구들을 위한 생일 파티를 달마다 계획한다. 다음의 질문을 고려하여 토의한다.
   - 왜 이런 파티를 할까?
   - 수업 시간 동안 파티를 하기 위한 가장 좋은 시간은 언제가 좋을까?
   - 어떤 음식을 먹고 싶니?
   - 그것을 누가 준비하면 좋을까?
   - 파티를 위해 또 달리 준비해야 할 것은 무엇일까?
   - 그것을 누가 가져올까?
   - 누가 청소하지?
   - 각 파티에 알맞은 제목은 무엇일까?
   - 이미 지난 생일에 대해 우리가 무엇을 할 수 있을까?
2. 유아와 토론을 한 후 유아 스스로 목록을 정하고 배역을 정할 수 있도록 도와준다.

교사를 위한 도움말

1. 파티는 학기 중 계속하여 이루어질 수 있는 활동이다. (첨가하여 모든 생일을 똑같이 인식되어지도록 한다).
   - 유아가 파티를 계획하고, 조직하고, 역할을 분담하고, 의사결정을 하고, 준비하고, 실행에 옮기고, 청소하는 데 스스로 참여하게 한다. 다른 파티를 위해 역할을 바꿀 수 있도록 한다.
2. 계획하는 동안 양자택일 할 수 있는 그리고 하나를 선택해야 하는 경우를 제공해 보자. 문제를 풀고 활동을 구성할 때, 유아는 한계 내에서 적합한 선택을 할 수 있게 된다. 예를 들어, 그 달의 첫 날과 마지막 날, 휴가 아침과 휴가 오후 중 어느 때 일어날 파티를 말한다.
   - 가장 좋은 결합은 무엇이며, 왜 그런가?

생일 축하 노래

외국 곡

활동명 무순과 콩나물

활동목표

- 무순과 콩나물의 생김새를 비교·관찰할 수 있으며 성장과정의 차이를 알 수 있다.

관찰측정기간

- 5~6개월

활동자료

- 무순 씨, 콩나물 콩, 스티로폼 용기, 콩나물 배양기, 물

사전준비

- 무순과 콩나물 콩을 어떻게 키워야 할지 이야기 나눈다.

활동방법

1차 활동 : 씨앗 심기

1. 무순 씨와 콩나물 콩의 생김새를 관찰한다.

[사진 13-1] 콩나물 콩

2. 무순 씨와 콩나물 콩의 씨를 각각의 활동지에 붙여 보고 어떻게 자랄지 상상해 본다.
3. 스티로폼 용기와 콩나물 배양기에 각각의 씨앗을 적당히 넣게 한다.

[사진 13-2] 무순 기르기

4. 물을 주고 햇빛이 잘 드는 곳에 둔다.

2차 활동 : 싹이 났어요

1. 어떻게 변했는지 살펴본다.
2. 무순과 콩나물 콩의 싹이 어떻게 다르게 났는지 이야기 나누어본다.
3. 무순과 콩나물 콩의 싹이 났을 때의 모양을 그려보게 한다.

[사진 13-3] 무순 싹 났을 때 그림

3차 활동 : 다 자랐어요

1. 무순과 콩나물이 다 자랐을 때를 관찰하고 성장과정의 차이점에 대해서 이야기 나눈다.

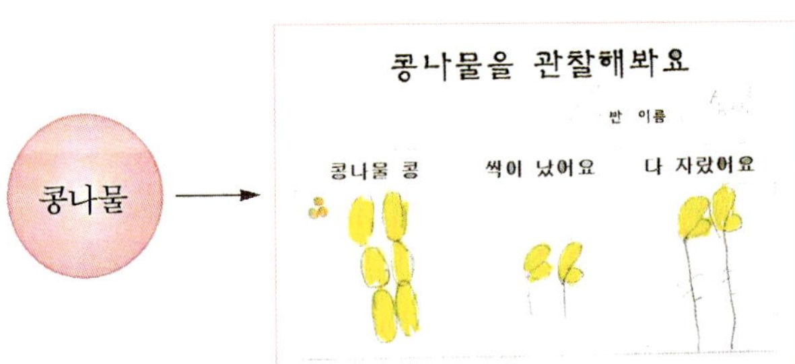

[그림 13-1] 콩나물 관찰 활동지

2. 활동지에 다 자란 각각의 식물을 비교해서 그린다.

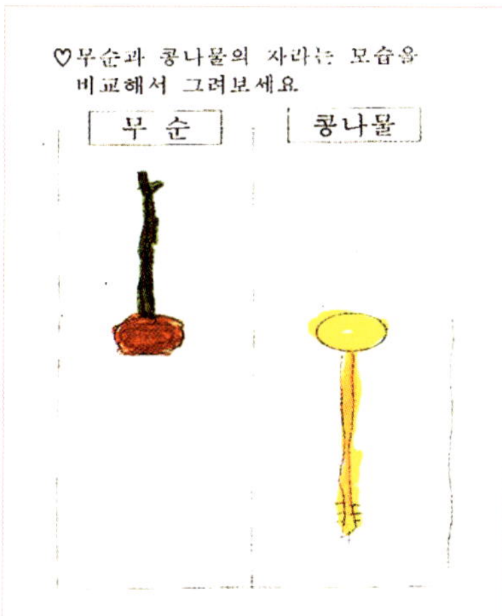

[그림 13-2] 무순과 콩나물의 자라는 모습 비교하기

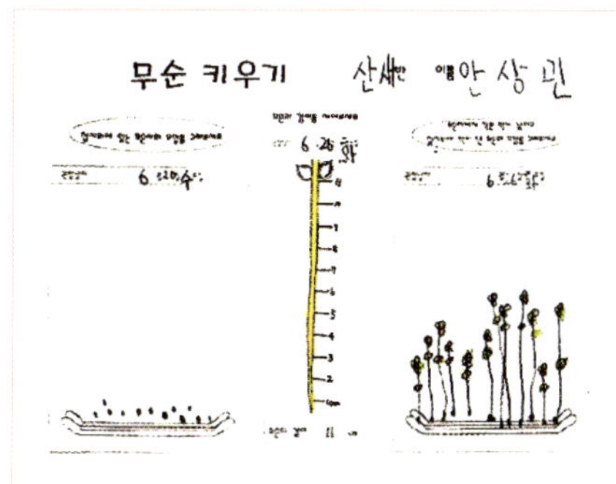

[그림 13-3] 무순이 자라는 모습 비교하기

3. 무순과 콩나물의 공통점을 이야기 나눈다. (수경재배)

4차 활동 : 요리

1. 무순과 콩나물을 가지고 할 수 있는 요리에 대해서 이야기 나눈다.
   - 무순 콩나물 무침
2. 요리에 필요한 준비물과 어떻게 할 것인지 이야기 나눈다.
   - 준비물 : 무순, 콩나물, 소금, 참기름, 접시, 냄비, 가스레인지, 젓가락, 큰 그릇
   - 2개조로 나누어서 각각 콩나물과 무순을 다듬을 수 있도록 한다.
3. 요리를 한다.

4. 활동지를 한다.

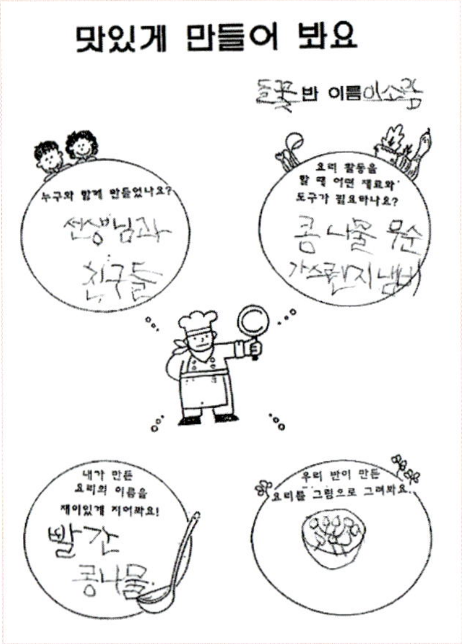

[그림 13-4] 무순과 콩나물로 요리하기

5. 집에서 엄마와 함께 해본다.

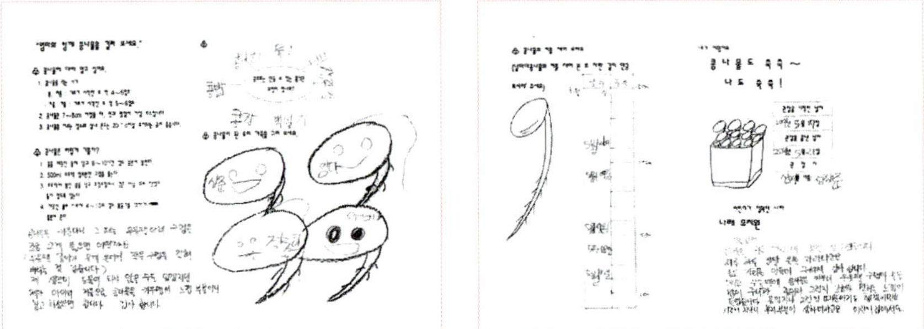

[그림 13-5] 콩나물 기르기 관찰 일지

결과

1. 식물의 성장과정을 알 수 있으며 식물의 종류에 따라 성장의 차이점을 알 수 있다.
2. 식물이 성장할 때 필요한 요소를 알 수 있다. (햇빛, 물, 사랑)
3. 식물의 재배방법 중 수경재배에 대해서 알 수 있다.

확장활동

1. 식물의 성장과정
   - 싹이 무순처럼 나는 식물에는 어떤 것이 있으며 콩나물처럼 나는 것은 어떤 것이 있는지 살펴본다.

     예 무순처럼(위로)–미나리, 양파 등
     콩나물처럼(아래로)–숙주(녹두)
2. 수경재배
   - 콩나물이나 무순처럼 수경재배할 수 있는 식물에는 어떤 것이 더 있는지 알아본다.

     예 상추, 미나리, 숙주 등
3. 요리활동
   - 무순과 콩나물을 아이들과 함께 요리활동 시간에 해 먹는다.
     - 무순–김밥 만들기(시금치나 오이 대신 무순을 넣는다.)
     - 콩나물–콩나물국이나 콩나물 무침, 콩나물 밥 등을 해 먹는다.
     - 무순 콩나물 무침–무순이 매운맛이 있어서 파 대신 넣는다.
4. 과학활동
   - 무순은 햇빛을 잘 받아야 잘 자라고 콩나물은 햇빛을 받지 않아야 잘 자란다는 것을 아이들과 함께 활동해 본다.
     - 직접 실험해 본다. : 콩나물에 햇빛을 주었을 때와 무순에 햇빛을 주지 않았을 때를 비교해 본 후 왜 그런 결과가 나왔는지 아이들과 이야기 나눠본다.
5. 창의활동
   - 아이들에게 먼저 흥미 유발을 위해서 창의 시트지로 활동해 본다.

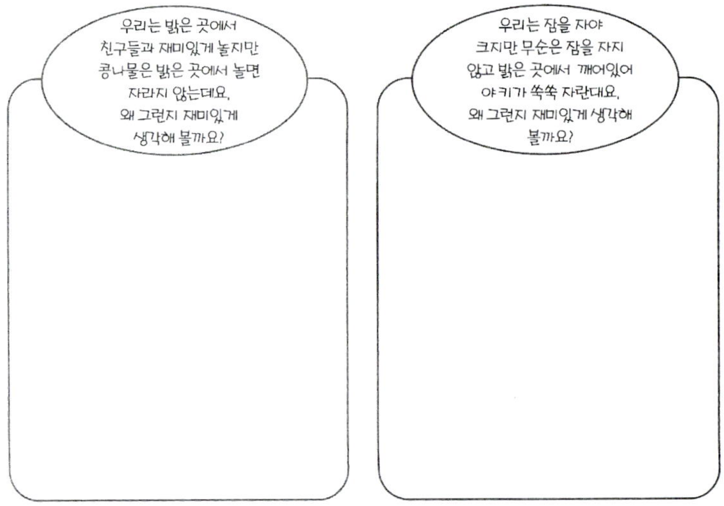

[그림 13-6] 콩나물과 무순은 왜 그럴까? 창의 시트지

– 활동 중간 아이들이 생각할 수 있도록 시트지를 만들어서 활동해 본다.

예 도형적인 창의성, 문제 해결력 등

[그림 13-7] 다양한 창의 시트지

– 엄마와 함께 하는 활동지

관찰일지 제2수준

무순아~ 나와라! 쑥쑥!

관찰을 시작한 날짜	년 월 일
관찰을 끝낸 날짜	년 월 일
관 찰 자	반 이름:

21세기를 이끌어가는

관인 나래어린이집 ☎(02) 495-0670

관인 나래유치원 ☎(02) 432-5009

자연을 사랑하는 어린이 선서

나는 자연을
사랑하는
어린이로서
(무 순) 이
잘 자라도록 가꾸고
관찰하겠습니다.

"알려드립니다"

♣ 무순 관찰을 위하여 무순 기르기 관찰책과 무순 씨앗을 원아편에 보내드립니다. (유치원에서 보내드리는 무순기르기 자료는 무순씨앗, 스티로폼 접시 2개, 솜 입니다.)

♣ '무순 기르기' 자료를 참고하시고 아이와 함께 무순을 기르시면서 변화되는 과정을 관찰하는 활동을 통해 즐거움을 느껴보시기 바랍니다.

♣ 다 자란 무순은 가정에서 가족들과 함께 다양한 요리활동을 해보시기 바랍니다.

♣ 글씨나 그림이 잘 되지 않는 원아의 경우 어머님께서 도움을 주시기 바랍니다.

♣ 관찰책에 실린 다양한 활동을 해 보신 후 유치원으로 보내주시기 바랍니다. (유치원에 관찰책을 가지고 오는 날짜는 추후에 알려드리겠습니다.)

무순 기르기를 하면 생각이 커져요.

♣ 기대되는 교육 효과

- 무순은 가정에서도 손쉽게 기를 수 있는 식물로서 유아들이 직접 길러볼 수 있으므로 자신감과 성취감을 갖게 되며 과학적 기초에 관심을 갖게 됩니다.
- 또한 무순은 성장속도가 빨라 식물의 성장과정에 대한 이해를 도울 수가 있으며 식물에 대한 소중함을 느낄 수 있습니다. (무순은 싹을 틔워 기르기 시작한지 7~10일정도 지나면 먹을 수 있습니다.)

- 1 -

무순 기르기

♣ 무순을 어떻게 기를까요?

1. 송곳을 이용하여 스티로폼 접시 하나에 구멍을 촘촘하게 뚫는다. (나머지 접시 하나는 구멍을 뚫지 않습니다.)
2. 구멍이 뚫린 접시 위에 솜을 깔고 나머지 접시 하나를 밑에 받치면 무순 화분이 완성된다.
3. 오목한 그릇에 씨앗이 잠길 정도의 물을 부은 후 무순 씨앗을 넣고 12시간동안 담근다.
4. 12시간동안 불린 씨앗을 체에 받쳐 12시간 건조시킨다.
5. 무순 화분 위에 깔린 솜에 물을 주어 솜이 충분히 젖도록 한다.
6. 건조된 씨앗을 무순 화분에 골고루 펼쳐놓은 후 분무기(스프레이)로 물을 준다.
 * 무순이 길게 자란 후에는 뿌리까지 물이 닿을 수 있도록 조리개(화분 물뿌리개)로 물을 충분히 준다.

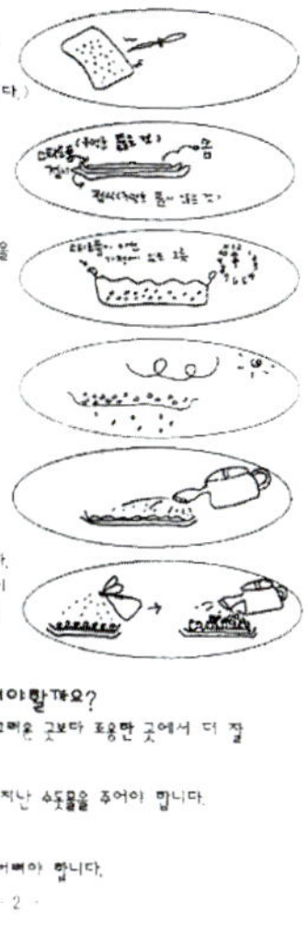

♣ 무순을 잘 기르려면 어떻게 해야할까요?

- 무순은 어두운 곳보다 밝은 곳에서, 시끄러운 곳보다 조용한 곳에서 더 잘 자랍니다.
- 무순은 지하수 또는 받아놓은지 하루가 지난 수돗물을 주어야 합니다.
- 물은 하루에 3~4번 줍니다.
- 밑화분에 고인 물은 썩지않게 매일 버려야 합니다.

- 2 -

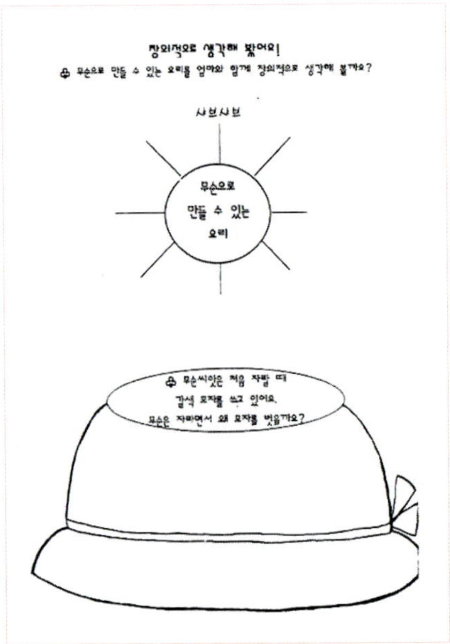

창의적으로 생각해 봤어요!

♧ 무순으로 만들 수 있는 요리를 엄마와 함께 창의적으로 생각해 볼까요?

샤브샤브

무순으로 만들 수 있는 요리

♧ 무순씨앗은 처음 자랄 때 갈색 모자를 쓰고 있어요. 무순은 자라면서 왜 모자를 벗을까요?

창의적으로 생각해 봤어요!

♧ 우리는 잠을 자야 키가 크지만 무순은 잠을 자지 않고 계속 밝은 곳에서 깨어있어야 키가 쑥쑥 자란대요. 왜 그런지 재미있게 생각해 볼까요?

♧ 씨앗에서 갓 나와 누워있던 작은 무순들은 점점 자라면서 어떻게 서있게 될까요?

무순을 물에 담그었어요!

물에 담근 날	월 일 요일

무순 씨앗을 심기 전에 물에 담가 놓았어요. 씨앗들은 어떤 이야기를 할까요?

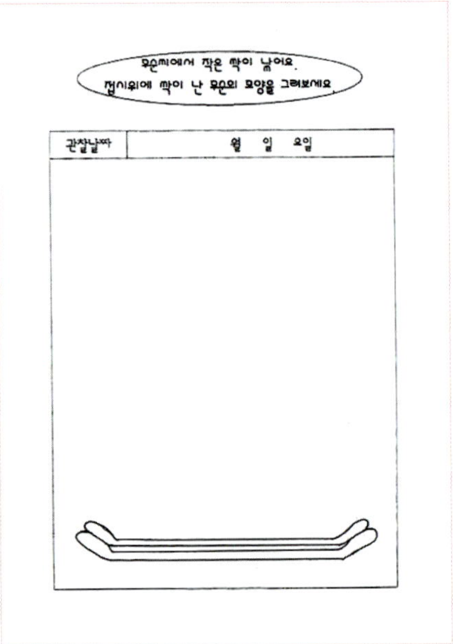

무순씨에서 작은 싹이 났어요. 접시위에 싹이 난 무순의 모양을 그려보세요.

관찰날짜	월 일 요일

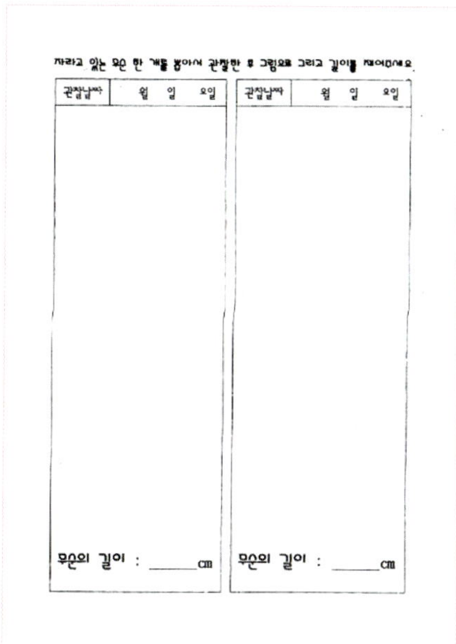

자라고 있는 무순 한 개를 뽑아서 관찰한 후 그림으로 그리고 길이를 재어보세요.

관찰날짜	월 일 요일
무순의 길이 : ______cm	

관찰날짜	월 일 요일
무순의 길이 : ______cm	

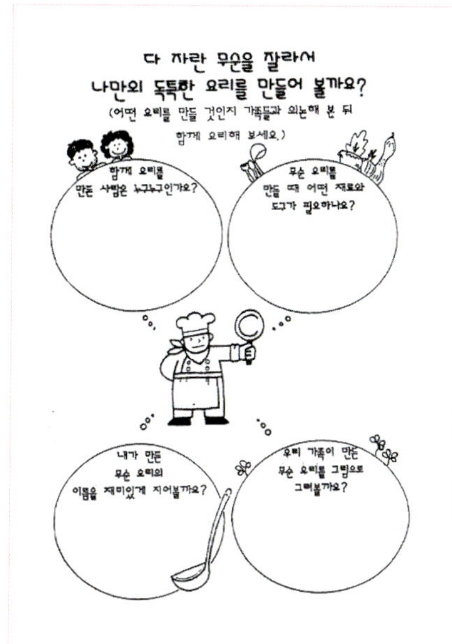

다 자란 무순을 잘라서
나만의 독특한 요리를 만들어 볼까요?
(어떤 요리를 만들 것인지 가족들과 의논해 본 뒤
함께 요리해 보세요.)

함께 요리를 만든 사람은 누구누구인가요?

무순 요리를 만들 때 어떤 재료와 도구가 필요하나요?

내가 만든 무순 요리의 이름을 재미있게 지어볼까요?

우리 가족이 만든 무순 요리를 그림으로 그려볼까요?

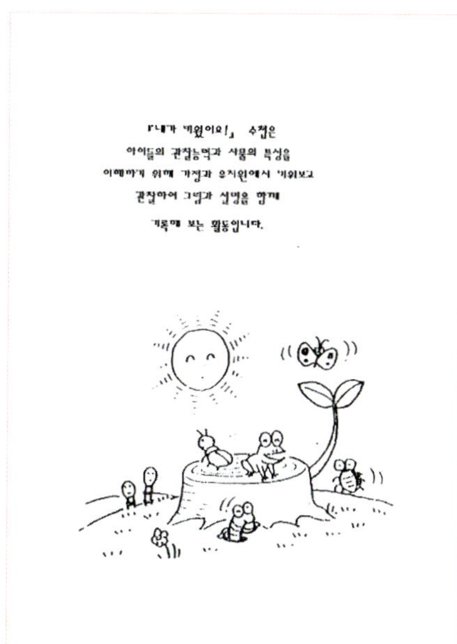

「내가 키웠어요!」 수첩은
아이들의 관찰능력과 사물의 특성을
이해하기 위해 가정과 유치원에서 키워보고
관찰하여 그림과 설명을 함께
기록해 보는 활동입니다.

[그림 13-8] 부모님과 함께 하는 창의 시트지의 예

활동명 낙엽놀이

활동목표

- 낙엽에 관심을 가지고 탐색한다.
- 바깥놀이에 적극적이고 즐겁게 참여할 수 있다.

교육과정 관련 요소

- 과학적 기초능력 기르기 : 자연현상에 대해 알아보기
- 나의 몸 움직이기 : 바깥에서 신체 활동하기

활동자료

- 여러 가지 모양의 낙엽

활동방법

1. 쌓여 있는 낙엽 위를 걸어본다. 그냥 바닥을 걸었을 때와 다른 점을 느껴본다.
   - 낙엽 위를 걸어보자. 땅을 걸을 때와 어떻게 다르니?
2. 낙엽 밟는 소리를 들어본다.
   - 빨리 걸어보자.
   - 천천히 걸어보자.
   - 어떤 소리가 들리니?
3. 낙엽을 하늘 위로 던져본다.
   - 낙엽이 떨어지는 모습이 어떠니?
   - 더 많이 손에 쥐고 뿌려보자. 느낌이 어떻게 다르니?
4. 낙엽을 뿌려보고 손으로 받아본다.
5. 낙엽을 한 곳에 높이 쌓아보고 그 위에 앉아본다.
6. 낙엽을 가득 안고 친구들에게 던져본다.
7. 낙엽을 손으로 비벼보며 소리를 들어본다.

– 어떤 소리가 들리니? 밟을 때 나는 소리와 같니?

활동의 유의점

- 낙엽 위에 뒹굴면 먼지나 기타 더러운 물질이 있을 수 있으므로 교사가 사전에 점검한다.

활동평가

1. 낙엽을 밟거나 비빌 때 나는 소리, 낙엽이 쉽게 부스러지는 것 등을 알게 되었는지?
2. 낙엽을 활용한 신체활동에 즐겁게 참여하였는지?

확장활동

1. 나뭇잎을 코팅하여 그림 그리기를 한다.
2. 낙엽방석을 만들어본다.

[사진 13-4] 쌓여 있는 낙엽

[사진 13-5] 낙엽 쌓기

활동명 잎 따기

활동목표

- 식물을 자세히 관찰하고 특징을 안다.
- 10 이내의 수를 세고, 수를 더하고 뺄 수 있다.

교육과정 관련 요소

- 탐구하는 태도 기르기 : 탐구과정 즐기기
- 수학적 기초능력 기르기 : 수 감각 기르기

활동자료

1. 실제 나뭇잎(말려서 사용) 또는 색지로 나뭇잎을 만들어 코팅한다. 나뭇잎 뒷면에 까슬이를 붙인다.
   – 잎이 붙어 있는 모양(마주나기 잎, 어긋나기 잎, 돌려나기 잎, 뭉쳐나기 잎)을 살려 만들며, 잎의 개수가 10장이 되도록 맞춘다.

〈마주나기〉
잎이 두 장씩 마주보고 난다(백일홍, 사철나무, 별꽃, 패랭이꽃 등).

〈어긋나기〉
잎이 한 장씩 어긋나게 난다(밤나무, 사철나무, 벚꽃, 나팔꽃 등).

〈돌려나기〉
잎이 세 장 이상씩 돌려서 난다(쇠뜨기, 쇠뜨기말, 검정말, 갈퀴덩굴 등).

〈뭉쳐나기〉
여러 개의 잎이 짧은 줄기에 뭉쳐 난다(민들레, 소나무, 은행나무, 낙엽송 등).

[그림 13-9] 잎이 붙어 있는 모양의 설명

2. 네모모양 종이에 색지로 줄기를 만들고, 나뭇잎 모양대로 개수만큼 그림자를 만들어 붙인다. 나뭇잎 그림자 위에 보슬이를 붙인다.

활동방법

1. 교구를 보며 잎의 모양에 대해 간단히 이야기해 본다.
   - 잎사귀가 어떻게 생겼니?
   - 잎이 붙어 있는 모양이 모두 같니? (양쪽으로 똑같이 붙어 있다. 모여서 붙어 있다. 줄을 선 것처럼 붙어 있다. 등)
2. 놀이방법을 생각해 보고 정한 방법대로 놀이한다.
   - 마주나기 잎, 어긋나기 잎, 돌려나기 잎, 뭉쳐나기 잎 중에서 어떤 잎을 뗄지 고른다.
   - 가위 바위 보를 하여 이긴 사람이 한 개씩 잎을 떼어낸다.
3. 잎을 다 떼어내면 게임이 끝난다.
4. 잎을 다시 붙이는 게임으로도 해본다.

활동의 유의점

- 교구로 활동하기 전후로 식물을 관찰할 때, 잎이 난 모양을 자세히 관찰하고 어떻게 났는지 찾아보며 관찰지에 기록하여 서로 이야기해 본다.

활동명 풀씨름

활동목표

- 자연물을 이용한 놀이를 즐긴다.
- 주변에서 볼 수 있는 식물에 관심을 갖는다.

교육과정 관련 요소

- 이웃과 더불어 생활하기 : 두레의 소중함을 알고 협력하기
- 과학적 기초능력 기르기 : 생명체와 자연환경 소중하게 여기기

활동자료

- 주변에서 볼 수 있는 풀 (예 맥문동, 잔디 풀, 질경이, 솔잎 등)

활동방법

1. 산책하며 풀이 있는 장소에 동그랗게 모여 앉는다.
2. 풀을 자세히 살펴본다.
   - 잎은 무슨 모양이니?
   - 만져 볼까? 어떤 느낌이 드니?
3. 풀을 이용한 풀씨름 놀이를 소개한다.
   - 서로 같은 풀을 가지고 서로 엇갈리게 해서 두 손을 잡는다.
   - 두 사람이 각각 자기 쪽으로 풀을 잡아당긴다.
   - 풀이 끊어지지 않은 사람이 이긴다.

활동의 유의점

- 서로 같은 종류의 풀을 사용하도록 한다.

활동평가

- 주변에서 볼 수 있는 풀에 관심을 가지고 살펴보는가?

확장활동

- 계절마다 같은 풀을 이용해서 풀씨름을 해보며 계절에 따른 풀의 변화에 관심을 가질 수 있도록 한다.
  - 맥문동 : 봄에는 잎이 모여 나와서 포기를 만든다. → 여름에는 자줏빛의 꽃이 빽빽이 달린다. → 가을에는 동그랗고 검은 열매가 맺힌다. → 열매가 떨어지면 갈색 줄기가 남는다.

활동명 나무 심기

활동목표

- 자연을 보호하는 태도를 가진다.
- 게임에 필요한 규칙을 정하고 지킬 수 있다.

교육과정 관련 요소

- 과학적 기초능력 기르기 : 생명체와 자연환경 소중히 여기기
- 이웃과 더불어 생활하기 : 질서와 규칙 지키기

활동자료

- 산불 사진, 과일 상자(상자를 물감으로 칠하고, 상자에 흙이나 모래를 담아 나무 심을 땅으로 준비한다.), 유아들이 만든 나무(서랍장에 나무그림을 그려 붙인 것), 높이 3cm 정도의 블록 6개, 나무 담을 바구니 2개, 신호 악기, 평가자료(융판과 작은 나무융판 자료)

활동방법

1. 산불 사진을 보고 어떤 그림인지, 나무가 어떻게 되었을지 생각해 본다.
   - 어떤 사진이니? 나무들이 어떻게 되었을까? 나무가 없으면 어떨까?
2. 산에 나무 심기 게임을 해보기로 하고, 준비된 자료를 보면서 게임 방법과 규칙을 정한다.
   - 어떤 방법으로 나무 심기 게임을 할 수 있을까?
   - 어떤 규칙을 정해야 할까?
3. 정한 방법과 규칙에 따라 게임을 한다.
   - 양편에서 한 사람씩 나와서 출발신호에 맞추어 간다.
   - 블록이 있는 곳에서는 두 발로 모아 뛴다.
   - 과일 상자 앞에 가서 바구니에 있는 나무를 한 그루 심고 돌아온다.
   - 돌아오면 나무가 쓰러지지 않고 잘 심어졌는지, 블록은 두 발로 모아 뛰

없는지 평가한 후 규칙을 지키고 나무를 잘 심고 돌아온 편에는 작은 평가자료를 붙인다.

4. 모든 유아가 다 해본 후에 게임이 재미있었는지, 규칙을 모두 잘 지켰는지, 나무를 심고 난 후의 느낌은 어떤지 이야기한다.

활동평가

1. 자연을 보호해야 된다는 것을 알고 보호하려는 태도를 가지게 되었는지?
2. 게임에 즐겁게 참여하고 규칙을 잘 지켰는지?

확장활동

- 사계절에 따라 나무의 종류를 달리하거나, 유아들이 직접 꽃이나 열매를 만들어서 붙이는 게임으로 할 수 있다.

[사진 13-6] 나무 심기

활동명 봄이 오면

활동목표

- 봄의 노래를 듣고 노랫말 안에 나오는 봄의 내용을 느껴 본다.
- 음악을 듣고 느낌을 몸으로 표현한다.

활동자료

- '봄이 오면' 노래 테이프, 녹음기

활동방법

1. 봄의 특징에 대해 이야기를 나눈다.
2. '봄에 피는 꽃에는 어떤 것이 있나?' 에 대해 서로 이야기를 나눈다.
3. 음악을 듣고 음악에 알맞은 동작을 정한다.
4. 음악에 맞추어 몸을 움직여본다.
5. 평가를 해본다.

활동후기

- 노랫말이 짧고 단순하여 그룹으로 나누지 않고 다 같이 원을 돌면서 표현하였다. '랄랄라~~' 부분을 표현하는 것을 특히 즐거워하였다.

봄이 오면

김동환 작사
김동진 작곡

활동명 봄에도 빠알간 단풍나무 보셨나요?

활동목표

- 단풍나무는 조경용, 그리고 우리나라 산과 들에 많이 자생하는 대표적인 활엽수이다. 가을에는 붉게 물드는 습성 때문에 주변의 나무들과 함께 어우러져 아름다운 산하를 이루는 나무라고 지도한다.
- 유아들이 자신의 주변 환경의 아름다움을 관찰할 수 있을 뿐 아니라 아름다운 환경을 만들기 위하여 어떤 일을 할 수 있는지 알게 한다.

활동자료

- 단풍과 은행나무가 어우러져 아름다운 우리나라 가을 풍경의 그림을 준비한다.
- 단풍나무는 조경용으로도 많이 심어져 있지만 우리나라 산과 들에 자생하는 곳을 견학할 준비를 한다.

활동방법

1. 단풍나뭇잎의 형태에 대하여 이야기해 본다.
2. 다른 나무 잎사귀와 다른 점에 대하여 이야기해 본다.
3. 가을에는 잎의 색깔이 어떻게 변하는지 알아보게 하고, 그 느낌이 어땠는지 물어본다.
4. 교사가 먼저 답사하고 견학을 실시한다.
5. 단풍나무의 특징을 알아본다.
   - 잎이 다섯 갈래로 갈라진 것이 특징이며 가을이 되면 적색으로 변한다.
   - 공해에 강하고 조경수로도 많이 쓰인다.
   - 단풍나무의 종류에 따라 상시 붉은 빛을 띠는 단풍나무도 있다. (일본 단풍나무)
6. 관찰한 것을 토대로 단풍나무 그림을 그려보게 할 수 있다.

지도상의 유의점

1. 나뭇잎의 아름다움을 관찰하기 좋은 나무이며 여름철과 가을철의 차이를 관찰하는 데 효과적인 지도가 될 수 있다.
2. 잎의 모양이 특이하여 유아들이 관찰하고 이를 책갈피에 끼워 보관하면 좋다.

과제 및 평가

1. 여러 종류의 단풍나무의 생김새 그리고 잘 가꾸어진 모습은 다양한 볼거리를 제공하고 다양한 형태로 표현할 기회를 준다. (그리기, 이야기하기, 느낀 점 이야기해 보기 등)
2. 유아들의 추상적인 연상능력을 발휘하여 여러 가지 생각을 유추하게 한다.

[사진 13-7] 단풍나무 관찰하기

활동명 옷을 갈아입는 나뭇잎

활동목표

- 색 단계를 이해할 수 있다.

핵심요소

- 한 가지 색에서 여러 가지 색이 파생될 수 있음을 알게 된다.
- 계절의 변화를 색에서도 찾을 수 있음을 알게 한다.

활동자료

- 사계절 사진이 담긴 PPT, 나뭇잎, 커피 필터, 사인펜, 물통, 가위, 신문지

활동방법

1. 사계절이 담긴 PPT를 감상한다.
2. 봄의 색, 여름의 색 등 계절에 어울리는 색을 찾아보게 한다.
3. 모둠별 책상에 놓인 나뭇잎의 색을 관찰하게 한다.
4. 커피 필터를 나뭇잎 모양으로 자르고 자신이 찾아낸 나뭇잎 색으로 채색한다.
5. 물통에 살짝 담가서 색의 변화를 관찰하게 한다.
6. 신문지에 옮겨서 말린 다음 나뭇잎 잎맥을 표현하게 하고 어느 계절에 어울리는지 탐색하게 한다.

응용

- 주변에서 나뭇가지를 주워와 계절별로 잎을 분류하여 장식한다.

[사진 13-8] 나뭇잎 색 변화 그리기

활동명 유치원 상징물 그리기

활동목표

- 상징그림을 이해할 수 있다.

핵심요소

- 상징그림인 도로 표지판이나 안내판 등의 그림을 이해할 수 있다.
- 상징그림을 그려봄으로써 자신이 속한 유치원의 애원심을 가질 수 있다.
- 상징그림이 광고 디자인의 한 분야임을 알 수 있다.

활동자료

- 도로 표지판 · 안내판, 유치원 이미지가 담긴 PPT, 연필, 지우개, 도화지, 포스터물감, 붓, 팔레트

활동방법

1. 유아들에게 도로 표지판 · 안내판 등이 담긴 PPT를 보여주면서 인체를 이미지화하여 표현한 것임을 알게 한다.
2. 각각의 이미지가 무엇을 뜻하는지 유추해 보고 이야기해 보게 한다.
3. 유치원의 상징을 표현한다면 어떤 모양이 좋을지 이야기해 보게 한다.
4. 여러 유치원의 상징물을 보여주고 자신의 생각을 점검해 보게 한다.
5. 각자 도화지에 사람을 단순화시킨 상징물을 그린다.
6. 포스터물감으로 채색을 한다.
7. 그림 하단에 유치원 명칭을 쓰게 한 후 같이 감상한다.

응용

- 심화학습으로 테셀레이션 작품들을 보여주고 유치원 이름도 같이 디자인할 수 있다.

[사진 13-9] 유치원 친구들 그리기

참고문헌

강봉규 외(1980). 교사를 위한 아동발달. 서울: 태영출판사.

강봉규(1993). 발달심리학. 서울: 정훈출판사.

강숙현(2002). 발달에 적합한 영 · 유아평가 포커스인 포트폴리오. 서울: 교육과학사.

강영선 외(1980). 신체 유전학. 서울: 향문사.

강정구(1996). 현대학습심리학. 서울 : 문음사.

계정희(1980). 학령전 어린이에 있어서 조직화가 기억과제가 재생에 미치는 영향. 연세대학교 대학원 석사학위논문.

고창준(1985). 집중장애와 과잉운동증. 월간 집단과 치료, 별책 제5권 제3호.

공인숙 · 최연실 (1994). 양성적 부모의 양육행동과 아동의 자기 역량감에 관한 연구. 아동학회지, 한국아동학회, 제15권 제1호, 187-203.

곽기상(1996). 교육심리학. 서울: 재동문화사.

교육부(1992). 유치원 교육과정. 서울: 대한교과서주식회사.

교육인적자원부 보도자료. 2007년 개정유치원 교육과정 확정. 2007. 12. 12.

구광현(1992). 인지발달과 학습에 관한 이론적 접근: 측정 및 교수방법에 대한 시사점. 논문집, 제12집, 대신대학교, 3-35.

구광현 · 이희경(2006). 유아사회교육. 서울: 동문사.

구본권(1992). 특수유아교육. 수원: 동남문화사.

권대훈(2006). 교육심리학의 이론과 실제. 서울: 학지사.

권석만 외 9인(1996). 심리학개론. 서울 : 박영사.

권성현(2006). 생태유아교육에 관한 학부모와 교사의 인식 및 요구도의 차이. 경운대학교 상업정보대학원 석사학위 청구논문.

권순명(1994). 지각된 양육경험과 자아정체감 및 통제된 인간의 관계분석. 전북대학교 박사학위논문.

길임주(1996). 사회도덕적 사고에 있어서 청소년과 부모의 세대간 차이분석. 교육심리연구, 한국교육학회 교육심리연구회. 제10권 제1호. 105-123.

김경희(1976). 한국아동이 도덕관발달에 관한 실험적 연구. 유아교육연구, 제1편.

______(1981). 한국아동의 왼쪽 : 오른쪽 개념발달. 유아교육연구, 제3편.

______(1981). TV가 어린이에게 미치는 영향. 방송대학, 제11호.

______(1982). 아동정신병리. 서울: 학문사.

______(1982). 한국아동의 공간개념 발달에 관한 실험연구. 연세대학교 대학원 석사학위 논문.

______(1985). Kohlberg 도덕발달이론에 대한 재조명, 발달심리학 연구의 최근동향. 한국심리학회.

김경희(1986). 아동심리학. 서울: 박영사.

김관응(2005). 유아교육심리학. 서울: 창지사.

김관웅 · 최순실(1995). 어른이 버릇 어떻게 바로잡을 것인가(Eva L. Essa. A practical guide to solving preschool behavior probloms). 서울: 교육과학사.

김광웅 · 방은령(1994). 아동발달. 서울: 형설출판사.

김광웅 · 박성연 역(1995). 아버지 역할과 아동발달. 서울: 이화여대 출판부.

김광일 외(1983). 성에 대한 태도조사. 정신건강연구 제집. 한양대학교 정신건강연구소.

김기석 외(1962). 생활지도. 서울: 현대교육총서출판사.

김기석(1975). 정신분석학적 접근: 사회변화에 대응하는 생활지도. 서울: 양남인쇄주식회사.

김기영(2005). 또래 상호작용 속에서의 유아리더십. 숙명여자대학교 원격유아교육정보대학원 석사 학위 청구논문.

김덕건(1997). Scaffolding 유형과 집단형태가 유아의 ZPD 이행수준에 미치는 효과. 계명대학교 박사 학위논문.

김덕순(1993). 자녀지도를 위한 부모교육. 콜로키움 및 세미나 자료 모음, 청소년 대화의 광장, 49-58.

_____(1996). 부모의 이론과 실제. 서울: 도서출판 출판부

김도환(1974). 교육심리학. 서울: 제일문화사.

김명희 · 김영천(1998). 다중지능이론: 그 기본 전제와 시사점. 교육과정연구. 한국교육학회 교육과정연구회, 제16권 제1호, 299-330.

김미숙 · 장화경 · 홍미(2006). 정보화를 인한 가족관개와 가적역할의 미래 변화: 가족의 정서적 기능 변화 전망. 경제 · 인문사회연구회 협동연구총서, 06-03-03.

김미해(1986). 유아의 물체위치 기억에 관한 연구. 연세대학교 대학원 석사학위논문.

김민남 역(1985). Kohlberg의 도덕발달이론. 서울: 교육과학사.

김상윤(1988). 인지적 도덕발달이론에서 단계별 특성에 따른 도덕성발달 경향분석. 동아대학교 박사 학위논문.

김성태(1967). 발달심리학. 경기도: 법문사.

김세희 · 김정준 · 송미선 · 장화선 · 전선옥 편역(1995). 자녀와 더불어 성장하는 부모. 서울: 양서원.

김소연(2005). 아버지의 양육태도와 유아의 사회적 적응과의 관계. 서울교육대학교 교육대학원 석사 학위 청구논문.

김순택(1978). 목표별수업. 서울: 교육과학사.

김순혜(1997). 고등학생의 자아개념 및 대인관계 성향의 하위요인과 학업성취의 관계연구. 교육심리 연구. 한국교육학회 교육심리연구회, 제11권 제2호, 21-44.

김승국(1995). 특수교육학개론. 서울: 양서원.

김승국 · 김옥기(1973). 특수교육. 제주도: 백록출판사.

김신자(1993). 아동발달학. 서울: 수학사.

김아영(1996). 목표설정이론과 자기효능감. 산업 및 조직심리학회 춘계학술발표대회 논문집, 41-51

_____(1998). 동기이론의 교육현장 적용 연구와 과제. 교육심리연구. 한국교육학회 교육심리연구회, 제 12권 제1호, 105-128.

김안중 · 박천환 · 신재철 · 조난심(1982). 한국아동의 도덕성 발달에 관한 연구. 서울: 한국교육개발원.

김억환 · 박은혜 역(1999). 정신도구: 비고츠키 유아교육. 서울: 이화여자대학교 출판부.

김언주(1986b). 인지적 학습동기. 새교육, 통권 제384호. 대한교육연합회.

_____(1987). 신교육심리학. 서울: 문음사.

김언주 · 구광현(2000). 신교육심리학. 서울: 문음사

김언주 · 이군현 · 윤현석 · 김성수 · 조한익 · 박은희(2000). 우리 아이 EQ 높이기. 서울: 학지사.

김연진 · 이경화 · 송주미 · 장미경(2005). 유아 · 아동발달. 서울: 동문사.

김영숙 · 이재연 편역(1994). 아동을 위한 상담이론과 방법. 서울: 교학과학사.

김영옥 외(1993). 특수학교 집업지지도의 이론과 실제. 교육부.

김영옥 · 엄정애 · 최윤정 · 박경희(2003). 유아사회교육의 통합적 운영. 서울: 창지사.

김영채 역(1979). 학습심리학. 서울: 중앙적성연구소.

_________(1985). 학습심리학 입문. (B.R. Hregenhahn 저). 서울: 박영사.

김영희(1996). 기질 및 양육행동과 아동의 적응과의 관계. 아동학회지. 한국아동학회, 제17권 제2호, 19-32.

김영희 · 고태순(2006). 아동발달과 육아(함께 생각해 보는). 서울: 양서원.

김용래(2000). 교육심리학. 서울: 문음사.

김윤식 · 제석봉(1993). 아동발달심리학. 서울: 학문사.

김은숙(1998). 부부갈등 및 부부관계 특성과 아동의 주의력결핍 과잉행동 성향과의 관계. 숙명여자대학교 대학원 석사학위 청구논문.

김인자 역(1982). 적응심리. 서울: 정민사.

김재은 · 유기섭(1995). 심리검사의 활용. 서울: 교육과학사.

김재은 · 정명숙 역(1982). 인지발달이론. 서울: 정민사.

김정규 외(1982). 아동심리학. 서울: 학문사.

김정순(2005). 교사-유아 관계와 유아의 친사회적 행동과의 상관연구. 서울교육대학교 교육대학원 석사학위 청구논문.

김정오 · 이관용 · 차채호(1982). 심리학개론. 서울대학교 출판부.

김정휘 · 주영숙(1980). 교육심리학 탐구. 서울: 형설출판사.

김제한(2001). 발달심리학. 경기도: 양서원.

김종서 · 이영덕 · 이홍우 · 황정규 (1987). 교육과정과 교육평가. 서울: 교육과학사.

김종철 외(1995). 최신 교사론. 서울: 교육과학사.

김지자 · 남승희 · 최운실 · 곽노의 · 김해성(1992). 미래를 향한 가정교육. 서울: 양서원.

김진영 · 김정원 · 전선옥(2000). 유아 · 부모 · 교사를 위한 부모교육. 서울: 창지사

김충기(1991). 생활지도와 상담. 서울: 교육과학사.

_____(1992). 자녀지도와 부모교육. 서울: 양서원

김태련(1982). 학령전 아동의 귀인과정. 성균관대학교 대학원 박사학위 논문.

김학촌(1969). 창의적 사고력과 이에 관계되는 영역과의 비교연구. 경북대학교 논문집, 제3집.

김행자(1986). 유아심리학. 서울: 교문사.

김호권(1970). 완전학습의 원리. 서울: 배영사.

김호권(1977). 현대교수이론. 서울: 교육출판사.

김희진 · 오문자 역(1996). 레지오 에밀리아의 유아교육. 서울: 정민사.

나동진(1999). 교육심리학－인지적접근. 서울: 학지사.

노희관 외 역(1990). 교육심리학의 최근동향. 서울: 교육과학사.

노희상(1995). 센스 있는 아버지의 신세대 자녀교육. 서울: 우리문학사.

대한교련(1971). 교직의 여성화 경향에 관한 연구. 정책연구, 제12집. 대한교육연합회.

라정(1982). 심리연구 동향분석－국내 석사학위논문을 중심으로. 교육개발. 한국교육개발원, 제4권 제2호, 48-51.

류현수(1993). 가족관계와 복지. 서울: 동문사.

류현수 · 이정숙 · 김주아(2007). 가족관계와 복지. 서울: 동문사.

문미희(1991). 도덕판단력검사(DIT)의 문항적절성 분석연구. 서울대학교 석사학위논문.

문용린 역(2000). 도덕심리학. 중앙적성출판사.

문용린(1986). 인지발달론의 관점에서 본 도덕성 발달 연구의 문제와 전망. 교육이론, 제1권 제1호, 55-83.

_____(1997). EQ가 높으면 성공이 보인다. 서울: 글이랑.

문은식 · 박선환 · 정미경(2007). 교육심리학. 경기도: 공동체.

민영순(1976). 발달심리학. 서울: 교육출판사.

_____(1995). 교육심리학. 서울: 문음사.

박규훈(1982). 청년기학생의 욕구 저지와 공격기제에 관한 일연구. 경북대학교 석사학위논문.

박도순(1992). 교육연구방법론. 서울: 문음사.

박도순 · 변영계(1988). 교육과정과 교육평가. 서울: 문음사.

박동준 · 허경조(1988). 대학생을 위한 창의력 개발 프로그램. 충북대학생활연구, 제12집, 15-48.

박성수(1986). 생활지도. 서울: 정민사.

_____(1993). 자녀지도를 위한 부모 교육. 콜로키움 및 세미나 자료 모음, 청소년 대화의 광장, 181-185.

박성익(1986). 독자학습전략－자기지향평가방법의 교육적 의미. 서울: 교육연구사.

박아청(1982a). 교육심리학의 접근방법. 서울: 학문사.

_____(1987b). 인간과 교육. 서울: 배영사.

_____(2001c). 교육심리학. 서울: 학문사

박영충(1997). 포트폴리오의 유아교육 현정적용 효과. 숙명여자대학교 대학원 박사학위 청구논문.

박완희(1996). 대학의 수업환경 비교분석. 교육심리연구. 한국교육학회 교육심리연구회, 제10권 제2호, 197-233.

박찬옥 · 김영중 · 황혜경 · 엄정례 · 조경서(2005). 유아사회교육. 서울: 정민사

박화문(1989). 장애유아의 발달과 교육. 서울: 창지사.

박호윤 · 마지순 · 안라리 · 천응영(1006). 부모 자녀 관계 증진을 위한 부모교육. 서울: 창지사

서울대학교 교육연구소(1994). 교육학 용어사전. 서울: 도서출판 하우.

성영혜 · 윤석희 · 이경화(1993). 부모교육. 서울: 문음사.

송명자(2004). 발달심리학. 서울: 학지사.

송영혜(1993). 발달장애진단이 이론과 사례. 서울: 도서출판 특수교육.

송인섭(1989). 인간심리와 자아개념. 서울: 양서원.

______(1996). 한국의 표준화된 지능검사의 문제와 전망. 교육심리연구. 한국교육학회 교육심리연구회, 제10권 제3호, 113-133.

송현정(1993). 부부관계 및 부모-자녀관계가 장애아 형제관계에 미치는 영향. 숙명여자대학교 대학원 석사학위 청구논문.

신세호 역(1980). 프로그램 수업. 서울: 교육과학사.

신세호(1985). 영재교육의 세계적인 동향과 우리의 과제. 새교육, 통권 370호, 38-46.

심우엽(1997). 다중지능 이론과 학교교육의 개선에 관한 연구. 교육학연구 한국교육학회, 제35권 제3호, 83-96.

______(2000). 교육심리학. 서울: 교육과학사.

안귀덕(1997). 학습자의 정의적 특성에 관한 연구의 회고와 전망. 교육심리연구. 한국교육학회 교육심리연구회, 제11권 제1호, 33-48.

안범희 · 박선영 · 최철용 · 이은주(1998). 교육심리학. 서울: 교육과학사.

안영진(2004). 다중 지능이론에 의한 아동의 다양한 능력 개발 프로젝트. 서울: 창지사.

______(1997). 아동심리의 발달과 이해. 서울: 도서출판 정일.

______(1998). 갈등상황 토론학습이 아동의 도덕적 추론능력과 조망수용능력에 미치는 효과. 건국대학교 대학원 박사학위 청구논문.

______(2001). 프로젝트 스펙트럼 2. 서울: 창지사.

______(2002). 아동심리와 부모교육: 이론과 실제. 서울: 꾸벅.

______(2007). 현대인의 정신건강. 경기도: 양서원.

안영진 · 고연경(2007). 다중지능에 기초한 프로젝트 스펙트럼(Project Spectrum)에 따른 유아의 강점 구체화와 부모인식 변화 고찰. 유아교육 · 보육행정연구, 11(4), 133-155. 한국유아교육 · 보육행정학회.

안영진 역(2005). 다중지능이론에 의한 아동의 다양한 능력 개발을 위한 평가. 서울: 창지사.

안영진 · 이성숙(2001). 다중 지능이론에 의한 아동의 다양한 능력 개발을 위한 프로그램. 서울: 창지사.

여광응 · 조용태 역(1994). 장애유아의 조기교육. 서울: 도서출판 특수교육.

여광응 · 전영길 외(1992). 교사를 위한 교육 심리학. 서울: 양서원.

연미희 · 김진숙(2001). 부모교육 이론과 실제. 서울: 동문사.

오영희(1986). 부모교육. 서울: 형성출판사.

우리기획 엮음(2001). 우리 아기 말 배우는 옹알옹알 의성어 동화. 서울: 계림.

유명희(1989). 온순한 유아와 까다로운 유아의 울음에 대한 어머니의 지각과 반응에 관한 연구. 이화여자대학교 대학원 박사학위 청구논문.

유안진 · 김연진(1993). 부모교육. 서울: 동문사.

윤현석 · 김언주(1996). 감정지능의 의미와 측정. 교육심리연구. 한국교육학회 교육심리연구회, 제10권 제3호, 183-204.
윤혜경 · 민하영(2005). 유아사회교육의 이론과 실제. 서울: 창지사.
이경섭(1994). 교육목표 설정에 있어서의 주요 쟁점. 교육학연구. 한국교육학회, 제32권 제5호, 1-20.
이경우 · 이은화 역(1995). 엄마, 아빠 이렇게 키워주세요. 서울: 교육과학사.
이경우 · 이은화 · 정확실 · 문미옥(1988-90). 도덕발달연구. 이화여자대학교 동서교육연구소.
이부미(2001). 놀면서 자라고 살면서 배우는 아이들. 서울: 또하나의 문화.
이성진(1996). 교육심리학: 그 학문적 성격과 과제. 교육심리연구. 한국교육학회 교육심리연구회, 제10권 제1호, 25-43.
______(1996). 교육심리학서설. 서울: 교육과학사.
이성진 · 홍준표(1982). 행동수정의 원리. 서울: 교육과학사.
이숙정(2000). 아동의 다중지능과 친사회적 행도의 관계연구. 숙명여자대학교 석사학위 청구논문.
______(2008). 신뢰와 학교교육. 학국학술정보.
이신동(1996). '90년대 교육심리학에 대한 새로운 시각. 교육심리연구회소식, 제1권 제1호. 한국교육학회 교육심리연구회. 4-5.
이연섭(1993). 자녀지도를 위한 부모교육. 콜로세움 및 세미나 자료모음. 청소년 대화의 광장. 213-228.
이영석(1982). 발달심리기초. 서울: 학문사.
이영자 · 유효선 · 이정욱(2002). 주제중심의 통합적 접근방법에 의한 유아사회교육. 서울: 교문사.
이옥형(1985). 유동적 지능과 결정적 지능에 관한 연구. 고려대학교 박사학위논문.
이원영(1993). 부모교육론. 서울: 교문사.
이윤경(1993). 친사회적 행동발달을 위한 또래집단의 영향. 교육발전, 12, 103-114.
이장호(1982). 상담심리학 입문. 서울: 배영사.
이재연 · 김경희(1994). 부모교육. 서울: 양서원
이재창(1988). 생활지도. 서울: 문음사.
이정숙(1993). 현재가족의 변화와 가족생활주기에서 본 한국가족문제. 호남대학교 학술논문집, 14, 172-187.
이종연(1986). 자료제시방법, 질문형식 및 창의력이 학업성취 수준에 주는 효과. 서울대학교 석사학위논문.
이행옥 · 박성연(1989). 가족생활주기와 결혼적응의 고찰: 가족발달적 접근방법의 준거틀 적용. 이화여자대학교 대학원 연구논집, 17
이형득(1979). 집단상담의 실제. 서울: 중앙적성연구소.
______(1982). 인간관계 훈련의 실제. 서울 : 중앙적성연구소.
이훈구(1985). 현대심리학개론. 서울: 정민사.
임규혁(1996). 교육심리학. 서울: 학지사.
임선하(1999). 창의성에의 초대. 서울: 교보문고.
장언효(1997). 학습자의 인지적 특성에 관한 최근의 연구동향과 현장적용의 문제점과 과제. 교육심리연구. 한국교육학회 교육심리연구회, 제11권 제1호, 19-32.
장휘숙(1993). 자기효율성의 특성에 관한 관련연구의 개관. 한국심리학회지 발달, 한국심리학회, 제6권,

16-28.
재니스 J. 비티(1999). 유아를 위한 친사회적 행동지도. (이기숙 · 강숙현 역). 이화여자대학교 출판부.
전성연 · 백영균(1990). 교육과 컴퓨터. 서울: 양서원.
전윤식 · 이영석(1984). 삐아제와 유아교육. 서울: 형설출판사.
점길자(2006). 부모의 양육태도와 유아의 사회성 발달과의 관계. 아주대학교 교육대학원 석사학위 청구논문.
정문자(1993). 부모교육 프로그램의 이론과 실제. 부모교육, 유아교육 심포지움 I. 한국어린이교육협회, 46-57.
정미숙(1996). 정의적 변인들 간 및 학업성적과의 관계분석. 교육학연구. 한국교육학회, 제34권. 제1호, 131-148.
정병호(1995). 공동육아 운동론. 함께 크는 우리 아이. 또 하나의 문화.
정성란(2005). 가족기능증진 프로그램이 가족기능에 미치는 효과. 경북대학교 대학원 박사학위 청구논문.
정옥분(2004). 영유아발달의 이해. 서울: 학지사.
정원식(1993). 자녀지도를 위한 부모교육. 콜로세움 및 세미나 자료모음. 청소년 대화의 광장, 163-179.
_____(1994). 인간과 교육. 서울: 교육과학사.
정원식 · 이상로 · 이성진(1987). 현대교육심리학. 서울: 교육출판사.
정종진(1988). 교육평가신강. 서울: 형설출판사.
_____(1991). 동기와 학습. 서울: 성원사.
조복희(1994). 유아발달과 지도. 서울: 교문사.
조성자(2003). 아버지의 양육태도와 유아의 사회성 발달에 관한 연구. 아주대학교 교육대학원 석사학위 청구논문.
조순옥 · 이경화 · 배인자 · 이정숙 · 김정원 · 민혜영(2005). 유아사회교육. 서울: 창지사.
진위교(1997). 교수이론과 적용에 관한 연구의 회고와 방향모색. 교육심리연구. 한국교육학회 교육심리연구회, 제11권 제1호, 49-84.
최국남 · 박순이(2001). 유아사회교육. 서울: 창지사.
최규련(2007). 가족관계론. 경기도: 공동체.
최옥현(2007). 유아의 놀이성과 정서지능과의 관계. 한국교원대학교 교육대학원 석사학위 청구논문.
최은규(2000). 우리아이 머리를 좋게 하는 수학동화. 서울: 삼성출판사.
_____(2000). 우리아이 생각하는 힘을 키워주는 과학동화. 서울: 삼성출판사.
_____(2001). 궁금한 것 못 참는 우리 아이를 위한 책. 서울: 삼성출판사.
최재숙(2001). 우리아이 좋은 버릇 길러주는 동화. 서울: 삼성출판사.
최혜순(2004, 2007). 유아사회교육. 서울: 동문사.
하대현(1996). 인간지능 이론과 연구의 최근 동행과 과제. 교육심리연구. 한국교육학회 교육심리연구회, 제10권 제1호, 127-322.
_____(1997). EQ에 대한 단상. 교육심리연구회소식, 제1권 제3호. 3-7.
하정연(2002). 생태유아교육프로그램의 계획 및 운영사례. 한국생태유아교육학회 생태유아교육 교사연수

자료집, 20-55, 부산대학교.

하정연(2004). 생태유아교육 프로그램에 관한 문화기술적 연구: 부산대학교 부설어린이집을 사례로. 부산대학교 박사학위 청구논문.

한국교육개발원(1984). 부모교육 프로그램 모형 개발연구: 취학 전 자녀의 부모를 대상으로. 한국교육개발원연구보고.

한국교육학회 유아교육연구회 편(1986). 부모교육 프로그램 탐색. 서울: 창지사.

한국어린이육영회(1988). 태아 및 영아를 위한 예비 부모 교육. 서울: 한국어린이육영회.

한국여성개발원 편(1988). 아동보육에 관한 연구. 서울: 한국여성개발원.

한국유아교육학회 편(1996). 유아교육용어사전. 서울: 한국사전연구사.

한국행동과학연구소편(1983). 부모교육. 서울: 문교부.

한명숙(2007). 아버지의 놀이 참여와 유아의 사회적 능력 간의 관계. 중앙대학교 사회개발대학원 석사학위 청구논문.

한은숙(1996). Vygotsky의 이론에 의한 성인과 유아의 상호작용과 유아의 문제해결과의 관계. 중앙대학교박사학위논문.

허경철(1991). Bandura의 자기효능감 발달이론과 자주성 함양을 위한 교수-학습방법. 한국교육. 한국교육개발원, 제18권, 67-84.

허정순(2007). 유아의 이기도에 따른 또래유능성 및 사회적 언어사용. 성신여자대학교 교육대학원 석사학위 청구논문.

홍성훈(1996). 감정지수(EQ)란 무엇이며 왜 중요한가? 한국어린이육영회 회보, 제88호. 한국어린이육영회, 16-18.

홍순정(1999). 지능과 창의성. 서울: 양서원.

황응연 · 윤희준(1983). 현대생활지도론. 서울: 교육출판사.

황의명 · 박찬옥(1997). 감성교육 프로그램. 서울: 양서원.

황정규(1997). 지능의 요인이론, 요소이론, 다지능이론의 비교. 교육심리연구. 한국교육학회 교육심리연구회, 제11권 제1호, 191-219.

______(1998). 교육심리학의 교육현장 적용과 과제. 교육심리연구. 한국교육학회 교육심리연구회, 제12권 제1호, 27-34.

Adams, M. L.(1993). *An empirical investigation of domain-specific theories of preschool children's cognitive abilities*. Unpublished doctoral dissertation. Medford, MA : Tufts University.

Adams, M. L., & Feldman, D. H.(1993). *Project Spectrum: A theory-based approach to early education*. In R. Pasnak & M. L. Howe (Eds.), *Emerging themes in cognitive development*(Vol. 2, p. 53-76). NY : Springer-Verlag.

Agler, L.(1991). *Involving dissolving*(rev. ed.). A GEMS Teacher's Guide. Berkeley : Lawrence Hall of Science, University of California.

______(1991). *Liquid exploration*(rev. ed.). A GEMS Teacher's Guide. Berkeley : Lawrence Hall of Science, University of California.

Aliki.(1984). *Feeling.* New York : Green Willow Press.

Anno, M.(1987). *Anno' s counting games.* NY : Philomel.

________(1992). *Anno' s counting book.* NY : HarperCollins.

Baker, A., & Baker, J.(1993). *From puzzle to project: Solving problems all the way.* Portsmouth, NH : Heinemann.

Baratta-Lorton, M.(1976). *Mathematics their way.* Reading, MA : Addison-Wesley.

Barnes, R.(1989). Current issues in art and design education: From entertainment to qualitative experience. *Journal of Art and Design Education, 8*(3), 247-55.

Barry. C. F., & Mindes, G.(1993). *Planning a theme-based curriculum: Goals, themes, activities, and planning guides for 4' s and 5' s.* Glenview, IL : Good Year Books.

Bayless, K. M., & Ramsey, M. E.(1987). *Music : A way of life for the young child*(3rd ed.). Columbus, OH : Merrill.

Beall, P., & Nipp, S.(1984). *Wee sing and play.* Los Angeles : Price/Stern/Sloan.

Belknap, M.(1980). Taming your dragons: A collection of creative and relaxation activities for home and school. Buffalo, NY : DOK.

Benzwie, T.(1980). *A moving experience: Dance for lovers of children and the child within.* Tucson, AZ : Zephyr press.

Bereiter, C., & Engelmann, S.(1966). *Teaching disadvantaged children in the preschool.* Englewood Cliffs, NJ : Prentice Hall.

Berger, M.(1991). *Make your own Weather station.* NY : Scholastic.

Bergethon, B.(1980). *Musical growth in the elementary school.* NY : Holt, Reinhart & Winston.

Binet, A., & Simon t.(1973). *The development of intelligence in children(the Binet-Simon Scale) (Elizabeth s. Kite, Trams.).* New York : Amo press. (Original work published 1916)

Birkenshaw, L.(1982). *Music for fun, music for learning*(3rd ed.). Toronto : Holt, Reinhart & Winston.

Boal, A.(1992). *Games for actors and non-actors.* NY : Routledge.

Borba, M., & Borba, C.(1982). *Self-esteem: A classroom affair*(Vol 2). San Francisco : Harper & Row.

Braus, J.(Ed.).(1987). *NatureScope: Incredible insect.* Available from National Wildlife Federation, 1400 Sixteenth St., Washington, DC 20036.

Bredekamp, S.(Ed) (n.d.) NAEYC position statement on developmentally appropriate practice in early childhood programs serving children from birth through ago 8. Washington, DC : National Association for the Education of Young Children.

Bredekamp, S., & Rosegrant, T.(1993). *Researching potentials: Appropriate curriculum and assessment for young children, Vol.1.* Washington, DC : NAEYC.

Brown, D.(1991). *How things were built.* NY : Random House.

Brown, T. M., & Laminack, L. L.(1989). Let' s talk a poem. *Young Children, 9*, 49-51.

Bruner, J. S., Olver, R. R., & Greenfield, P. M.(1966). *Studies in cognitive growth.* New York : John

Wiley.

Burk, D., Snider, A., & Symonds, P.(1988). *Box it or bag it or bag it mathematics*. Salem, OR : Math Learning Center.

Burns, M.(1975). *The I hate Mathematics! book*. Boston : Little, Brown.

Burns, M., & Tank, B.(1988). *A collection of math lessons*. White Plains, NY : Math Solution Publications.

Capacchione, L.(1989). *The creative journal for children: A guide for parents, teacher, and counselors*. Boston : Shambhala.

Carlsson-Paige, N., & Levin, D. E.(1987). *The war play dilemma: Balancing needs and values in the early childhood classroom*. NY : Teachers College Press.

Carr, R.(1980). *See and be: Yoga and creative movement for children*. Englewood Cliffs, NJ : Prentice Hall.

Carraher, T. N., & Schliemann, A. D.(1988). Culture, arithmetic, and mathematical models. *Cultural Dynamics, 1*, 180-194.

Ceci, S. J.(1990). *On intelligence ...more or less: A bio-ecological treatise on intellectual development*. Englewood Cliffs, NJ : Prentice Hall.

Charney, R., Clayton, M., & Wood, C.(1995). *The responsive classroom: Guidelines*. Grenfield, MA : Northeast Foundation for Children.

Chen, J. Q.(1993). *Builing on children's strengths: Examination of a Project Spectrum of the Society for Research in Child Development*. New Orleans, LA.

Cherry, C.(1972). *Creative art for the developing child*. Carthage, DE : Ferron Teacher' sAids.

Chon, A.(1993). *From sea to shining sea*. NY : Scholastic.

Cohen, E. P., & Gainer, S. R.(1984). *Art: Another language for learning*. New York : Schocken.

Cohen. J.(1990). *GrowLab: Activities for growing minds*. Available form National Gardening Association, 180 Flynn Ave., Burlington, VT 05401.

Cole, J.(Ed.).(1994). *A new treasury of children's poetry*. NY : Doubleday.

Cole, J.(1989). *AnnaBanana*. 101 jump rope rhymes. NY : Scholastic.

Cozden, C.(Ed.).(1981). *Language in early childhood education*. Washington, DC : National Association for the Education of Young Children.

Crary, E.(1984). *Kids can cooperate: A Practical guide to teaching problem solving*. Seattle : Parenting Press.

Cronbach, L. J.(1990). *Essentials of Psychological testing*. NY : Harper & Row.

Damon, W.(1988). *The moral child: Nurturing children's natural moral growth*. NY : Free Press.

______(1995). *Greater expectations: Overcoming the culture of indulgence in America's homes and schools*. NY : Free Press.

Darlings, D.(1991). *Spiderwebs to sky-scrapers : The science of structures*. NY : Dillon Press, Macmillan.

Davidson, L., & Scripp, L.(1988). *Young children's musical representations: Windows on music cognition.* In J. Slobda. (ed.), *Generative processes in music.* Oxford : Clarendon Press.

DeBeer, S.(Ed.).(1995). *Open ears: Musical adventures for a new generation.* Roslyn, NY : Ellipsis Kids.

Derman-Sparks, L., & The A. B. C. Task Force.(1989). *Anti-bias curriculum: Tool for empowering young children.* Washington, DC : National Association for the Education of Young Children.

DeVries, R., & Kohlberg, L.(1987). *Constructivist early education: Overview and comparison with other programs.* Washington, DC : National Association for the Education of Young Children.

DeVries, R., & Zan, B.(1994). *Moral classrooms, moral children: Creating a constructivist atmosphere in early education.* NY : Teachers College Press.

Doris, E.(1991). *Doing what scientists do.* Portsmouth, NH : Heinemann.

Dunleavy, D.(1992). *The language beat.* Portsmouth, NH : Heinemann.

Dunn, S., & Lason, R.(1990). *Design technology : Children's engineering.* New York, London : falmer Press.

Educational Development Center Inc.(1991). *Balls and ramps.* An Elementary Insights Hands-On Science Curriculum. Newton, MA : Author.

Edwards, C., Gandini, L., & Forman, G.(1993). *The hundred languages of children.* Norwood. NJ : Ablex.

Elementary science study.(1968). *Light and shadow.* St. Louis : McGraw-Hill.

______________(1968). *Primary balancing.* St. Louis : McGraw-Hill.

______________(1968). *Structures.* St. Louis : McGraw-Hill.

______________(1971). *Drops, streams, and containers.* St. Louis : McGraw-Hill.

______________(1976). *Mobiles.* St. Louis : McGraw-Hill.

Engel, B.(1995). *Considering children's art: Why and how to value their works.* Washington, DC : National Association of Education for Young Children.

Feinburg, S., & Mindess, M.(1994). *Eliciting children's full potential.* Belmont, CA : Brooks/Cole.

Feldman, D. H., Csiksnentmihalyi, M., & Gardner, H.(1994). *Changing the world: A framework for the study of creativity.* Westport, CT : Greenwood press.

Feldman, D. H.(Ed.).(1982). *Developmental approaches to giftedness and creativity.* San Francisco : Jossey-Bass.

Feldman, D. H.(1980/1994). *Beyond universals in cognitive development* (2nd ed.). Norwood, NJ : Ablex.

__________(1991). *Nature's gambit.* New York : Basic Books. (Original work published 1986)

Feldman, D. H.(1991). *Nature's gambit: Child prodigies and the development of human potential.* NY : Teachers College Press. (Original work published 1986)

Flemming, B.(1977). *Resources for creative teaching in early childhood education.* NY : Harcourt Brace Jovanovich.

Fluegelman, A.(1981). *New games book.* NY : oubleday.

Fox, M.(1984). *Teaching drama to young children.* Portsmouth, NH : Heineman.

Foyle, H., Lyman, L., & Thies, S. A.(1991). *Cooperative learning in the early childhood classroom.* Washington, DC : National Education Association.

Fraser, D. L.(1991). *Playdancing: Discovering and developing creativity in young children.* Princeton, NJ : Princeton Books.

Gardner, D. (Ed.).(1983). *A nation at risk.* Washington, DC : U.S. Deparment of Education.

Gardner, H. & Hatch, T.(1989). Multiple intelligences go to school: Educational implications of the theory of multiple intelligences. *Educational Researcher, 18*(8), 4-10.

Gardner, H.(1980). *Artful scribbles: The significance of children's drawings.* NY : Basic Books.

__________(1991). *The unschooled mind: How children think and how schools should teach.* NY : Basic Books.

__________(1993). *Frames of mind: The theory of multiple intelligences.* NY : Basic Books. (Original work published 1983)

__________(1993). *Multiple intelligences: The theory in practice.* NY : Basic Books.

__________(1998). *Are there additional intelligences?* In J. Kane (Ed.), *Education, information, and transformation (pp.111-131).* Englewood Cliffs, NJ : Prenrtice Hall.

Gardner, H., & Hatch, T.(1989). Multiple intelligences go to school. *Educational Researcher, 18*(8), 4-10.

Gardner, H., & Viens, J.(1990). Multiple intelligences and styles: Partners in effective education. *The Clearinghouse Bulletin: Learning/Teaching Style and Brain Behavior, 4*(2), 4-5.

Gardner, H., Hatch, T., & Torff, B.(1997). *A third perspective: The symbol systems apporach.* In R, Sternberg & E. Grigorenko.

Gardner, H., Kornhaber, M., & Sake, W.(1996). *Intelligence: Multiple perspectives.* Ft. Worth, TX : Harcourt Brace.

Gertz, L.(1993). *Let nature be the teacher: Seasonal natural history activities for parents and other educators to share with young children.* Belmont, MA : Habitat Institute for the Environment.

Gibbons, G.(1982). *Tool book.* New York : Holiday House.

Gilbert, A.(1977). *Teaching the three Rs through movement experience.* NY : Macmillan.

Ginsburg, H., & Opper, S.(1988). *Piaget's theory of intellectual development* (3rd ed.). Englewood Cliff, NJ : Prentice Hall.

Gold, C.(1991). *Science express: 50 scientific stunts from the Ontario Science Centre.* Reading, MA : Addison-Wesley.

Gonsalves, P., & Kopp, J.(1995). *Build it! festival.* A GEMS Teacher's Guide. Berkeley, CA : Lawrence Hall of Science, University of California.

Goodman, J.(1992). *Group solutions*. A GEMS Teacher' s Guide. Berkley. CA : Lawrence Hall of Science, University of California.

Graves, D.(1992). *Explore poetry*. Portsmouth, NH : Heineman.

Gray, J., & Viens, J.(1994). The theory of multiple intelligences: Understanding cognitive diversity in schools. *National Forum, 74*(1), 22-26.

Gregson, B.(1982). *The incredible indoor games book*. Belmont, CA : Fearon Teacher Aids.

Harper, B.(Ed.).(1993). *Brining children to literacy: Classroom that work*. Norwood, MA : Christopher-Gordon.

Hart, A., & Mantell, P.(1993). *Kids make music! Clapping and tapping from Bach to Rock!*. Charlotte, VT : Williamson.

Hart, K.(1988). *I can draw!*. Portsmouth, NH : Heineman.

_______(1994). *I can paint!*. Portsmouth, NH : Heineman.

Haskell, L. L.(1979). *Art in the early childhood year*. Columbus, OH : Merrill.

Hatch, T., & Gardner H.(1986). From testing intelligence to assessing competences: A pluralistic view of intellect. *The Roeper Review, 8*, 147-150.

Hatch, T., & Gardner H.(1990). If Binet had looked beyond the classroom: The assessment of multiple intelligences. *International Journal of Educational Research*, 415-429.

Heard, G.(1989). *For the good of the earth and sun*. Portsmouth, NH : Heineman.

Heinig, R.(1992). *Improvisation with favorite tales: Integrating drama into the reading and writing classroom*. Portsmouth, NH : Heineman.

Hendricks, G., & Hendricks, K.(1983). *The moving center: Exploring movement activities/for the classroom*. Englewood Cliffs, NJ : Prentice Hall.

Herberholz B.(1974). *Early childhood art*. Dobuque, IA : W. C. Bright Ring.

Herbert, D.(1959). *Mr, Wizard' s experiments for young scientists*. NY : Double day.

Herrnstein, R. J., & Murray, C.(1994). *the bell curve: Intelligence and class structure in American life*. NY : Free Press.

Hohmann, C.(1991). *High/Scope K-3 curriculum series: Mathematics*. Ypsilanti, MI : High/Scope Press.

Hohmann, M., Banet, B., & Weikert, D.(1979). *Young children in action*. Ypsilanti, MI : High/Scope Press.

Holdaway, D.(1979). *The foundations of literacy*. NY : Ashton Scholastic.

Holt, B. G.(1982). *Science loith young children*. Washington, DC : National Association for the Education of Young Children.

Homan, D.(1981). *In Christina' s tool box*. Chapel Hill, NC : Lollipop power.

Hopkins, L.(1987). *Pass the and poetry please!*. NY : Harper & Row.

Ingram, B. K.(1975). *The workshop approach to classroom interest centers*. West Nyack, NY : Parker.

Jalongo, M.(1996, July). Using recorded music with young children: A guide for nonmusicians. *Yougn Children, 51*, 11-14.

Jenkins, E.(1984). *Learning can be fun*(video). Washington, DC : National Association for the Education of Young Children.

_________(1989). *Adventures in rhythm*(audiocassette). Washington, DC: Smithsonian/Folkways: Cambridge, MA : Rounder Records.

Johnson, J., Christie, J., & Yawkey, T.(1987). *Play and early childhood development*. Glenview, IL : Scott Foresman.

Jones, B. & Hawes, B. L.(1972). *Step it down: Games, plays, songs and stories from the Afro-American heritage*. Athens : University of Georgia Press.

Joyce, M.(1973). *First steps in teaching creative dance*. Palo Alto, CA : National Press.

Kamii, C.(1982). *Number*. Washington, DC : National Association for the Education of Young Children.

________(1985). *Young children reinvent arithmetic: Implications of Piaget's theory*. NY : Teachers College Press.

Katz, L. G., & Chard, S, C.(1990). *Engaging children's minds: The project approach*. Norwood, NJ : Ablex.

Koch, K.(1970). *Wishes, Lies, and dreams*. NY : Chelsea House.

Kohl, M.(1989). *Mudworks: Creative clay, dough, and modeling experiences*. Bellingham, WA : Bright Ring.

Kohl, M., & Potter, J.(1993). *Science Arts*. Bellingham, WA : Bright Ring.

Krechevsky, M.(1991) Project Spectrum: An innovative assessment alternative. *Educational Leadership, 48*(5), 43-49.

Krechevsky, M., & Malkus, U.(1997). *Telling their stories, singing their songs*. In J. Flood, S. Brice Heath, and D. Lapp (Eds.), *A handbook for literacy educators: Research on teaching the communicative and visual arts(p.305-313)*. NY : Macmillian.

Krechevsky, M., Hoerrm T., & Gardner, H.(1995). *Complementary energies: Multiple Intelligences in the lab and in the field*. Paper prepared for J. Oakes & K. H. Quartz (Eds.), *Creating new educational communities: Schools and classrooms where all children can be smart(p.166 186)*. Chicago : National Society for the Study of Education.

Krone, B.(1959). *Help yourselves to music*. San Francisco : Howard Chandler.

Lasky, L., & Mukerji-Bergeson, R.(1980). *Art: Basic for young children*. Washington, DC : National Association of Education for Young Children.

Lave, J.(1980). *What's special about experiments as contexts for thinking?*. Quarterly Newsletter of the Laboratory of Comparative Human Cognition, 2, 86-91.

Linderman, E., & Herberholz, B.(1970). *Developing artistic and perceptual awareness: Art practice in the elementary classroom*(2nd ed). Dubuque, IA : W. C. Brown.

Lowden, M.(1989). *Dancing to learn: Dance as a strategy in primary school curriculum*. London :

Falmer Press.

Macaulay, D.(1975). *Pyramid.* Boston : Houghton Mifflin.

__________(1977). *Castle.* Boston : Houghton Mifflin.

__________(1988). *The way things work.* Boston : Houghton Mifflin.

Maehr, J.(1991). *High/Scope K-3 curriculum series: Language and literacy Ypsilanti.* MI : High/Scope Press.

Malkus, U., Feldman, D. H., & Gardner, H.(1988). *Dimensions of mind in early childhood.* In A. D. Pelligrini (Ed.), *Psychological bases of early education (p. 26-38).* Chichester, UK : Wiley.

Mallan, K.(1992). *Children as storytellers.* Portsmouth, NH : Heineman.

Mallory, B., & New, R.(1994). *Diversity and developmentally appropriate practices.* NY : Teachers College Press.

Manni, J. L., Winikur, D. W., & Keller, M. R.(1984). *Intelligence, mental retardation, and the culturally different child: A practitioner' s guide.* Springfiled, IL : Thomas.

McClure A., with Harrison, P., & Reed, S.(1990). *Sunrises and songs: Reading and writing in an elementary classroom.* Portsmouth, NH : Heinaman.

McCracken, J. B.(Ed.).(1986). *Reducing stress in young children' s lives.* Washington, DC : National Association for the Education of Young Children.

McDonald, D. T.(1979). *Music in our lives: The early years.* Washington, DC : National Association for the Education of Young Children.

McPhail, D.(1984). *Fix-It.* NY : Dutton.

Meisels, S. J.(1989). High-stakes testing in kindergarten. *Educational Leadership, 46*, 16-22.

Michaelis, B., & Michaelis, D.(1977). *Learning through non-competitive activities and play.* Palo Altom CA : Learning Handbooks.

Morelock, M. J.(1996). On the nature of giftedness and talent: Imposing order on chaos. *Roeper Review, 19*, 4-12.

National Council of Teacher of Mathematics.(1988, February). Early childhood mathematics. (Special issue). *Arithmetic Teacher, 35.*

______________________________(1989). *Curriculum and evaluation standards for school mathematics.* Reston, VA.

Nelson, E.(1979). *Movement games for children of all ages.* NY : Sterling.

________(1987). *Everybody sing and dance!.* Available from Dimension 5, Box 403 Kingsbridge Station, Bronx, NY 10463.

________(1989). *Dance sing and listen*(audiocassette). Available from Dimension 5, Box 403 Kingsbridge Station, Bronx, NY 10463.

Nelson, L. W., & Lorbeer, G. C.(1984). *Science acticities for elementary children(8th ed.).* Dubuque, IA : W. C. Brown.

Neugebauer, B.(Ed.).(1992). *Alike and different: Exploring our humanity with young children(rev.*

ed.). Washington, DC : National Association for the Education of Young Children.

Nichols, B.(1989). *Beethoven lives upstairs*(audiocassette). Toronto, Ontario : Classical Kids.

Orlick, T.(1982). *The second cooperative sports and games book.* NY : Pantheon Books.

Page, N.(1995). *Sing and shine on! The classroom teacher's guide to multicultural song leading.* Portsmouth, NH : Heinemann.

Paley, V. G.(1981). *Wally's stories.* Cambridge, MA : Harvard University Press.

Pangrazi, R., & Dauer, V.(1981). *Movement in early childhood and primary education.* Minneapolis, MN : Burgess.

Petrash, C.(1994). *Earthways.* Mt Rainier, MD : Gryphon House.

Piaget, J.(1972). Intellectual evolution from adolescence to adulthood. *Human Development, 15,* 1-12.

_______(1983). *Piaget's theory.* In P. Mussen (Ed.), *Manual of child psychology(pp.103-128).* NY : John Wiley.

Pitcher, E. V., Feinburg, S. G., & Alexander, D. A.(1985). *What will happen if….* Brooklyn, NY : Faculty Press.

Prokofiev, S.(1977). *Peter and the wolf*(audiocassette). NY : Columbia Records.

Rains, S. C., & Canady, R. J.(1989). *Story s-t-r-e-t-c-h-e-r-s: Activities to expand children's favorite books.* Mount Rainier, MD : Gryphon House.

Ramos-Ford, V., & Gardner, H.(1991). *Giftedness from a multiple intelligences perspective.* In N. Colangelo & G. Dacis (Eds.), *The handbook of gifted education (p. 55-64).* Boston: Allyn & Bacon.

Ramos-Ford, V., Feldman, D. H., & Gardner, H.(1988). A new loot at intelligence through Project Spectrum. *New Horizons for Learning: On the Beam, 8*(3), 6-7, 15.

Rickard, G.(1989). *Building homes: Minneapolis.* MN : Lerner Publications.

Rockwell, A., & Rockwell, H.(1972). *The tool box.* NY : Macmillan.

Rogoff, B., & Lave, J.(Eds.).(1984). *Everyday cognition: Its development in social context.* Cambridge, MA : Harvard University Press.

Rowe, G.(1987). *Guiding young artists: Curriculum ideas for teachers.* South Melbourne, Australia : Oxford University Press(distributed by Heinemann, Portsmouth, NH).

Russell, S., & Stone, A.(1990). *Counting: Ourselves and our families(for grades k-1).* From the series Used numbers: Real data in the classroom. Palo Alto : Dale Seymour.

Saracho, O.(Ed.).(1983). *Understanding the multicultural experience in early childhood education.* Washington, DC : National Association for The Education of Young Children.

Schickedanz, J.(1986). *More than the ABCs: The early of reading and writing.* Washington, DC : National Association for the Education of Young Children.

Schirrmacher, R.(1988). *Art and creative development for young children.* Albany : Delmar.

Schön, D. A.(1983). *The reflective practitioner: How professionals think in action.* NY : Basic Books.

Scribner, S.(1986). *Thinking in action: Some characteristics of practical thought*. In R. J. Sternberg and R. K. Wagner (Eds.), *Practical intelligence: Nature and origins of competence in the everyday world*. Cambridge, UK : Cambridge University Press.

Silverstein, S.(1964). *The giving tree*. NY : Harper & Row.

Skeen, P., Garner, A. P., & Cartwright, S.(1984). *Woodworking for young children*. Washington, DC: National Association for the Education of Young Children.

Slaby, R. G., Roedell, W. C., Arezzo, D., & Hendrix, K.(1995). *Early violence prevention: Tools for teacher of young children*. Washington, DC : National Association for the Education of Young Children.

Slavin, R. E., Karweit, N. L., & Madden, N. A.(Eds.).(1989). *Effective programs for students at risk*. Boston : Allyn & Bacon.

Sloan, G. D.(1984). *The child as critic: Teaching Literature in elementary and middle school(2nd ed.)*. NY : Teachers College Press.

Spearman, C.(1904). General intelligence, objectively determined and measured. *American Journal of Psychlogy, 15*, 201-293.

Stenmark, J. K., Thompson, V., & Cossey, R.(1986). *Family math*. Berkeley, CA : The Regents, University of California.

Stephens, L. S.(1984). *The teacher's guide to open education*. New York : Holt, Reinhart, & Winston.

Sternberg, R.(1985). *Beyond IQ: A triarchic theory human intelligence*. Cambridge, UK : Cambridge University Press.

Strickland, D. & Morrow, L.(1989). *Emerging literacy: Young children learn to read and write*. Nework, DE : International Reading Association.

Sullivan, M.(1982). *Feeling strong, feeling free: Movement exploration for young children*. Washington, DC : National Association for the Education of Young Children.

Thomas, J.(1990). *Masterpiece of the month*. Huntington Beach, CA : Teacher Created Materials.

University of Chicago School Mathematics Project.(1993). *Everyday mathematics*. Evanston, IL : Everyday Learning of California.

Upitis, R.(1990). *This too is music*. Portsmouth, NH : Heinemann.

________(1992). *Can I Play you my song?*. Portsmouth, NH : Heinemann.

VanCleave, J.(1989). *Chemistry for every kid*. NY : John Wiley & Sons.

___________(1993). *Machines: Mind-boggling experiments you can turn into science fair projects*. NY : John Wiley & Sons.

Venezia, M.(1993). *Getting to know the world's greatest artists: Georgia O'Keeffe*. Chicago : Children's Press.

Viens, J.(1990). Project Spectrum: A pluralistic approach to intelligence and assessment in early education, Part Ⅰ. *Teaching Thinking and Problem Solving, 12*(2), 1-4.

________(1990). Project Spectrum: A pluralistic approach to intelligence and assessment in early education, Part II. *Teaching Thinking and Problem Solving, 12*(3), 6-12.

Vygotsky, L. S.(1962). *Thought and language*. Cambridge, MA : MIT Press.

_____________(1978). *Mind in society: The development of higher psychological processes*. Cambridge, MA : Harvard University Press.

Welchman-Tischler, R.(1992). *How to use children's Literature to teach mathematics*. Reston, VA : National Council of Teachers of Mathematics.

Wexler-Sherman, C., Gardner, H., & Feldman, D.(1998). A Pluralistic view of early assessment: The Project Spectrum approach. *Theory Into Practice, 27*(1), 77-83.

Whitin, D., & Wilde, S.(1992). *Read any good math lately?* Portsmouth, NH : Heinemann.

William C. Crain(1993). **발달의 이론**. (서봉연 역). 서울: 중앙적성출판부.

Williams, P., & Jinks D.(1985). *Design and technology 5-12*. London : Falmer Press.

Williams, R. A., Rockwell, R. E., & Sherwood, E. A.(1987). *Mudpies to magnets: A preschool science curriculum*. Mt Rainier, MD : Gryphon House.

Williams, R. A., Rockwell, R. E., & Sherwood, E. Q.(1987). *Mudpies to magnets: A preschool science curriculum*. Mt. Rainier, MD : Gryphon House.

Wilson, B., & Wilson, M.(1982). *Teaching children to draw: A guide for teachers and parents*. Englewood, NJ : Prentice Hall.

Wilson, F.(1988). *What it feels like to be a building*. Washington, DC : Preservation press.

Wolf, A.(1984). *Mommy, It's a Renoir!*. Available from Parent Child Press, P. O. Box 675, Hollidaysburg, PA 16648(814-696-5712).

Yolen, J.(Ed.).(1992). *Street rhymes aroundthe world*. Honesdale, PA : Wordsong/Boyds Mill Press.

York, S.(1991). *Roots and wings: Affirming culture in early childhood programs*. St. Paul, MN : Redleaf Press.

Zubrowski, B.(1991). *Messing around with baking chemistry: A Children's Museum activity book*. Boston : Little, Brown.

협 력 기 관

그림 유치원. 서울특별시 동대문구 답십리 2동 40번지. (전화) 02-3394-6254.

분당 꿈터 유치원. 경기도 성남시 분당구 구미동 63번지. (전화) 031-716-6257.

뿌리 유치원. 경기도 안산시 상록구 부곡동 639-6. (전화) 031-415-5400.

양지 유치원. 서울특별시 노원구 상계동 320-1. (전화) 02-936-5999.

부록

부록A 스펙트럼 활동에 관한 설명

동작활동

신나는 빨래놀이

유아들은 유치원에서 매일 교실에서 창의적인 활동으로 신나는 빨래놀이를 함께 모여 즐겁게 참여하게 된다. 이렇게 즐겁게 활동하는 춤과 움직임으로 교사들은 여러 가지 영역에서 유아들의 능력에 초점을 맞추게 된다. 리듬에 대한 민감성, 표현력, 신체조절, 움직임, 그리고 음악에 따른 민첩성 등이 그것이다. 교사들은 세탁기의 구조와 움직임에 대하여 교육과정 중 일부는 틀에 짜여진 놀이와 좀 더 자유스러우면서 유아들이 행복해 하는 놀이들로 조화를 맞춘다. 직접 빨래가 되어 본 느낌을 이야기 나누고 빨랫감을 만들어보는 미술 활동으로 연계할 수 있다.

그림자놀이

따뜻하고 유아들이 활동하기 좋은 계절에 밖에서 하는 그림자놀이는 유아들의 상상력과 신체운동을 돕기 위한 활동으로 그림자에 대해 탐색해 보며 그림자의 움직임을 관찰한다. 그림자에 익숙해지면 복잡하고 종합적인 움직임을 할 수 있도록 참여하는 기회를 제공해 준다. 이러한 과정에서 달려보기, 높이뛰기 등이 포함된다. 이렇게 움직임을 할 수 있는 활동들은 시간조절, 균형과 같은 많은 운동에서 기초한 기술들을 이용한다. 교실 안에서는 OHP와 스크린 등을 이용하여 그림자극놀이를 할 수 있다.

언어활동

보물단어 찾기

유아들이 이야기판을 보고 자유스러운 분위기 속에서 사고력을 확장하여 이야기할 수 있도록 제공하기 위해 만들어졌다. 유아들이 동화를 읽고 그 속에서 중요하다고 생각하는 보물단어를 찾아 써본다. 그리고 이야기판을 이용하여 줄거리를 이야기하도록 한다. 이 활동은 말하는 기술의 범위, 즉 어휘의 복잡성과 문장의 구조, 화자의 목소리 그리고 대화 등을 이용, 주제의 일관성, 그리고 표현력 등을 측정할 수 있게 해준다.

사진 책 만들기

사진 책 만들기 활동은 유아들로 하여금 경험해 왔던 일들을 설명할 수 있는 능력을 발휘하게 해준다. 첫 번째 활동으로는 유아가 자신의 사진을 5~6장 준비한다. 각각 낱장의 사진을 시간, 공간, 등장인물과 상황을 자세히 설명하여 이야기 사진을 일렬로 배열해 붙여본다. 유아는 그 상황에 관한 질문을 받게 된다. 그 유아의 대답은 내용의 정확성, 어휘의 복잡성, 세부설명 정도, 그리고 문장구조 등으로 점수가 매겨진다. 자신의 사진 책을 만들어 이야기를 잘 엮어가고 나면 다양한 사진들을 보고 그 장면을 상상하여 이야기를 만들어보게 한다.

수활동

윷놀이

윷놀이는 유아의 수 세기 기술, 수 개념 이해, 규칙을 지키는 능력, 유아의 이해력을 측정하기 위해 고안되었다. 게임은 커다란 윷판, 나무로 만든 네 개의 윷가락, 게임말로 쓸 작은 동물모형으로 된 말 네 개로 구성된다. 게임의 목표는 각 팀별로 네 개의 말을 잘 놓아서 네 개의 말이 모두 마지막 단계에 도착하도록 하는 것이다. 연령에 따라 말의 개수를 소성하여 게임이 즐겁게 진행되도록 한다. 또한 게임의 경기 중 말을 함께 업고가기, 잡기 등으로 말 쓰기를 통해 다양한 방법을 추구한다.

칙칙폭폭 기차놀이

칙칙폭폭 기차놀이의 목적은 논리적인 사고로 암산을 수행하며, 하나 또는 그 이상의 다양성들을 가진 수 지식을 구성하는 유아의 능력을 평가하기 위한 것이다. 기차놀이, 기차카드 판과 4개의 기차 정류장이 그려진 게임판, 기차를 타고 내리는 사람들, 색깔이 칠해진 칩 두 세트로 구성된다. 게임에서 유아는 정류장의 수를 정하고, 얼마나 많은 사람들이 기차를 타고 있는지 기억하게 한다. 각각의 기차가 가는 길은 더욱 더 도전적으로 변한다. 몇몇의 기차가 가는 레일에서 유아가 승객의 수를 세기 위하여 색깔이 칠하여진 칩을 사용하고, 또 몇몇의 다른 정류장에서는 유아들이 그들의 머릿속으로 세어야 한다.

과학활동

탐구영역

자연적인 과학활동은 교실에서 일 년 동안 계속 활동되는 영역이다. 활동들은 작은 동물들을 돌보는 것, 식물을 키우는 것과 바위 · 조개와 같은 자연적인 물체들의 범위를 고찰하는 것들을 포함한다. 탐색활동은 형식적으로 얻어지는 것이 아니고 교사들은 자연적 현상에 대한 유아의 관찰과 그들의 인식 그리고 이해에 대한 정보를 기록하기 위하여 체크리스트를 사용한다. 예를 들면, 어떤 유아들은 물질들뿐만 아니라 시간이 경과됨에 따라 변화하는 것 사이에서의 유사점들과 차이들을 주목한다. 다른 유아들은 그 영역에서 하나의 항목에 관한 더 많은 것을 알아내기 위하여 그들의 관찰에 기초한 질문을 한다.

쓰레기의 여행

쓰레기의 여행은 논리적인 결론을 만들고 유아의 능력을 평가하기 위해 만들어졌다. 게임을 시작하기 전에, 다른 유형의 쓰레기는 아래에 숨긴다. 게임의 목표는 유아가 쓰레기의 위치를 결정하는 규칙을 이해하고 이 규칙을 독특한 대상의 유형들을 발견할 수 있는 곳을 예견하는 데 사용하는 것이다. 유아에게 자신이 찾은 쓰레기의 위치를 기억하도록 하기 위하여 사용할 색깔이 입혀진 휴지통이 주어진다. 그러나 유아에게 그것을 어떻게 사용하는지에 관해서는 알려주지 않는다. 유아가 쓰레기들을 분류하기 위해 색깔이 다른 휴지통을 사용하는 방법은 유아가 얼마나 정보를 잘 구성하고 도출할 수 있는가를 보여준다.

사회활동

우리 동네 주변에는 무엇이 있을까요?

이 활동의 목적은 우리 동네에 있는 장소에 관한 경험과 사건들을 분석하고 관찰하는 유아의 능력을 평가하는 것이다. 교사와 반 유아들은 사전 활동으로 우리 동네 돌아보기 활동을 진행한다. 유아와 함께 동네에서 볼 수 있는 것들에 대해 이야기를 나누며 각 기관의 위치와 특성에 대해 상호작용한다. 유아들은 교실에 작은 복제물을 만들거나 그림을 그려붙여 놓고 친구들과 함께 사회적 놀이를 해본다. 슈퍼마켓, 공공기관, 주택, 놀이터 등 모형들을 배열해 놓고 동네 지도를 그려보기도 한다.

우리 가족 역할놀이

교사들은 유아들이 가족 구성원의 역할을 나누어 상호작용하는 방식을 열심히 관찰하고 평가하기 위한 체크리스트를 사용한다. 체크리스트를 채운 후에, 교사들은 유아가 리더, 촉진자, 독립 놀이자, 집단 놀이자의 네 가지 특정한 사회적 역할들 중에서 어느 것을 지속적으로 가정하는가 또는 하지 않는가를 평가한다. 각각의 역할은 행동의 특정한 유형으로 연관된다. 예를 들어, 유아는 촉진자로서 다른 유아를 돕고, 다른 유아와 함께 정보 공유하는 것을 즐기고, 리더의 역할을 가정하는 유아는 다른 유아를 조직하기 위해 종종 시도하는 것으로 동일시한다.

시각적 예술

표정을 나타내어요

유아는 얼굴에 나타나는 다양한 감정을 이해하고 표현하면서 자신의 자화상을 그려본다. 자화상 그리기는 유아들에게 정체성을 갖게 해주고 타인의 감정을 이해하는 데 도움을 준다. 유아들에게 웃는 얼굴, 우는 얼굴, 화난 얼굴 등 다양한 감정이 나타나는 사진을 보여주고 각각의 표정과 의미를 연결해 보도록 한다. 유명 화가의 작품 중 뭉크의 그림이나 감정표현이 잘된 인물작품을 보여주고 어떤 감정을 느끼나 이야기해 본다. 그림이 완성되면 자신의 이름을 쓰고 그림 위에 유아가 선호하는 매체들로 꾸며보도록 한다. 그리기, 색칠하기, 콜라주와 3차원의 조각들(입체적인 조형물들)을 포함하여 사용을 말한다. 일 년에 두 번, 교사들은 유아의 선과 모양, 색, 공간, 세부묘사와 표현, 디자인을 포함하는 기준에 따라 내용들을 평가하고 관찰할 수 있다. 유아가 선호하는 매개물 또한 기록된다.

다양한 꽃과 잎 그림

포트폴리오 외에 네 가지 구조화되어진 미술 활동들은 해마다 학급에 제공되어 포트폴리오 평가에서 사용된 것들과 비슷한 기준으로 평가된다. 유아에게는 세 가지 그리기와 하나의 3차원적인 작업(입체적인 조형물)이 완성되도록 요구된다. 이러한 활동들은 집단에서 모든 유아가 비슷한 물질들과 상호작용하고 비슷한 과제에 반응할 기회를 주도록 한다. 유아들은 실외놀이 활동들을 통하여 자연을 느끼고 자연의 특성을 이해하면서 자연물을 활용하여 조형활동을 할 수 있다. 떨어진 꽃잎을 관찰하며 불어보기도 하고 여러 방법으로 놀이를 해본다. 자연에서 모아온 여러 가지 자연물들을 종이 위에 구성한 후 그려보기도 하고, 투명 시트지 위에 덮어 고정하여 라이트테이블이나 OHP에 올려놓고 구성해 볼 수 있다.

음악활동

노래하는 활동

노래 부르기 활동은 노래를 부르는 동안에 정확한 음조와 리듬을 유지하는 능력과 노래의 음악적인 특성을 생각해 내는 능력을 평가하기 위하여 만들어진 것이다. 활동 중에 유아는 자신이 좋아하는 노래와 일반적인 동요를 부르도록 한다. 유아는 또한 활동 전에 수업에서 배우게 되는 노래를 생각해 보도록 한다.

작은 동물원

작은 동물원의 목적은 탬버린과 트라이앵글로 박자와 리듬 감각을 구별하는 유아의 능력을 평가하기 위한 것이다. 활동의 첫 부분에서는 작은 동물원 노래를 배운다. 두 그룹으로 나누어 한 그룹은 탬버린, 다른 그룹은 트라이앵글을 가지고 노래를 부르며 박자를 치면서 연습해 본다. 작은 동물원은 4분의 4박자로 첫째 박과 셋째 박에서 트라이앵글이 박자치기를 한다. 템포는 모데라토로 하며, 정확한 박자치기를 위해 메트로놈의 효과를 주는 전자드럼을 이용할 수 있다.

활동 형태

활동 형태 체크리스트

활동 형태 체크리스트는 교사가 유아가 물체와 과제에 다가가는 방법들을 조사하는 데 도움을 준다. 교사들은 유아가 각각의 스펙트럼 활동을 끝마친 후에, 각각의 유아를 위한 체크리스트를 작성한다. 활동 형태의 예는, 지속적이고 즐거우며, 목표를 갖고, 간섭을 피하며, 개인적인 흥미에 적합한 과제(변화시키고 싶어 하는 것)를 포함한다. 체크리스트는 교사들이 유아가 가장 효율적으로 임했던 특별한 영역 또는 상황, 유형들이 있는지 없는지를 확인하는 데 도움을 준다. 예를 들어, 유아는 조립 또는 시각적인 미술 프로젝트에 주의를 기울이지만, 쉽게 다른 영역에 관심을 전환시키기도 한다. 또한 높게 조직화되어진 과제들을 수행할 때 유아는 자신감을 갖지만 이야기를 만들도록 요구하면 멋쩍어하며 말을 아낀다.

부록B 프로젝트 스펙트럼의 주요 활동

기계와 도구

인과적 · 기능적 관계의 이해

- 관찰에 기초한 관계의 추론
- 전체와 부분의 관계, 각 부분들의 기능과 기계와 조립의 이해

시각적 · 공간적 능력

- 어떤 물체나 단순한 기계를 구성, 재구성하는 능력
- 기계 각 부품 간의 공간적 관계의 이해

기계적 물건에 대한 문제해결 접근법

- 시행착오 전략의 사용과 학습
- 기계적 문제해결을 위한 체계적 전략의 사용
- 정보의 비교와 일반화

소근육 기술

- 기계의 작은 부분 조작하기
- 눈과 손의 협응력(예 망치로 못 박기)

과학

관찰기술

- 재료의 특성을 알기 위해 한 가지 이상의 감각을 사용하여 자세히 관찰하기
- 주변 환경의 변화에 주의 기울이기(식물의 새싹, 나무의 곤충, 신비한 계절의 변화)
- 그림, 차트, 카드 등의 방법을 통한 기록의 흥미 보이기

공통점과 차이점에 대한 구분

- 재료나 사건 혹은 둘 다 비교, 대조하기
- 재료를 분리해서 표본들의 공통점과 차이점 알아내기(게와 거미의 비교와 대조)

가설 형성과 실험

- 관찰에 기초한 가설 형성
- '만일 ~라면' 이란 질문하기, 사물들의 존재방식에 대해 설명하기
- 각 개인의 가설을 검증하기 위한 간단한 실험계획 세우기(예 작은 돌과 큰 돌을 물에 떨어뜨려 어떤 돌이 가라앉는가 관찰하기, 물 대신 물감으로 식물에 물주기)

자연과 과학 현상에 대한 이해와 관심

- 여러 가지 과학적인 주제들에 대한 폭넓은 이해, 자연스럽게 각자의 자연세계 경험에서 과학적 주제나 보고에 대해 아는 것을 제시하기
- 자연현상이나 자연사 책과 관련된 재료들에 대해 장기적인 관심 갖기

동작

신체조절

- 신체 여러 부분의 이용과 각 부분이 분리된 능력이 있다는 것을 보여 주기
- 분리되지 않은 것처럼 연결된 동작들을 효과적으로 계획하고 순서를 정하고 실행하기
- 자신의 동작과 친구들의 동작을 서로 바꿔서 해보기

리듬에 대한 민감성

- 음악과 같이 정적이거나 동적인 리듬에 따라 동시에 움직이기(예 리듬의 변화에 무감각하거나 무딘 상황같이 유아가 리듬에 따라 움직이게 함)
- 자신의 리듬에 맞출 수 있고 원하는 효과를 얻을 수 있게 조절하기

표현

- 신체의 자세와 제스처를 사용한 동작을 통하여 감정과 상상을 불러일으킬 수 있음, 언어적 상상이나 리듬 음악과 같은 것이 자극이 됨
- 다양한 악기나 음악에 따른 음색이나 분위기에 대해 반응할 수 있음(예 행진곡 같은 강렬한 음악이나 서정적인 음악에 대한 가볍고 유동적인 동작)

동작 아이디어의 형성

- 흥미 있고 고상한 동작 아이디어의 형성, 언어적, 신체적, 혹은 둘 다에 대한 생각의 확장(예 유아들이 하늘에 있는 구름처럼 팔을 올리게 함)
- 본래의 동작과 함께 생각이나 상상에 즉각적으로 반응할 수 있음
- 단순한 춤, 다른 사람에게 가르치는 것과 같은 안무

◦ 음악에 대한 반응

- 여러 종류의 음악에 대한 다양한 반응
- 리듬과 음악에 반응할 때 표현되는 것으로 민감성을 보여줌
- 공간 주변을 쉽고 유동적으로 움직이고, 편안하고 유용한 공간(수평적, 수직적)을 탐색하기
- 공유한 공간에서 타인에 대한 기대
- 공간에서 자신의 몸을 움직여보기(예 돌기)

음악

◦ 지각

- 역동성에 대한 민감성(크고 부드러운)
- 템포와 리듬 패턴에 대한 민감성
- 음높이의 구분
- 음악적 스타일의 구분
- 악기와 사운드의 구분

◦ 제작

- 정확한 음높이를 유지하기
- 정확한 템포와 리듬 패턴 유지하기
- 노래하기나 악기연주 시 표현성
- 노래와 다른 작곡의 음악적 특성을 재회상, 재생산하기

◦ 작곡

- 시작, 중간, 끝을 포함한 간단한 작곡하기
- 간단한 악보 만들기

수학

수리적 추론

- 계산에 능숙함(예 빠른 계산)
- 평가가 가능함
- 물체나 정보를 수량화하는 데 능숙함(예 효과적인 기호 만들기, 그래프로 나타내기)
- 수리적 관계를 구분할 수 있음(예 확률, 비율)

공간적 추론

- 공간의 패턴 파악하기
- 퍼즐 맞추기
- 문제의 시각화, 개념화를 위한 이미지의 사용

논리적 문제해결

- 개별적 사실에 초점을 두기보다는 문제들 간의 관계와 문제의 전체구조에 초점 두기
- 논리적 추론 형성하기
- 규칙을 일반화하기
- 전략의 개발과 사용하기(예 게임할 때)

사회적 이해

자기 이해

- 자신의 능력, 흥미, 기술과 어려운 부분을 확인하기
- 자신의 느낌, 경험, 성취, 반영하기
- 자신의 행동을 안내하고 이해하기 위해 이러한 반성적 생각들을 표현하기
- 동일 영역에서 능숙한 부분과 능숙하지 못한 부분에 대한 원인을 통찰하기

타인 이해

- 또래와 그들과의 활동에 대한 이해를 보여주기
- 타인과 친밀하게 지내기
- 타인의 생각, 느낌, 능력 알기
- 또래들의 활동에 기초하여 타인에 대한 생각 말하기

리더로서의 사회적 역할 가정하기

- 종종 활동을 시작하고 조직하기
- 다른 유아들을 조직하기
- 타인의 역할 할당하기
- 활동수행 방법 설명하기
- 활동의 감독과 지시하기

촉진자

- 다른 유아와 함께 생각, 정보, 기술 공유하기
- 갈등상황 중재하기
- 다른 유아들을 놀이에 초대하기
- 다른 유아들의 생각을 확장하고 부연 설명하기
- 다른 유아들이 주의가 필요할 때 적극적으로 돕기

조력자, 친구

- 흥분된 분위기일 때 다른 유아들을 안정시키기
- 다른 유아들의 느낌에 민감함 보이기
- 친구들이 좋아하는 것과 싫어하는 것 이해하기

언어

내러티브 만들기, 이야기하기

- 이야기하기에서 상상력과 독창성을 사용하기
- 이야기를 듣고 읽기를 즐거워하기
- 줄거리의 구성과 전개, 주인공의 정교한 묘사, 동기, 상황, 장면이나 분위기의 묘사, 대화의 사용 등에 대한 흥미와 능력 보이기
- 독특한 스타일과 표현력 혹은 다양한 역할을 포함하는 연기능력, 재능 보이기

설명적 언어, 보고하기

- 사건, 감정, 경험에 대해 정확하고 조리 있게 설명하기(예 정확한 순서와 적절한 정도의 자세한 설명 : 사실과 환상의 구분)
- 사물에 대한 정확한 명칭과 설명
- 일의 전개에 대한 설명과 절차를 설명하는 데 흥미 보이기
- 논리적 주장, 질문하기

시적인 언어의 사용, 단어놀이

- 익살, 운율, 운문을 즐기고 숙달하기
- 단어의 의미와 소리로 놀이하기
- 새로운 단어를 학습하는 데 흥미 보이기
- 유머러스한 방법으로 단어 사용하기

시각적 예술

지각

- 환경과 미술 활동에서 시각적 요소 인식하기(예 색, 선, 모양, 형태 등의 세부적인 것)

– 서로 다른 미술 스타일에 대한 민감성(예 현실주의, 인상파 등의 추상적인 미술의 구분)

◦ **작품 : 표상**

– 시각적 세계를 2차원, 3차원으로 표상하기
– 일상적인 대상물(예 사람, 채소, 집, 동물 등)에 대해 다른 사람들이 알아볼 수 있도록 상징화하기
– 실제적인 비율로 사용하고, 세부적인 모양을 그리며, 색의 선택을 정교화하기

◦ **작품**

– 감정을 묘사하고 특정한 효과를 나타내고 그림을 채색하거나 입체적인 작품을 만들 때 미술의 다양한 요소 이용(예 선, 색, 모양)
– 사실적인 표상(예 웃는 해, 우는 얼굴)이나 추상적인 속성(예 슬픔을 표현하기 위해 어두운 색을 쓰거나 처진 선 사용하기)을 이용하여 느낌을 전달하기, '생기 있는', '슬픔', '힘 있는' 것을 표현하는 조각을 만들거나 그림 그리기
– 장식이나 채색에 관심 보이기
– 천연색의 사용, 균형 잡기, 리듬을 가지고 있는 그림 그리기

◦ **탐색**

– 미술재료의 사용에서 융통성과 창의성 갖기(예 페인트, 분필, 점토를 이용한 실험)
– 2차원 혹은 3차원적 작품에서 다양한 형태(예 개방된 혹은 폐쇄된, 폭발적인 혹은 통제된)를 만들기 위한 선과 도형 사용하기
– 다양한 주제(예 사람, 동물, 건물, 풍경 등) 다루기

부록C 부모 질문지

유아 이름 날 짜

부모 이름

우리는 집에서 우리 아이가 실제로 보이는 능력과 흥미가 유아교육기관에서 또는 연속 활동하는 동안에 나타날 수도 있고 나타나지도 않을 수도 있기 때문에 가정에서 보이는 유아의 능력과 흥미에 관심이 있습니다.

1. 우리 아이가 가장 뛰어난 능력을 보이는 두 가지 영역을 적어 주세요. 다음 형식에서 선택해 주세요.
   언어( ) 논리와 수리( ) 시각적 예술( ) 공간적 지능( )
   음악적 지능( ) 대인관계 이해 ( )
   개인 내의 이해 (자기 자신의 능력 이해와 개인적인 흥미, 좋아하는 것과 싫어하는 것을 인식하는 것을 포함한다)

   – 왜 그 두 가지 영역을 선택했습니까?
   우리 아이의 이런 능력에 대해 구체적인 예를 들어 주세요.

2. 우리 아이가 최소의 능력을 보이는 것을 위 문항 1번을 보고 두 개 적으세요.
   왜 이런 영역을 선택했습니까? 예를 들어 주세요.

3. 우리 아이가 가장 흥미를 보이는 세 가지 행동을 적으세요. 각 행동에서 아이가 보이는 흥미의 차이에 따라서 순위를 매기세요.

4. 방과 후에 유아가 자주 이야기하는 특정한 활동 또는 주제가 있습니까? 유아가 이야기하는 것은 무엇입니까?

5. 특별하게 당신의 아이가 흥미로워했던 내용이나 교육활동이 있었습니까?

6. 당신의 아이가 특별하게 싫어했거나 회피해 왔던 특정한 활동 또는 과제들이 있습니까?

7. 우리 아이의 유아교육기관 경험에 영향을 줄 수 있는 유치원 밖의 사건들이 있습니까?

8. 우리가 유아교육기관에서 결코 볼 수 없었던 우리 아이에 관한 것을 알고 있는 것이 있습니까?

9. 부모님은 어떤 영역에서 우리 아이가 가장 잘 향상될 것으로 보십니까?

부록D 스펙트럼 연간 활동 계획안

월	영 역	평 가	관련 활동	추가 정보
3월	음악, 예술	노래하는 활동(7~8일) 나는 어떤 동물일까요	각자 아동을 위해 예술 포트폴리오를 시작하기	동물 소리 구분하기
4월	음악, 운동 사회, 예술	작은 동물원(5~6일) 그림자놀이(실외, 5~6일) 다양한 꽃과 잎 그림(7~8일)	동면에서 깨어난 동물과 봄 식물 견학하기	부모 질문지를 우편으로 보내기
5월	언어	보물단어 찾기	보물단어를 소개하기 주말뉴스를 시작하기	또래 상호작용 체크리스트 채우기
6월	사회, 운동	우리 동네 주변(7~8일)	우리 동네 둘러보기	사회지도를 채우기
7월	과학	가라앉기와 뜨기(7~8일)	물놀이와 배 놀이하기	예술 포트폴리오를 재검토하기
9월	수학	칙칙폭폭 기차놀이 I (7~8일)	기차 여행하기	기차여행 사진 촬영하기
10월	과학, 사회	쓰레기 여행(7~8일) 우리 가족 역할놀이(5~6일)	분리수거활동 경험하기	더불어 사는 사회 배우기
11월	동작, 음악	신나는 빨래놀이(5~6일) 곡식들의 합창(7~8일)	손에 맞는 빨랫감 찾아보기 다양한 곡식 관찰하기	양동이와 주전자 사용법 배우기
12월	수학	칙칙폭폭 기차놀이 II (7~8일) 크리스마스트리를 꾸며요	다양한 기차 소리 내어보기 산타 행사하기	더불어 나눔 배우기
1월	수학, 음악	윷놀이 게임(7~8일) 요술봉 실로폰 놀이	다양한 절 방법 배우기	또래 상호작용 체크리스트 채우기
2월	언어, 예술	사진 책 만들기(8일) 명화 이어 그리기(7~8일)	세계명화 감상하기	예술 포트폴리오 재검토하기

부록E 스펙트럼 프로파일 견본

스펙트럼 프로파일 : 캐시

캐시가 스펙트럼 연구 과제에 참여한지 이번 봄이 두 번째 되는 해인데, 기계적인 대상을 이해하는 것과 시각예술에서 지력을 보이는 데 비범한 능력을 보여왔다.

캐시는 두 개의 작은 음식 분쇄기를 분리하고 새로 짜 맞추는 것을 포함하는 활동에 특별히 계획적이고 중점적으로 접근을 했다. 이런 영역에서 캐시의 관심과 능력은 이번 해뿐만 아니라 지난해에도 분명했다. 캐시는 탁월한 운동기능을 보였고, 그 임무수행을 돕기 위해서 시행착오 접근법을 사용했다. 캐시는 하고 있던 일과 어떤 도움 또는 어른으로부터 제안 없이 자신의 실수를 수정하는 경우를 나타낼 수 있었을 뿐 아니라 캐시는 퍼즐 맞추기와 다채로운 작은 속임수를 하는 데 많은 흥미와 노력을 보인다.

시각예술에서 캐시의 연구는 해가 시작된 이래로 눈에 많이 띄게 변화해 왔다. 가장 주목할 만한 것은 묘사적으로 그림을 그리는 캐시의 증가된 능력이었다. 다양한 물체, 사람 그리고 광경을 그렸는데, 그것 모두는 초기보다 더 훨씬 세부적이고 균형적이었다. 캐시의 그림은 좀 더 구성에 대한 인식을 나타낸다. 형태는 부분 그리고 전체로써 그 면에 관련해서 그려진다. 캐시의 예술작업은 색깔에 강한 민감도를 보이며 디자인과 표현의 목적에 따라서 의도적으로 색깔을 사용하기 때문에 특별한 그림을 위해서 그녀 자신만의 색깔 섞는 실험을 종종 한다. 연말에 캐시의 포트폴리오 재검토와 교실에서의 예술활동 참여를 근거로 하여 다양한 시각예술 요소를 탐구하는 기회를 즐겼을 것이라고 느낀다. 제안된 요소의 목록은 부모활동 안내서에 포함되어 있다.

캐시는 또한 숫자와 관련된 활동에서 기술을 보여왔다. 예를 들어, 공룡 게임을 하는 동안 완전하게 숫자 세는 기술을 보였다. 캐시는 죽은 것과 캐시 자신이 움직일 수 있는 공간의 수 사이의 일대일 대응을 이해했다. 이 영역에서 캐시의 능력은 지난해부터 눈에 띄게 개선되어 왔다. 기차게임을 하는 동안에 숫자활동은 수 계산이 중심이 되어 캐시에게 질문되어졌다. '만약에 기차에 네 명의 사람이 있다면, 기차에는 몇 개의 손들이 있을까요?'

캐시는 정확히 '8' 이라고 대답하였으며 '기차에 한 사람이 더 탔다면, 기차에는 몇 개의 손들이 있을까요?' 라고 질문하면, '10' 이라고 즉각 대답하였다. 캐시는 그 집단에서 지적으로 이 계산을 할 수 있는 유일한 유아였다.

캐시는 올해와 작년에도 이야기하기 활동을 즐겼는데, 적극적으로 이야기판을 다루었고 왕과 보물에 관한 이야기를 했다. 교실에서 캐시에 관한 비공식적인 관찰은 이야기를 만들어내는 데에 관심이 있음을 알 수 있다. 다른 많은 인물의 역할을 추측하고 자신과 다른 유아들에게 영향을 미칠 수 있는 다른 상황을 만들어가면서 극적인 놀이영역에서 종종 활동하였다. 캐시는 이야기를 만들고 극적인 놀이에 참여하는 좀 더 많은 기회를 즐겨왔을지도, 또는 유아들의 놀이와 드라마 집단에 관심을 가졌을지도 모른다.

다른 스펙트럼 활동을 하는 동안, 캐시는 더 자발적으로 참여하고 가까이 있는 임무에는 덜 집중적이었다. 예를 들어, 작년에는 관심의 대상이었던 창조적인 운동에 참여하는 것을 거부했다. 일반적으로 캐시는 활동을 할 때는 덜 진지하지만 관심 있는 활동은 효율적으로 할 수 있다. 단지 관심이 덜 가는 활동을 할 때 참여도가 낮은 경향이 있다. 이것만으로 특정한 영역에서의 능력 단계를 결정하기는 어렵다.

캐시는 자신이 관련 있던 스펙트럼 활동에 명랑하고 활기차게 접근해 왔으며 대부분의 스펙트럼 활동에 일대일 상호작용을 즐겼다. 캐시와 함께 한 지난 2년 동안은 즐거웠다.

스펙트럼 프로파일 : 조셉

조셉은 올해 교실에서 보여준 수많은 스펙트럼 활동에서 인상 깊은 능력과 관심을 보였다.

조셉은 시각예술과 수 영역에서 뛰어났다.

시각예술 영역에서 조셉의 노력은 그 나이의 유아들에 비해 강한 인상을 주었다. 가장 두드러진 것은 다양한 매개를 사용함으로써 편안해 하고, 효과적이었다. 이것들은 페인트, 매직팬, 콜라주, 나무 그리고 스티로폼을 포함한다. 그림 그릴 때, 조셉은 색깔에 비범한 민감성을 보였는데, 그림은 복잡한 표현과 디자인으로 구성된다. 하나의 그림에서, 조셉은 눈에 띄게 다른 6마리 물고기, 수중 자동차, 물을 내뿜는 고래, 그리고 '초대형 붉은 물고기 먹이'를 포함하는 매우 세부적인 수중 배경을 그렸다. 또 다른 그림에서는 교실 벽에 있는 비슷한 그림을 보고 나서 당나귀를 타고 있는 원주민을 그렸다. 거기에다 얼굴에는 색을 번갈아서 줄을 그었고, 12개의 깃털을 갖춘 머리장식까지 그렸다. 조셉의 공간사용 또한 효율적이다. 부분과 전체로써 한 면에 개인적인 부분에 관련된 구성을 위해서 전체적인 면을 사용한다. 조셉의 조각도 물론 굉장하여 창작물의 범위 내에서 디자인과 구성을 이해하고 인식했다. 교실에서 비공식적인 관찰로는 조셉은 단 하나의 그림을 그리는 데 오랜 시간을 보낼 수 있다는 것과 반복해서 많은 구성을 재생하고 즐기는 것을 보여왔다.

조셉은 수와 수에 대한 개념에 강한 능력을 보였다. 공룡 게임을 할 때, 스펙트럼 활동은 수와 그 개념에 중심을 두고, 계산은 다소 일치하지는 않았지만, 그 놀이의 진략 요소를 이해했다.

그 해 초기에 조셉은 정확하게 계산하는 데 어려움을 보였으나, 봄에 기차게임을 하는 동안, 그 나이의 유아들에 비해 숫자에 관해 현저한 능력을 보였다. 조셉은 각 정류장에서 장난감 기차를 타고 내리는 사람의 수를 지켜보기 위해서 각각 다른 색깔로 칩을 이용하는 성공적인 방법을 고안했다. 그 활동 후에는 각각의 정류장에서 기차를 타고 내리는 사람의 수를 머릿속으로 계산할 수 있었다.

조셉은 또한 교실의 발견영역에 강한 관심을 보여왔다. 초기의 조셉은 동물 뼈를 찾아서 그 조각들이 어떻게 맞추어졌는지 알아보려고 노력하는 데 많은 시간을 보냈으며 이 관심은 계속해서 유지되었다. 게다가, 눈에 띄게 정확하게 진흙 밖에서 뼈를 조작했다. 이런 관찰을 근거로, 우리는 조셉이 자연적인 세계를 탐험하는 부차적인 기회를 즐길지도 모른다고 느낀다. 유아들의 박물관과 과학 박물관은 이 영역에서 탁월한 전시와 자원이 있다.

두 개의 작은 음식 분쇄기를 분류하고 재조립하는 활동에서 조셉은 기계적인 물체를 이해하는 능력을 보였다. 그 임무에 접근해서, 어른의 도움 없이 완성했고, 세심한 것에 주의 깊고, 다양한 물체 사이에서 표면적인 관계를 이해했다.

조셉은 많은 스펙트럼 활동에 접근하는 데 열심이었는데, 특별히 시각예술과 자연과학에 관심을 보이고 그 영역에 초점을 맞출 수 있었다. 조셉은 관여하지 않기 위해서 선택한 활동들도 있다. 예를 들어, 음악활동과 이야기 활동에 참여하지 않았다. 조셉은 어디에서 비롯되었는지를 질문하면서 물건 그 자체에 관심을 보였으나 물건에 관련된 활동에 항상 관심을 보이지는 않았다.

조셉은 창조적인 운동은 마지못해 참여하였는데, 초기에는 운동활동 구조에 어려움을 보였다. 참여자라기보다는 '청중'이 되기 위해서 선택한 것이고 때로는 그 집단을 혼란시켜 운동활동에 경멸감을 나타냈을지도 모른다. 그러나 해가 진행되어감에 따라 조셉은 창조적인 운동활동에도 적극적인 일원이 되었다. 집단을 위한 독창적인 아이디어를 생각했고, 집단활동 대부분에 기꺼이 참여했다.

시간이 지나면서, 조셉은 스펙트럼 활동의 일대일 형식에 좀 더 익숙해졌다. 이것은 조셉이 좀 더 자유롭게 자신의 생각을 공유하고 다양한 영역에서 보였던 능력과 관심을 분명하게 할 수 있게 되었다.

부록F 학부형 편지 견본

친애하는 학부형께

우리는 귀하와 귀하의 자녀가 이번 스펙트럼 프로젝트에 참여하는 것에 무척 감사를 드립니다.

오후 4시간 유아들과 함께 보냈던 시간은 소중하고 보람이 있었습니다.

우리 교직원들은 개인적으로 특히 스펙트럼 활동과정에서 귀하의 자녀에 관해서 연구하고 배우는 많은 기회를 가질 수 있었습니다. 아시다시피, 이러한 활동들은 지적인 영역의 범위에서 유아들의 지력을 알아보기 위해서 고안되어진 것입니다(예술, 언어, 수학, 운동, 음악, 과학, 그리고 사회 이해). 일 년 내내, 귀하의 자녀가 제공되어진 활동에 참여하기를 원하는지, 아닌지를 선택했습니다. 우리는 이런 활동을 귀하 자녀들의 참여에 따라서 이 패키지에 동봉된 스펙트럼 프로파일을 편집했습니다. 귀하는 각각의 활동과 연관된 것과 귀하의 자녀가 어떻게 대답했는지 더 잘 이해하기 위해서 스펙트럼 활동기술, 또 다른 동봉물을 읽으시길 바랍니다.

스펙트럼 프로파일에서, 스펙트럼을 활동하는 동안에 귀하의 자녀가 보여왔던 관련된 어려운 영역뿐만 아니라 관심과 능력의 영역을 기술해 왔습니다. 귀하의 자녀가 또래와 유사한 영역에 관해서는 구체적으로 언급하지 않았습니다. 이런 경우에, 귀하는 귀하의 자녀가 나이에 맞게 적절히 단계를 수행하는 것으로 추측하시면 됩니다. 교실에서의 활동들은 사용된지 2년째이기 때문에, Eliot-Pearson 사회집단에서의 유아들과 그 나이 집단의 다른 유아들과 비교하는 데 필요한 정보를 가지고 있지 않습니다. 대신에, 그 프로파일은 각자의 유아들과 관련된 능력과 관심 그리고 유아가 대체적으로 교실에 관련한 비범한 능력을 보이는 경우에 반영하는 경향이 있습니다.

우리는 귀하께서 이 프로파일의 제한을 인식할 뿐만 아니라 알 수 있기를 희망합니다. 많은 요소들은 유아의 실행을 활동에 반영합니다. 어느 평가는 특정한 특성을 놓칠 수도 있고, 어느 누구도 결정적인 요구를 할 수는 없습니다. 이러한 논평은 귀하의 자녀에게 더 많은 관점으로 간주해 주시고, 하나의 관점은 귀하 자신의 관찰에 의해서 비교 · 평가되어져야 합니다.

어떤 경우, 그 프로파일은 부모님들이 아이들과 함께 활동할 수 있는 제안을 합니다. 우리는 지력의 영역에서 유아들이 도전할 수 있게 이러한 제안을 해왔습니다. 약한 영역에서 유아들을 지지해 주고 또는 유아들이 강한 관심을 보이는 영역에서는 즐거움을 제공해 줍니다. 귀하께서 귀하의 자녀를 이러한 활동에 참여하게 해 주셨으면 합니다.

또한 이 프로그램은 '부모활동 스펙트럼 프로젝트 안내서'로 각각의 스펙트럼 영역의 활동을 위한 아이디어를 제공합니다. 그 활동은 시작하기 쉽고 대개는 특별한 도구를 요구하지 않습니다. 그 안내서는 취학 전의 유아를 위해서 프로그램과 활동을 제공하는 공동체 자원목록에 응한 것입니다.

우리는 귀하 자녀의 프로파일에서 제시된 정보에 귀하의 응답, 질문, 관심, 그리고 논평에 대해서 기꺼이 받아들이겠습니다. 우리는 귀하께서 오전 9시에서 오후 5시 사이에 495~4342에 전화해 주시거나 동봉했던 반신용 봉투에 '부모반응 형식'을 기입해서 보내 주셨으면 합니다.

귀하와 귀하의 자녀가 스펙트럼 프로젝트에 참여해 주셨으면 감사하겠습니다.

가정에 행복이 깃들기를 빌며…

스펙트럼 프로젝트 직원 일동

부록G 스펙트럼 프로파일 부모 반응 서식

유아 이름 날 짜

부모 이름

당신 아이의 스펙트럼 프로파일에서 제시된 정보에 총체적인 당신의 반응은 무엇입니까?

당신의 아이의 프로파일에서 가장 놀랐던 것은 어떤 정보입니까?

그 프로파일에서 빼놓았다고 느껴진 중요한 것이 있습니까?

그 프로파일 정보를 근거로 다른 것을 계획했습니까?

논 평

부록H 스펙트럼 프로젝트 부모활동 안내서

Valarie Ramos-Ford & Margaret L. Adams

1. 수 개념 활동

달력 만들기

재료 : 16″×20″ 널빤지, 인화지, 펜, 야드자, 미술 공작용 색판지, 가위

유아가 달력으로 기본적인 격자 눈금을 만들기 위해서 널빤지에 균등하게 세로줄과 가로줄 여섯 칸을 만드는 것을 도와준다. 그 세로 칸 위에는 '일요일' 부터 시작해서 일주일에 해당하는 요일을 적는다. 그리고 나서 널빤지를 인화지로 덮어서 유아가 달력에 사물을 부착시킬 수 있고, 널빤지는 훼손되지 않고 달마다 그것들을 떼어낼 수 있다.

매달 유아는 공작용 색판지를 모양대로 자를 수 있고, 그 모양들에다 숫자를 적고, 그것들을 달력에 풀로 붙일 수 있다. 유아들은 때때로 다가오는 달의 특별한 특성을 반영하는 도려내기를 즐긴다. 예를 들어, 하트 모양은 발렌타인데이를 상징하는 것으로 2월에, 또는 비오는 날에는 우산 모양이 사용될지도 모른다. 유아가 원한다면 특별한 도려내기는 생일, 휴일, 그리고 또 다른 경우에도 할 수 있다. 매달 초순에, 매주 정확한 요일에 첫 번째 종이로 도려내기를 하는 유아를 도와준다. 아침마다 유아는 달력에 숫자가 적힌 도려낸 모양을 붙이고 그 달에 얼마나 많은 날들이 지났는지를 셀 수 있다.

보드 게임 만들기

재료 : 큰 널빤지, 펜, 크레파스, 또는 색연필, 주사위, 스티커, 게임 말

많은 보드 게임은 유아들이 숫자 기술에 대해 배우고 연습하는 데 도움을 줄 수 있다. 위에 제시된 준비물을 사용함으로써 당신은 아이 자신의 숫자놀이를 유아가 만들도록 도움을 줄 수 있다. 그 게임은 숫자놀이에 표본이 될 수 있고

또한 다른 숫자에 관련된 개념을 포함할 수 있다. 예를 들어, 주사위를 던져서 나오는 숫자로 게임판의 얼마나 많은 공간을 움직일 수 있는지를 말한다. 또 다른 주사위는 움직이는 방향을 알려주는 상징이 있다(예 '+'는 앞으로 움직이고, '−'는 뒤로 움직인다).

성장차트

재료 : 종이 5장(대략 6″에서 12″넓이), 야드자, 펜, 크레파스, 스티커

바닥이나 어떤 넓은 표면에 종이를 둔다. 유아가 한쪽에 야드자로 줄을 긋는 것을 도와주고, 그 인치 표시 지적하는 것을 도와준다. 유아가 그리면 각 인치 표시 바로 옆의 종이에 작은 선을 그릴 수 있다. 그리는 도중 인치 표시가 있을 때마다 종이에 계속한다. 다음으로, 유아가 수를 세고 1~60인치 표시를 번호로 매기게 도와준다. 기본적 차트는 지금 완성되었고 당신의 유아가 선택한 만큼 스티커로 장식할 수 있다. 스티커는 매달 자신의 신장을 표시하기 위해 차트에 붙여질 수 있다. 차트에 스티커가 붙여질 때마다, 당신의 아이가 지난 시간 이후로 얼마만큼 성장했는지 그리고 자신이 측정한 전체적인 인치는 얼마인지에 대해서 알 수 있도록 도와준다.

놀이 평가하기

놀이 평가하기는 많은 다른 재료들을 가지고 진행될 수 있다. 몇 가지 예를 보면,

재료 : 다른 크기의 종이컵, 다른 크기의 상자들, 작은 돌, 껍데기를 벗긴 너트, 나무나 플라스틱으로 된 작은 인물상들

질 문 : 이 작은 컵에는 얼마나 많은 너트들이 있습니까?
이것보다 좀 더 큰 컵은 얼마나 많은 너트들을 보유할 수 있는지 추측할 수 있습니까?
10개의 너트보다 더 많이 넣을 수 있는 컵들을 얼마나 보유할 수 있습니까?
거의 15개의 너트를 넣을 수 있는 컵이 있습니까?

아이도 당신에게 질문을 하도록 용기를 북돋아 준다. 아이가 당신 의견에 동의하는지, 아닌지를 이해하는 당신의 추측에 반영하는 기회를 아이에게 준다.

놀이를 가려내서 분류하기

놀이를 가려내서 분류하기는 야구카드에서 조개껍데기에 이르는 다양한 재료를 가지고 진행될 수 있다. 아래의 가정용 품목들은 활동과 같은 것을 착수하기 위해 사용되어질 수 있다.

재료 : 계란 판, 머핀 팬, 작은 상자들, 이유식 단지, 여러 가지 종류의 말린 콩, 다양한 단추, 여러 가지 껍질 벗긴 너트

질 문 : 이 산더미 안에서 얼마나 많은 각각의 색깔 단추를 찾기 위해서 계란 판을 어떻게 사용할 수 있을까?
당신이 가지고 있는 대부분은 어떤 색깔입니까?
단추를 한 데 모으려고 할 때 당신이 생각할 수 있는 다른 방법은 무엇인가? 색깔? 크기? 단춧구멍 수?

지형보드 만들기

재료 : 12″-나무토막(1″~2″ 두께), 못 36개(동일한 크기), 다양한 고무밴드

지형보드는 당신의 아이가 기하학적 형태를 탐험하는 데 탁월하고 재미있는 방법이다. 아이는 보드에 망치로 두드려 못을 박고 간단하게 고무밴드를 쭉 펴서 형태와 디자인과 무한의 수를 매길 수 있다.

손가락놀이와 셈 노래

짧은 손가락놀이와 거의 셈하는 기술에 집중된 노래가 있다. 인기 있는 손가락놀이와 취학 전 유아를 위한 노래의 예가 다음에 있다.

[꼬마 원숭이 다섯 마리]

침대 위를 뛰고 있는 꼬마 원숭이 다섯 마리
한 마리가 떨어져 머리를 꽝 부딪쳤네.
엄마 원숭이는 의사를 불렀고 그 의사가 말하기를
"더 이상 침대 위해서 뛰지 말게 하세요!"
꼬마 원숭이 네 마리 …

* 하나까지 카운트다운 할 때까지 세 번 더 절을 유지해서 노래를 부르세요.

[작은 호박 다섯 개]

문에 앉아 있는 작은 호박 다섯 개
첫 번째 호박이 말하기를 "저런, 늦었어"
두 번째 호박이 말하기를 "공중에 마녀가 있어"
세 번째 호박이 말하기를 "글쎄, 나와 상관없어"
네 번째 호박이 말하기를 "어서 뛰자, 어서 뛰어"
다섯 번째 호박이 말하기를 "장난할 준비됐어"
"우~우" 바람이 와서 불빛을 꺼버렸네(손벽을 치며)
그래서 작은 호박 다섯 개는 데굴데굴 굴렀네.

2. 과학활동

자라는 것들

재료 : 중간 크기의 흙 단지, 자주개자리 씨앗, 거즈

흙 단지 바닥에 1~2 티스푼 만큼 자주 개자리 씨앗을 놓는다. 2~3 티스푼 만큼의 물을 주고 씨앗이 물기를 흡수할 수 있게 살짝 단지를 흔들어준다. 단지를 거즈 조각으로 덮어서 고무줄로 단지 둘레를 봉한다. 대략 3일 안에 씨앗들은 싹을 틔우기 시작할 것이다. 씨앗들은 젖어 있는 것이라기보다는 습기를 유지해 주는 것이 중요하다. 씨앗에 습기가 있는지를 매일 확인해 본다. 필요한 만큼 티스푼으로 약간의 물을 조금씩 준다. 매일 그 싹들을 부풀리게 하기 위해서 부드

럽게 단지를 흔든다. 싹들은 일주일 후에 먹을 수 있게 된다.

- 씨앗 키우기

재료 : 꽃 또는 채소 씨앗, 작은 화분, 화분용 영양토, 플라스틱 쟁반

화분에 영양토를 절반 정도 채운다. 물로 적셔 주고 몇 시간 동안 그대로 둔다. 각 화분에 씨앗을 심고, 그 위를 약간의 영양토로 덮어주고 물을 듬뿍 준다. 그 영양토는 항상 젖어 있기보다는 습기를 유지해야 한다. 그러나 아이들이 자신의 생각대로 식물 키우는 것을 탐험하도록 한다. 각 화분에 씨앗들이 자라남에 따라서, 아이는 각 화분에 다른 것을 시도할 수 있다. 예를 들어, 하나의 화분은 강한 햇볕에 두고 다른 것은 응달에 둘 수 있고, 아니면 어떤 화분은 물기를 유지하고 다른 것은 건조한 상태로 둘 수 있다. 실험에 따라, 당신의 아이는 씨앗들이 자랄 때 가장 중요한 요소를 배우게 될 것이다. 자라나는 씨앗들을 옥내 활동으로 시작해서 식물이 자라남에 따라 옥외 활동이 될 수 있다.

- 식물뿌리 내리기

재료 : 잘린 나무, 플라스틱 용기, 물

플라스틱 용기에 물을 부어 잘린 나무를 두는 당신의 아이를 도와준다. 아이는 어떻게 뿌리조직이 자라는지 관찰할 수 있다.

새 모이통 만들기

새 모이통 만드는 다른 방법들이 많이 있다. 취학 유아들을 위한 제안이 아래에 있다.

- 우유 용기 모이통

우유 용기의 네 면에 큰 창을 자른다. 그 용기 위쪽에 두 개의 구멍을 만들고 그 구멍에 따라서 실을 묶는다. 그 용기에 새 먹이를 채운다. 그 모이통을 창밖 또는 새들이 먹는 것을 볼 수 있는 곳에 걸어둔다.

● 솔방울 모이통

큰 솔방울에 땅콩버터를 바른다. 그리고서 그것을 밖에 걸어둔다.

● 터브 모이통

플라스틱 터브나 작은 카드 보드상자의 각 면에 네 개의 구멍을 만든다. 마가린과 요구르트통이 꽤 쓸모가 있다. 각 구멍에 실을 매고 그 터브에 새 모이를 채운 후 밖에 건다.

문지르기

문지르기와 페인트는 다른 형태와 자연물의 조직들을 조사하는 재미있고 다채로운 방법들이다. 다양한 자연물은 문지르기로 사용될 수 있다.

재료 : 나뭇잎, 나뭇조각, 조개껍데기, 돌, 크레파스 또는 초크, 종이

아이가 평평한 나뭇조각, 나뭇잎 등 위에 종이를 두게 하라. 아이에게 크레파스나 초크로 선과 조직이 종이 위에 선명하게 보일 때까지 종이 위를 앞뒤로 어떻게 문지르는지 보여주라. 그리고 다른 대상물과 탁본을 비교하라.

느낌 상자

느낌 상자는 유아들이 세상에 대해서 더 많은 것을 알기 위한 방법으로 접촉감각으로 인식하게 되는 좋은 방법이다. 대상물의 크기, 형태, 조직 그리고 무게는 조사될 수 있다.

재료 : 작은 플라스틱 용기, 양말, 물건(솜으로 된 공, 솔방울, 모래, 말린 콩, 파스타, 조개껍데기, 깃털, 동전, 뱀 껍질, 재미있는 조직을 가진 것)

용기에 하나의 대상물을 넣는다. 용기가 완전히 덮일 때까지 용기 위로 양말을 잡아당긴다. 유아들은 보지 않고서 안에 있는 물건을 느끼기 위해 양말에 손을 집어넣을 수 있다. 다른 유형의 물건을 반복한다.

분류놀이

재료 : 8"×10" 널빤지 세 개, 자연 또는 다른 잡지들, 가위, 펜, 크레파스

이 활동에서, 아이는 생물과 물건들이 어디에 속하는지 배치함으로써 분류에 관해서 배운다. 땅, 위, 물 속, 공중, 다양한 잡지들을 유아에게 준다. 유아가 다른 사람, 동물, 그리고 탈 것들의 그림을 찾아서 자를 수 있는지를 묻는다. 유아가 재미있는 사진을 모으고 있을 때, 하늘이 되는 널빤지를 선택하게 한다. 유아가 자른 사람 또는 물건들이 하늘에 속하는지를 묻는다. 유아는 그러면 첫 번째 널빤지에 그것들을 붙일 수 있다. 땅과 물에 해당하는 것도 같은 방법으로 한다. 하나 이상의 범주에 속하는 것에 대해서 논의한다(예 땅위와 물에 있는 악어).

물놀이

재료 : 다양한 가라앉고 뜨는 물건들, 대리석, 빨대, 코크르, 스펀지, 필름 통, 작은 돌, 탁구공

물놀이는 발견과 실험을 위한 많은 기회를 준다. 유아들은 물건, 깔때기, 조리, 큰 빨대와 다른 용기와 튜브가 씽크대, 욕조, 수영장 또는 물 용기—물이 있는 어느 곳에서든지—에서 가라앉고 뜨는 실험을 할 수 있다.

3. 조립활동

쥐덫놀이

재료 : 상업적으로 판매되는 '쥐덫' 놀이

이 놀이는 부모들이 미리 조립해야 하는 복잡한 쥐덫을 사용한다. 당신이 조립할 때, 아이는 각각의 놀이판 조각의 움직임이 다음 조각에 어떻게 영향을 주는지를 관찰할 수 있다. 아이가 조립된 조각의 관계를 관찰한 후에, 당신은 그 조각들을 없애서 아이가 그 판을 재조립하게 할 수 있다.

대리석 미로

재료 : 단단한 돌 또는 튼튼한 나무토막, 종이타월 두루마리, 테이프, 대리석

당신은 아이가 가정기구로 자신의 대리석을 만들 수 있게 도울 수 있다. 토대를 벽돌로 그리고 측면을 지지하는 종이타월 두루마리를 사용한다. 수평에 맞추어 대리석을 만들기 위해서는 절반으로 판지를 자르면 대리석을 볼 수 있다. 세로 방울을 만들기 위해서는 종이타월 두루마리를 그대로 둔다. 두루마리를 다양한 크기로 잘라서 아이가 그 받침에 붙이는 것을 돕는다. 당신은 아이가 단지 대리석과 첫 번째 받침으로 실험하기를 바랄지도 모르기 때문에 종이타월 두루마리를 나중에 소개한다.

하드웨어 표본

재료 : 스프링, 경첩, 작은 자물쇠와 열쇠, 너트와 볼트, 스크루 드라이버, 렌치

당신의 아이가 그 물건들을 조사하고, 익숙한 것에 하드웨어 사용을 기술하고, 그리고 다른 가능한 사용에 관해서 제안하도록 한다. 다음으로 아이에게 나뭇조각 또는 판지 상자를 주고 연구하게 한다.

손전등

재료 : 다른 크기의 손전등, 배터리

유아들은 손전등을 분류해서 다양한 조각들을 조사하고 다시 조립할 수 있다. 만약에 그들이 배터리를 제자리로 되돌리면 어떤 일이 일어날까? 두 개의 배터리를 되돌릴 때, 손전등은 항상 작동하는가? 아니면 특별한 방법으로 손전등을 재조립하는 것이 필요한가?

레고차

재료 : 레고, 바퀴가 있는 레고 차축, 고무줄

아이에게 앞뒤로 가는 바퀴가 있는 레고차를 만들도록 제안한다. 뒤 차축에 고무줄을 매고, 앞쪽에는 훅으로 맨다. 당신의 아이가 뒤쪽으로 차를 굴릴 때,

고무줄은 차축에 감겨야 한다. 아이가 차를 풀어놓을 때, 고무줄은 안 감겨야 하고 차가 앞으로 가야 한다.

발 명

재료 : 실패, 담배 파이프 청소기구, 가는 철사, 종이 접시, 작은 공작용 색판지, 다양한 형태의 작은 상자, 종이타월 두루마리, 테이프, 풀, 고무줄

아이에게 위에 제시된 물건들을 사용해서 새로운 기구를 발명하게 한다. 필요하다면, 발명품에 기능을 제안한다. 쥐를 위한 집, 두꺼비를 위한 차, 머리빗을 깨끗이 하기 위한 고안이다.

퍼즐 만들기

재료 : 큰 종이, 펜, 잡지, 판지, 가위, 풀

아이에게 그림을 자를 수 있는 잡지를 준다. 아이가 좋아하는 사진을 찾을 때, 아이는 그것을 잘라서 판지에 붙일 것이다. 그 풀칠이 마를 때, 퍼즐을 만들기 위해서 그 사진을 많은 조각으로 자른다.

퍼즐 윤곽

재료 : 큰 종이, 펜, 친숙한 항목 분류(열쇠, 종이 집게, 작은 장난감, 나무토막, 나뭇잎 등)

큰 종이에 물건들을 놓는다. 필요하다면 유아를 도우면서, 아이가 매직펜으로 각각 물건의 윤곽을 잡게 한다. 다음으로, 그 물건들을 종이에서 치우고 작은 상자나 가방에 넣어라. 아이는 종이 위의 윤곽에 그 물건을 맞추려고 할 것이다.

추가 활동

많은 상업적인 놀이와 빌딩 세트는 유아들에게 조립하고 구조와 기능 관계를 실험하도록 한다.

4. 음악활동

작은 타악기 만들기

재료 : 필름통 또는 뚜껑이 있는 요구르트 용기, 쌀, 종이 집게, 콩, 다른 작은 물건들

유아들이 다른 재료들을 작은 용기에 채우도록 한다(예 종이 집게, 쌀, 마른 파스타). 그것들은 간단한 타악기로써 셰이커로 사용할 수 있으며 자신들이 좋아하는 음악에 맞춰서 연주한다. 다른 경험을 하는 동안, 그 용기를 흔들도록 해서 안에 무엇이 들어 있는지를 알아맞히기 한 다음 동일한 음에 쌍으로 맞춰 용기를 흔든다.

물병

재료 : 다양한 병, 나무막대, 물

유아들은 각기 양이 다른 물을 채운 병들을 사용해서 음의 생성을 실험할 수 있다. 아이가 나무막대로 병을 부드럽게 치면서 실험하게 한다. 그러면서 물을 추가하거나 부어서 다시 병을 쳐보도록 한다. 아이는 병을 치기 위한 다른 기구들을 사용할 수 있으며(예 숟가락 또는 연필), 생성되는 음을 비교한다.

음 확인 놀이

재료 : 테이프 리코더, 가정기구

당신과 아이는 친숙한 음을 테이프로 만들 수 있다(예 전화벨이 울리는 소리, 문이 닫히는 소리, 물이 흐르는 소리, 개가 짖는 소리). 테이프를 다시 돌려서 당신의 아이에게 그 음을 확인하도록 한다. 이런 실험을 다양하게 하기 위해서는 가족과 친구들이 이야기하고 노래 부르는 소리를 녹음한다. 아이가 들었던 소리가 누구의 소리인지를 확인하도록 한다. 아이는 다른 도전을 위해서 테이프 만드는 것을 즐길 것이다.

옛 노래에 새 단어들

당신과 아이는 익숙하게 즐기는 노래에 새로운 구절을 첨가할 수 있다. 예를 들어 '옛 맥도날드'를 아이 이름으로 대신하고 아이가 좋아하는 종류의 동물농장에 있게 한다. 장난감 가게와 같은 다른 장소에 관해서 노래하기 위해 가락을 사용함으로써 이 노래를 다양화한다.

다른 활동들

아이와 함께 글자가 적혀 있지 않은 책을 본다. 그림에 근거하여 당신 자신의 노래를 만든다(예 동물 그림책에서 소에 관한 노래). 그리고서 아이에게 노래를 만들게 한다(말에 관한 노래). 또는 당신은 제안할 수 있다('이 책을 읽는 대신에, 노래를 불러봐라, 너는 음이 될 수 있는 것으로 어떤 것을 생각했니?'). 아이는 자신이 알고 있는 노래에 관해서 추측하는 놀이를 즐길 수도 있다. 노래를 부르기보다는 당신이 콧노래를 부르고 아이는 그것이 무슨 노래인지 추측한다. 몇 번을 교대로 하면, 아이는 당신에게 콧노래를 할 수 있다.

음악은 박자(빠르게/느리게), 강약(강하게/약하게) 그리고 고저(높고/낮게)라는 점에서 다양하다. 아이의 감수성이 이런 요소에 강화되기 위해서 당신은 여러 가지 일을 할 수 있다. 달리기와 걷기를 비교해 보라. 아이가 빠르게 그리고 천천히 움직일 때 자신의 맥박의 차이를 느끼도록 도와준다. 쥐가 기어다니는 소리와 코끼리가 발 구르는 소리를 만든다. 속삭이면서 그리고 큰 소리로 노래한다. 엘리베이터를 타는 척 하라. 당신이 올라갈 때, 당신의 목소리를 점점 높이고 내려갈 때는 점점 낮춘다.

5. 언어활동

너의 그림에 대해서 나에게 말해라

재료 : 아이의 그림 중의 하나, 공작용 색판지, 펜, 풀

아이가 특별한 스케치 또는 그림을 그릴 때, 그것에 대해서 물어보라. 그림 자체보다 더 큰 색판지에 아이의 그림을 설치하는 것을 도와준다. 당신이 아이에

게 할 몇 가지 질문들이 있다. 이 그림에 대해서 나에게 말해주렴. 그림에서 진행되는 줄거리가 있니? 너에게 특별한 그림이니? 아이가 당신에게 말한 것을 색판지에 적어라. 점차적으로 아이는 이러한 그림책 만들기를 원하게 될지도 모른다.

이야기판 만들기

재료 : 큰 판지, 전단 판지, 펠트, 다양한 그림과 소도구, 펜, 크레파스

이야기판은 유아들이 줄거리를 이야기할 수 있는 것으로 호기심을 자아내는 매개물이 될 수 있다. 그것들은 유아들이 자신의 이야기에 통합하기를 바라는 소도구를 포함할 수 있다. 유아를 북돋아주는 소도구를 위한 제안은 작은 그림들(사람, 동물들, 가상물), 나무와 숲, 보금자리(예 여행가방, 미술지팡이)를 포함한다. 당신의 아이가 잔디와 웅덩이, 다른 그림을 그릴 뿐만 아니라 그 자체로 판 장식하기를 원할지도 모른다.

손전등

유아들은 이야기하기와 가상적인 놀이로 자기 자신의 꼭두각시를 쉽게 만들 수 있다. 다음과 같은 방법은 가정용 물건을 사용하고 있다.

- **종이 가방 꼭두각시**

  재료 : 작은 종이 가방, 공작용 색판지 도려내기, 스티커, 실, 풀, 펜과 크레파스

- **양말 꼭두각시**

  재료 : 오래된 양말 , 실, 펠트, 또는 조각 천, 풀

연쇄 줄거리

하나의 '연쇄 줄거리' 는 하나의 사람에 의해서 시작되고 번갈아서 타인에 의해서 유지된다. 예를 들어, 다음과 같이 이야기하면서 시작할 수 있다. "옛날 옛

날에 숲 속에 커다란 성이 있었습니다. ~에 속해 있습니다." 아이에게 그 이야기의 다음 부분을 말하도록 요구해 본다. 이야기가 끝날 때까지 번갈아서 해본다. 이 놀이는 두 명 또는 그 이상의 사람과 함께 할 수 있는 형제, 자매와 함께 하는 좋은 활동이다. 몇몇 유아들은 익숙한 줄거리 또는 익숙한 등장인물을 사용하면, 이 활동을 시작하기에 더 쉬울지도 모른다. 예를 들어, 당신은 다음과 같이 이야기하면서 시작할 수 있다. "숲 속을 걷고 있는 어느 날, 그녀는 세 마리 곰의 집을 발견했어요. 그녀는 누가 안에 있는지 보려고 문을 열었어요."

그 밖의 제안

유아들은 자신이 말한 이야기를 그리는 것과 책 안에서 줄거리를 만드는 것에 관심이 있을 수 있고 유아들은 이야기를 수집하고 다른 사람과 그것을 공유할 수 있다.

테이프리코더가 가능하면, 아이는 자신의 개인적인 이야기를 청중 없이 녹음하기를 즐길 것이다.

아이가 하나의 이야기를 만든 후에, 아이에게 실행하도록 권한다. 아이에게 의상, 꼭두각시 또는 연기에 맞춘 음악을 갖추도록 권장한다. 아이는 또한 음향효과 또는 움직임을 통해서 의사소통을 만드는 데 관심을 둘 것이다.

6. 시각예술 활동

당신이 아이에게 다양한 물건을 제공한다면, 아이는 많은 시각적 예술 활동을 스스로 고안할 수 있다. 다음과 같은 재료들은 유아에게 소유의 즐거움을 줄 수 있다.

재료 : 크레파스, 펜, 초크, 색연필, 그림물감, 템페라 그림물감, 가위, 풀, 스펀지, 다양한 붓과 롤러, 여러 가지 종이(공작용, 스케치, 컴퓨터), 끈, 방사, 작은 천 조각, 3-D 재료(진흙, 플라스틱, 스티로폼, 나무), 점토, 작업복(오래된 티셔츠, 오일클로스)

예술 포트폴리오 만들기

재료 : 넓은 널빤지(20″×24″), 종이 펀치, 뜨개실 또는 끈

많은 유아들은 자신의 다양한 예술활동에 자부심을 갖는다. 포트폴리오를 만듦으로써, 아이는 특별한 스케치, 그림, 그리고 콜라주를 할 수 있는 자신의 안정된 장소를 만들 수 있다. 아이가 널빤지를 절반으로 접을 때 도와주면서 시작한다. 각 면에 세 개의 구멍을 위쪽에, 아래쪽에, 중간에 뚫는다. 그 포트폴리오의 면들을 함께 유지하기 위해서 여섯 개의 구멍을 느슨하게 실로 묶는다. 유아들은 그리고서 그 포트폴리오를 장식하고, 그들의 특별한 예술작품을 수집하기 시작한다.

칠하기 활동들

붓으로 칠하는 것은 유아들이 색칠하는 것을 즐기는 유일한 한 가지 방법이다. 많은 유아들은 붓을 사용하기에 충분한 운동기술을 가진 후에도 그들은 손을 이용해서 칠하기를 즐긴다. 칠하기에 제공되어질 수 있는 수많은 다른 재료들이 있다. 끈, 스펀지. 롤러, 플라스틱 병, 빨대, 솜으로 된 공, 깃털, 나뭇가지 같은 것이다.

나비 그리기

재료 : 두 가지 또는 세 가지 템페라 그림물감, 공작용 종이

아이가 모퉁이에 어떻게 선을 긋는지 보여주면서 중앙에서 아래로 종이를 접어서 주름 만드는 것을 도와준다. 다시 그 종이를 펴서 평평하게 둔다. 아이가 그 주름의 한쪽 면에 다른 색깔로 된 작은 양의 물감을 떨어뜨리게 한다. 그리고서 양쪽을 다시 포개서 문지른다. 문지르기는 종이 안쪽에서 색깔이 퍼지다가 멈출 것이고, 종이의 마른 면에 거울 이미지를 형성할 것이다. 종이를 서서히 열어보면, 나비 유형의 모양이 되어 있을 것이다.

물들이기

재료 : 종이타월, 희석된 식용색소, 색깔들을 위한 작은 용기

아이가 다른 식용색소에 종이타월의 모서리를 담그거나 꼬깃꼬깃 뭉치게 하라. 유아들이 색깔 섞이기 실험에서 흡수성의 개념을 이해할 수 있는 좋은 방법이다.

프린트 만들기

유아들은 프린트 만들기에서 도장으로 다양한 재료를 사용할 수 있다. 형태가 있는 표면을 가진 나뭇조각, 스펀지, 쿠키커터, 플라스틱 장난감, 조개껍데기 그리고 돌 등이다. 물이 약간 섞인 템페라 물감이 있는 얕은 접시에 도장을 적시거나 수용성 잉크패드를 문지르게 한다. 그리고서 유아가 공작용 종이에 형태를 찍을 수 있다. 아이가 사용하기에 좋은 색깔을 가질지라도, 아이는 어두운 종이에 밝은 색을 사용하는 재미있는 효과를 만들 수 있다.

스티로폼 조각

재료 : 스티로폼, 담배 파이프 청소기구, 아이스크림 막대, 리본, 뜨게실, 구슬

스티로폼은 유아들이 다루기에 용이하다. 유아들은 다른 형태와 크기로 된 스티로폼 조각을 모두 붙여서 독창적인 조각물을 만들 수 있다. 유아들은 색깔 있는 담배 파이프 청소기구, 이쑤시개 또는 다른 물건들을 장식용으로 첨가할 수 있다.

점토 만들기

재료 : 차가운 물 2컵, 소금 1컵, 밀가루 2컵, 주석크림 4티스푼

성분대로 몇 분 동안 중간 불에서 그 혼합물이 으깬 감자의 농도처럼 굳어질 때까지 섞어서 만든다. 단지에서 빨리 식히기 위해 왁스칠된 종이에 부어서 축축한 천으로 덮는다. 점토는 플라스틱 통에 저장해 둔다면, 몇 주일 동안 부드러운 상태로 유지될 것이다.

점토에 사용되는 재료 : 아이스크림 막대, 작은 플라스틱 물건, 쿠키커터, 마늘 압축기, 밀대

콜라주 재료들

콜라주는 유아들이 공간의 사용과 다른 재료들이 어떻게 함께 작용하는지를 탐험하는 데 탁월한 방법이다. 콜라주는 가능한 한 시시한 것들은 포함할 수 있다. 더 많은 다양성, 더 나은 몇 가지 제안을 살펴보면, 다음과 같다(Clare Cherry(1972, 1990)에 의해서 발달하는 유아를 위한 창조적 예술에서 각색된 아이디어들).

- 색종이를 다양한 크기와 색깔의 기하학 형태를 분류하는 데 사용하라.
- 삼각 형태인 배경을 사용하고 그 위에 좀 더 작은 삼각형 조각을 붙여라.
- 어두운 배경을 사용하고 동일한 색깔의 더 밝은 농도의 스크랩과 형태를 붙여라.
- 티슈페이퍼의 다양한 스크랩에는 하얀 배경을 사용하라. 풀 대신에 물에 개인 녹말을 사용하고 부드러운 붓으로 바른다. 티슈페이퍼는 젖었을 때 투명하게 될 것이다. 새로운 색깔들은 하나의 색깔에 다른 색깔을 씌워서 만들어낼 수 있다.
- 종이 또는 3-D 콜라주 : 말린 콩, 파스타, 쌀, 씨앗, 구슬, 나뭇조각, 천 조각, 끈, 실, 빨대 또는 스티로폼 같은 가정용 물건들을 풀칠해서 붙여라.
- 콜라주 구조 : 다양한 크기, 종이타월 두루마리 또는 다른 물건의 판지 상지에 재료들을 붙여라.

7. 운동활동

사이몬이 말하기를

당신과 아이는 이런 전통적인 놀이에서 다양한 변화를 만들 수 있다. 신체의 일부분을 움직이는 것을 포함하는 간단한 버전을 가지고 시작한다. 사이몬이 말

하기의 규칙을 정하는 누구든지 간에, "사이몬이 말하기를 '머리를 원 안으로 움직이세요.', 더 높은 놀이 버전은 '머리 위에 손을 올리고 한 발로 뛰세요.' 또는 '팔로 수영하고 발로 행진하세요.'와 같은 결합된 운동을 포함한다. 당신은 또한 '고양이가 한 것처럼 춤추세요.' 또는 '햇볕에 얼음 조각처럼 녹으세요.'와 같은 더 창조적인 운동 아이디어를 제안할 수 있다. 어른과 유아들이 사이몬되는 것을 번갈아가며 해야 한다.

제스처 게임

유아들이 놀 수 있는 간단한 제스처 게임의 버전은 많이 있다. 그 게임은 아이가 연속해서 생각하고 분위기 또는 이미지를 불러일으키는 창조적인 연속 운동을 하는 데 도움을 준다. 그 게임은 다음과 같이 아이에게 설명한다. "우리는 어떤 단어를 사용하지 않고 무엇인가를 알아맞히는 데 도움을 주어야 하는 놀이를 할 거란다." 당신은 아이에게 실행하는 하나의 아이디어를 생각하라고 요구하면서 시작할 수 있다. 그것은 각 게임 또는 번갈아 하나의 범주를 집어내기에는 최고이다. 예를 들어, 동물로 시작할 수 있다. "동물을 생각해 보자. 자, 어떤 단어를 이야기하지 말고 네가 제시한 동물을 내가 알아맞힐 수 있도록 움직여라." 당신과 아이는 다음과 같은 것을 연출하려고 할지도 모른다.

- 자연물 : 바람에 휩싸인 나무, 눈꽃송이, 떨어지는 나뭇잎
- 익숙한 물건들 : 공, 자전거, 스윙, 자동차, 배
- 형태 : 사각형, 삼각형, 알파벳
- 느낌과 분위기 : 행복한, 슬픈, 화가 난, 놀라, 무서운

다른 종류의 음악에 맞춰 춤추기

아이가 다른 종류의 음악에 맞춰 움직이는 것을 즐길지도 모른다. 아이가 자신이 좋아하는 춤추기에 적당한 음악을 선택하도록 도와준다. 아이에게 각기 다른 스타일과 빠르기로 된 음악을 소개한다. 아이가 각각의 음악에 맞춰 움직이게 될 다른 방법에 대해 생각하도록 용기를 북돋아 준다.

풍선놀이

아이가 풍선을 가능한 한 멀리 뜨게 하려는 것을 도와준다. 아이에게 풍선을 잡고 던지기보다는 손으로 풍선에 어떻게 공기를 불어 넣는지 보여준다.

변 화 : 음악이 연주되는 동안 풍선이 떠 있는 것으로 유지한다. 그리고서 음악이 멈출 때, 풍선을 잡는다.
떠 있는 풍선을 잡기 위해서 손이 아닌 몸의 일부분을 사용한다(발, 팔꿈치, 머리).

릴레이경주

릴레이경주는 유아들이 자신의 균형감각, 민첩성, 전체적인 조정을 발달하는 데 흥미로운 방법이다. 그것은 또한 교대로 그리고 팀으로 하는 좋은 훈련이기도 하다. 릴레이하는 데 필요한 유일한 물건은 끈 또는 출발선을 그리는 초크와 종종 공 또는 풍선과 같은 소도구이다.

- 걷기 릴레이 : 뒤로 걷기, 앞으로 걷기, 옆으로 걷기
- 뛰기 릴레이 : 발로 동시에 뛰기, 한발로 뛰기, 깡충깡충 뛰기
- 동물 릴레이 : 게, 개구리, 고양이처럼 움직이기
- 스푼 릴레이 : 큰 숟가락 위에 구슬 또는 작은 공을 놓고 균형을 잡고 가능한 한 빨리 걷기

거울놀이

아이가 거울인양 가정하고 거울에게 당신이 보고 있는 것을 설명한다. 그러면 그 거울은 당신이 하고 있는 것을 즉시 표현한다. 아이가 거울이 된 이후로, 아이는 가능한 한 정확히 다른 사람의 움직임을 그대로 표현해야 한다.

Ms.와 Mr.상대자

한 사람은 그 놀이의 리더로 선택된다. 그 놀이는 Ms와 Mr상대자라고 불리우는데, 그것은 리더를 따르는 사람이 리더가 하는 반대로 행동하기 때문이다. 예

를 들어, 리더가 앉았다면, Ms와 Mr상대자는 서 있는다. 리더가 달린다면, 그 상대자는 걷는다. 어떤 움직임에 따라서 반대로 생각하는 것이 처음에는 어려울지도 모른다. 처음에는 아이가 리더가 되기를 원할 것이나 아이가 그 활동에 좀 더 익숙해지면 따르는 것을 선택할 것이다.

그 밖의 제안

당신의 아이와 함께 다음과 같은 노래를 따라해 보자.

[호키포키]

다같이 오른발을 안에 넣고, 오른발을 밖에 내고
오른발을 안에 넣고, 힘껏 흔들어
손들고 호키포키 하며 빙빙 돌면서 즐겁게 춤추자.

(다른 신체의 일부분으로 대신해서 계속한다. : 손, 머리, 무릎, 배)

[테디 베어, 테디 베어]

테디 베어, 테디 베어, 뱅뱅 돌아라
테디 베어, 테디 베어, 땅을 짚어라
테디 베어, 테디 베어, 구두 한 짝을 흔들어라(오른발을 흔들어라)
테디 베어, 테디 베어, 두짝을 흔들어라(두 발을 흔들어라)
테디 베어, 테디 베어, 계단을 올라라(오르는 척 해라)
테디 베어, 테디 베어, 머리를 빗어라
테디 베어, 테디 베어, 불을 꺼라(손뼉을 쳐라)
테디 베어, 테디 베어, 잘 자거라(눈을 감아라)

[기차에 바퀴]

기차에 바퀴는 돌아가네 돌아가(손을 돌려라)
돌아가네 돌아가.
돌아가네 돌아가.
기차에 바퀴가 돌아가네 돌아가
동네를 따라서
기차에 문을 열렸다가 닫히네(손뼉을 쳐라)
열렸다가 닫히네.

열렸다가 닫히네.
기차에 문은 열렸다가 닫히네
동네를 따라서
(대체물은 하나같은 형식을 사용하라)
기차에 운전사가 말하기를 "갑니다."
(엄지손가락을 뒤로 움직여라)
기차에 불빛은 깜빡깜빡깜빡거리네
(눈을 깜빡거려라)

8. 사회활동

나에 관한 책

재료 : 종이, 펜 또는 크레파스, 가족사진

아이가 자신에 관한 책을 만들게 도와준다. 이 책에서 아이는 자신이 좋아하고 싫어하는 것(예 좋아하는 활동, 좋아하는 색깔), 친구들, 그리고 자신이 가장 최근에 익힌 기술을 확인할 수 있다. 아이가 자신에 관해서 말하기 원하는 것을 적은 후에, 아이는 그림을 그리거나 자신의 책을 설명을 하기 위해 가족사진을 이용할지도 모른다. 이 책을 함께 만드는 것과 아이가 그렇게 하는 것에 관심이 있을 때 첨부하는 것은 아이가 가장 중요한 존재라는 것을 이야기하고 또한 아이가 누구인지 생각하는 기회를 준다.

사진앨범

자신의 사진앨범을 가지는 것은 가족과 친구와 함께 한 경험을 회상하는 데 도움을 준다. 아이가 앨범에 사진 모으는 것을 좋아하면, 정기적으로 사진을 보면서 그 안에 있는 사람과 장소에 대해서 이야기해 본다.

편지 쓰기

유아들이 할머니나 특별한 친구에게 편지 쓰기를 하는 활동은 다른 사람들과 대화하는 새로운 방법을 시작하는 것이다. 아이가 자신의 느낌을 표현하고 인식하는 데 도움을 주는 것은 이 과정에서 중요한 부분이다.

다른 활동들

유아들은 집단활동에서 헌신하는 것에 대해 자부심을 가질 수 있다. 공동 프로젝트에 참여할 때, 유아가 만들고 있는 것들의 헌신에 대해 환기시켜 준다. 머핀 만들기, 세차하기 그리고 벽돌로 성 만들기는 당신과 아이가 함께 할 수 있는 활동들의 사례이다.

아이가 유치원 또는 친구 집에서 놀다가 집에 돌아올 때, 하루 일과에 대해 말하도록 유도한다. 아이에게 힘든 날이었다면, 일어났던 일을 좀 더 쉽게 이해하도록 도와줄 것인지에 대해 이야기해 본다. 아이에게 즐거운 날이었다면, 그 아이의 재미있는 경험을 공유해 본다.

아이에게 이야기책을 읽어줄 때, 종종 그들의 대인 관계 영역을 토의하는 데 시간을 보낸다. '왜 샐리는 울고 있을까? 신시아는 그녀의 느낌을 좀 더 좋게 하기 위해서 무엇을 할까? 무엇이 너를 미치게 하니? 타미 생일에 너는 무엇을 선물했니?' 이런 대화는 아이가 다른 사람과의 관계를 좀 더 쉽게 이해할 수 있도록 한다. 그것들은 또한 당신이 아이의 느낌과 행동을 좀 더 쉽게 이해하는 데 도움을 줄 것이다.

부록1 미국 어린이박물관과 학습센터

저자는 2004년도 9월 미국을 방문하여 미국에서 실제적으로 시행되고 있는 스펙트럼 유치원과 CHIILDREN CENTER, 과학박물관을 견학하였다. 다음 사진은 당시 현장의 모습이다.

〈CHILDREN CENTER〉

[사진 1] 컴퓨터 센터

[사진 2] 점토 찍기 놀이

[사진 3] 역할놀이

[사진 4] 언어활동실

[사진 5] 놀이활동실

〈과학박물관〉

[사진 6] 물의 원리

[사진 7] 공기의 원리

[사진 8] 거울의 신비

[사진 9] 신체의 신비

[사진 10] 고대의 유물과 박제

[사진 11] 움직이는 글자

[사진 12] 아폴로 우주선

[사진 13] 이야기 구성하기

부록J 미국 공동체 자원 리스트

과학	제공된 프로그램
The Arnold Arboretum The Arbordway Jamaica Plain, MA 02130 617/524-1717	
Boston Children's Museum 300 Congress Street Boston, MA 02210 617/426-8855	전시회, 실제 활동 그리고 특별한 프로그램
Children's Discovery Museum 177 Main Street Actron, MA 01720 617/264-4200	전시회와 실제 활동
Drumlin Farm Wildlife Sanctuary South Great Road Lincholn, MA 01773 617/259-9500	농장 동물과 그룹 활동
Habitat Institute for the Enviornment 10 Juniper Road Belmont, MA 02178 617/489-5050	안내를 받으면서 걷기와 다른 자연스러운 활동
Havard University Museums of Natural History 24 Oxford Street Cambridge, MA 02138 617/495-1910	
Museum of Science & Charles Hayden Planetarium Science Park Boston, MA 02114 617/742-6088	

New England Aquarium Central Wharf Boston, MA 02110 617/742-8870	
음악	**제공된 프로그램**
All Newton Music School 321 Chestnut Street West Newton, MA 02165 617/527-4553	
Powers Music School 380 Concord Avenue Belmont, MA 02178 617/484-4696	동요, 율동 체조
Boston Symphony Orchestra Youth Concerts Symphony Hall 251 Huntington Avenue Boston, MA 02115 617/266-1492	
Brookline Music School 115 Greenough Street Brookline, MA 02146 617/277-4593	음악 소개
The Family Yamaha Music School 123 Harvard Street Brookline, MA 02146 617/232-2778	기본적인 음악 소개
Longy School of Music 1 Follen Street Cambridge, MA 02138 617/876-0956	Dalcroze 율동 체조
Malden School of Music 15 Irving Street Malden, MA 02148 617/321-3313	키보드, 리코더

New England Conservatory 290 Huntington Avenue Boston, MA 02115 617/262-1120	다양한 프로그램
시각 예술	**제공된 프로그램**
Brookline Arts Center 86 Monmouth Street Brookline, MA 02146 617/566-5152	미술 시간
Children's Workshop 1963 Massachusetts Avenue Cambridge, MA 02140 617/354-1633	미술과 공예 활동
DeCordova Museum School of Art Sandy Pond Road Lincoln, MA 01773 617/259-8355	그리기와 다른 미술 수업
Kendall Center for the Arts 226 Beech Street Belmont, MA 02178 617/489-4090	스케치, 점토 작업
Museum of Fine Arts 465 Huntington Avenue Boston, MA 02115 617/267-9377	워크숍과 가족 예술 활동
Newton Art Center P.O. Box 330 61 Washington Park Newton, MA 02161 617/964-3424	스케치, 그림, 공예

YMCA's and YMCA's	제공된 프로그램
Cambridge • YMCA, 820 Massachusetts Ave. 617/661-9622	수영, 공예
Malden • YMCA, 54 Washington 617/322-3760	수영, 공예
Somerville • YMCA, 101 Highland 617/625-5050	수영
Skating Rinks • Simoni Rink(operated by the metropolitan District Commission) 155 Gore Street Cambridge, MA 02138 617/354-9523 • Flynn Rink(MDC) Woodland Road & Elm Street Medford, MA 02155 617/395-8492 • Veterans Memorial Rink(MDC) 581 Somerville Avenue Somerville, MA 02143 617/623-3523	
극장	**제공된 프로그램**
Belmont Children's Theatre 226 Beech Street Belmont, MA 02178 617/489-4380	
Boston Children's Theatre, Inc. 652 Hammond Street Chestnut Hill, MA 02167 617/277-3277	전시회, 실제 활동, 그리고 특별한 프로그램

The Loon and Heron Theatre for Children 194 Boylston Street Brookline, MA 02146 617/232-1715	전시회와 실제 활동
Puppet Showplace Theatre 32 Station Street Brookline, MA 02146 617/731-6400	농장 동물과 그룹 활동
Wheelock Family Theatre 180 The Riverway Boston, MA 02215 617/734-5203	안내를 받으면서 걷기와 다른 자연스러운 활동
운동	**제공된 프로그램**
The Baleet Center, Inc. 185 Cory Road Brookline, MA 02146 617/277-1139	기초-발레, 신체놀이
Powers Music School 380 Concord Avenue Belmont, MA 02178 617/484-4696	율동 체조
Brookline Music School 115 Greenough Street Brookline, MA 02146 617/277-4593	율동 체조
Children's Workshop 1963 Massachusetts Avenue Cambridge, MA 02138 617/354-1633	창조적인 운동
Gymnastics Academy of Boston 177 Charlemont Street Newton, MA 02158 617/964-0334	텀블링, 체육과 개방
MJT Dance Company P.O. Box 108 Watertown, MA 02172 617/482-0351	모던 댄스, 리듬과 운동

Roon for Children 75 Newbury Street Boston, MA 02116 617/437-7997	체조
Williams School of the Dance 614 Main Street Malden, MA 02148 617/324-3126	탭 댄스, 발레
도서관	**제공된 프로그램**
Cambridge • North Cambridge, 70 Rindge Avenue 617/498-9086 • Field Branch, Cambridge Street 617/498-9083 • Observatory Hill, 178 Huron Avenue 617/498-9084 • East Cambridge, 66 Sixth Street 617/498-9082	이야기하기, 영화 취학 전 필름, 이야기하기, 활동 영화, 이야기하기 취학 전 필름, 이야기하기
Medford • 111 High Street 617/395-7950	영화, 이야기하기, 예술과 공예
Somerville • Main Library, 79 Highland Avenue 617/623-5000 • West Branch, 40 College Avenue 617/625-1895	영화, 이야기하기, 예술과 공예, 요리 영화, 이야기하기, 예술과 공예
Winchester • 80 Washington Street 617/721-7140	이야기하기

저자소개

안 영 진 (安榮珍)

현재

- 한양여자대학 유아교육과 교수
- 유아교육과 교육학 박사
- 유아교육과 초대 학과장
- 아동심리 교육센터 초대 교육 센터장
- 교육부 연구(프로젝트 스펙트럼-유아의 사회적 능력 발달 교육 활동 자료)
- 건국대학교 박사 우수 논문상 수상
- 한양여자대학 우수 저술상
- 교과부 전문대학협의회 "교수-학습 프로그램" 연구-개발 한국 직업능력 원장상
- 교육부 장관상 수상
- (AP)부모교육 전문가
- 전) 한국 영유아 보육 행정 학회 부회장
  서울대, 숙대, 경희대 등 대학원 강의
- 현) 한국 몬테소리 연구 학회 이사
  한국 영유아 보육 행정 학회 이사
  서울 · 경기 스펙트럼 연구회 수십 기관 교육 자문위원
- 한국 프로젝트 스펙트럼 연구회 회장
- 몬테소리 · 미술 치료사 전문가
- 북부 유치원 장학지도
- 광진구 보육정보 센터 자문 의원
- 아동심리전문가 · 청소년 상담 연구원(교육인적자원부 산하 한국 교육 연수원)
- 우리들은 1학년 교과부 심의의원 및 정책자문
- 한국 프로젝트 스펙트럼 제2저작권 소유(다중지능에 의한 아동 연구교육 프로그램 I, II, III) : 〈하버드 대학연구〉
- Building on Children's Strengths : Project Spectrum(1)
  (다중지능에 의한 아동의 다양한 능력 개발 프로젝트. 창지사. 2004)
- Projcet Spectrum : Early Learning Activities (Project Spectrum 2)
  (다중지능에 의한 아동의 다양한 능력 개발을 위한 프로그램. 창지사. 2005)
- Project Spectrum : Preschool Assessment Handbook (Project Spectrum 3)
  (다중지능에 의한 아동의 다양한 능력 개발을 위한 평가. 창지사. 2005)

저서

- 인성교육. 창시사. 2010.
- 교육심리학. 정민사. 2009.
- 가치로운 삶을 위한 리더쉽. 정민사. 2009.
- 21세기에 적응하는 부모교육. 양서원. 2008.
- 새로운 유아교육과정에 따른 유아사회교육. 2008.
- 현대인의 정신건강. 창지사. 2007.
- 아동상담. 동문사. 2006.
- 아동발달. 공동체. 2006.

〈한국 스펙트럼 제2저작권 소유〉
- 다중지능에 의한 아동의 다양한 능력 개발을 위한 평가. 창지사. 2005.
- 다중지능에 의한 아동의 다양한 능력 개발 프로젝트. 창지사. 2004.
- 다중지능에 의한 아동의 다양한 능력 개발을 위한 프로그램. 창지사. 2001.
- 아동심리와 부모교육. 꾸벅. 2002.
- 새 아동발달 연구. 꾸벅. 2002.
- 교육심리학. 창지사. 2001.
- 아동상담. 동문사. 2001.
- 유아의 사회적 능력 발달 교육활동 자료. 교육인적자원부. 2000.
- 유아 생활지도. 삼광출판사. 1998.
- 아동 심리의 발달과 이해. 정일. 1997.
- 특수 아동 교육. 정일. 1997.
- 新 영 · 유아 발달 총서. 정일. 1997.
- 부모 교육 총론. 정일. 1996.
- 특수아동지도. 길안사. 1996.
- 新 아동발달 심리. 길안사. 1996.

논문

- 전문대학혁신 프로그램: 교수-학습 개선지원 사업 자료집. 2008
- A study on the day care program to enhance the social and emotional development of children. PECERA. 2006
- 다중지능에 기초한 프로젝트 스펙트럼에 따른 유아의 강점 구체화와 부모인식 변화과정 고찰. 한국유아교육보육정보학회. 2007
- 종일제 유아교육 프로그램 모형 개발 -프로젝트 스펙트럼 프로그램을 중심으로. 한국유아교육보육행정학회. 2006
- 다중지능에 의한 프로젝트 스펙트럼 바람 활동을 통한 유아의 자연 탐구과정조망. 한양여대논문집. 2006
- 다중지능에 의한 스펙트럼 연구- '그림자' 프로젝트 & '거북선' 프로젝트 서울초등다중지능교육연구회. 2005
- 다중지능에 의한 프로젝트 스펙트럼 과학 활동을 통한 유아의 자연 탐구과정조망. - '바람' 활동에 대한 사례 연구. 한국유아교육보육행정학회. 2005
- Multiple Intelligence by Project Spectrum Activities : Prospect of assembly activities process. PECERA. 2005
- 다지능 적용수업의 이론과 실제. 한국영유아보육행정학회. 2004
- 유아교육의 새로운 방향 제시 및 평가 방법 모색. 한국영유아보육행정학회. 2004
- 한일 예비교사의 다중지능과 친사회적 행동의 관계연구. 한국영유아보육행정학회. 2004
- 프로젝트 스펙트럼에 의한 영역별 교육연구 프로그램. 한국영유아보육행정학회. 2003
- 프로젝트 스펙트럼에 의한 유아의 사회적 능력 발달 프로그램. 교육인적자원부. 2001
- 유아의 사회적 능력발달 프로그램 연구. 교육부. 2000
- 다중지능 이론에 의한 프로젝트 스펙트럼 활동 유아의 사회적 능력발달 교육활동 자료. 교육인적자원부. 2000
- 갈등상황 토론학습이 아동의 추론 능력과 조망수용능력에 미치는 효과. 1998 외 다수

다중지능에 의한 유아교육 프로그램

한국적 스펙트럼 프로젝트의 이론과 활동편

초판 1쇄 인쇄 2010년 11월 1일
초판 1쇄 발행 2010년 11월 8일

지 은 이 | 안영진
펴 낸 이 | 김기섭
책임편집 | 박연순
펴 낸 곳 | 창지사 www.changjisa.com
121-809 서울시 마포구 대흥동 161
전화 (02)719-2211~3
팩스 (02)701-9386
등 록 | 1977년 4월 28일 · 제1-421호

ISBN 978-89-426-0576-7 (93370)

값 19,000원